KB102273

성공을 Design하는
축제 실전 전략

성공을 Design하는

축제
실전
전략

최정철 著

좋은땅

CONTENTS

1부 ——————————————————————————

Zoom In

1장 실전용 필수 이론 이해

2장 축제 제작의 기본

3장 성공 필수 전략

멕시코 죽음의 축제(Day of the Dead)

성공을 Design하는 축제 실전 전략

들어가는 말

■ 필자는 20대 중반 나이에 순수 공연 분야(연극)에 몸담은 것을 시작으로 해서 지금까지 30년 동안 축제인의 길을 걸으며 축제 전문가가 되고자 노력해 왔다. 그러나 능력 부족으로 여전히 갈 길 멀다 보니 다른 전문가들이 정리해 낸 축제 관련 서적을 들여다볼 때가 자주 있다. 대부분 훌륭한 저작들이지만, 한편으로는 책 내용이 너무 추상적이거나 혹은 학자들의 눈높이에만 맞춘 전문적 관점 위주의 서술로 되어 있음에 아쉬운 점이 없지 않았다. 포이어바흐(Ludwig Feuerbach)가 이 말을 하고 바흐친(Mikhail Bakhtin)도 한 마디 곁들인다. 때로는 이름만 들어도 긴장해야 하는 프로이트(Sigmund Freud)나 니체(Friedrich Nietzsche)까지 참견한다. 축제에 대한 사전적 의미가 어떻고 축제의 기원은 고대 원시사회에서 어떻게 발현되었다는 학구적 수사들이 줄을 잇는다. "축제는 바로 이런 것이고 이렇게 만들어야 성공한다!"라는 말을 눈이 빠지게 기다리고 있건만, 정작 길게 이어지는 것은 어렵고 어려운 내용들뿐인지라 끝내 책장 넘기는 손길을 지치게 만들곤 한다. 전문적 관점도 중요하지만 몸에 와 닿는 설명이 간절한 것이다. 축제를 이해하는 데에 정말 실용적이다 싶은 책자가 드물다는 생각을 오래 전부터 해 오던 차에, 실전에 필요한 전략과 그 전략 수립에의 자양분이 될 만한 내용들을 추려서 한 권의 책으로 꾸며 후학들로 하여금 쉽게 이해할 수 있도록 해보자는 생각으로 팔을 걷어붙여 보았다.

■ 본고(本稿)는 크게 두 권역으로 나누어 꾸며졌다. 〈1부〉는 촘촘히 들여다보자는 (Zoom In) 뜻으로 축제 제작 실전에서 충분히 실용적으로 적용할 수 있는 내용들을 다루었다. 1장의 필수 이론 이해를 출발점으로 삼아 2장 축제 제작의 기본 원리, 그리고 3장에서는 성공을 위한 필수 전략을 파고들었다. 〈1부〉가 야전 매뉴얼이라면 〈2부〉는 격전이 벌어질 전장을 멀리 놓은 채 실전에 앞서 지형지물 파악과 피아(彼我) 관조를 위해 (Zoom Out) 세워보는 작전 현황판 격이 된다. 현황판을 들여다보는 것은 바로 전투에

서 승리할 수 있는 전술 전략을 찾기 위함이다. 1장은 해외 성공 사례에서 얻을 수 있는 것들을 살펴보았고, 2장에서는 우리가 자랑스러워하는 전통문화축제 콘텐츠 중 강력한 축제 인자를 골라내어 그것을 강화시킬 경우 능히 세계적인 축제로 발전시킬 수 있으리라 여겨지는 국가 브랜드 급 전통 축제 몇 개를 제시해보는 것으로 축제 제작에의 또 다른 성공 전략 관점을 조명해보았다.

3장은 그야말로 황권(黃卷) 속의 보물찾기다. 한민족 전통문화의 출발점을 알아보고 그것에서 축제 인자를 찾아보자는 취지로 한민족 전통문화의 원형과, 역사, 본질, 정신을 추려보았다. 현대 축제는 자칫 우리의 전통 문화를 외면한 채 주로 서구적이고 현시적인 축제 인자와 내용에 의존하는 경향이 있다. 우리 민족이 수천 년 지켜온 풍부한 문화 코드를 가지고 있음을 간과하고 있는 것이다. 그것을 환기하고자 오늘의 시의에 맞추어 활용할 수 있는 전통문화 속 축제 인자들을 살펴보았다.

역사적 실체에의 접근이라 고대 문헌 자료가 난무하는지라 자칫 어려운 내용으로 비쳐질 수도 있겠으나 과거의 흔적에서 얻는 지혜야말로 새로운 걸음에의 든든한 동반자가 될 것이라고 믿는다. 가급적 실용 수준에 머무르도록 하면서 나름 일목요연하게 정리하고자 했다. 이 정도만이라도 알아두면 소중한 정보요, 두고두고 참조해도 될 내용이리라 본다. 우리 것에 대한 앎은 무릇 이 땅의 축제인으로서 결코 외면할 수 없다는 것을 명심해야 한다. 클래스를 얘기하는 것은, 이른바 퍼플 오션(Purple Ocean) 관점으로 그것에서 오늘의 시의에 맞추어 재음미해 볼만한 의미는 없는지, 있다면 그것을 어떻게 재창조해낼지, 그러한 화두 깨기를 유도해 보고자 함이다. 법고창신(法古創新)이요 온고지신(溫故知新)이며 정면교사(正面敎師)이면서 반면교사(反面敎師)의 의미를 취하자는 뜻이다.

■ 오늘날에는 문화형 축제보다는 관광 산업형 축제가 대세를 이루고 있기에 관광 분야에 대한 언급은 없느냐 할 수 있겠지만, 근래 와서 호적정리하다 보니 어쩌다 같은 집안 형제가 된 것이지 축제와 관광이 똑딱 단추로 붙어 있어야 한다는 것에는 찬성하지 않는다. 축제는 축제인 것이고 관광 산업은 관광 산업인 것이다. 문화와 산업 간 구분은 분명히 있는 것이다. 물론 관광 종목 중에는 축제가 개입되지 않을 리 없고 축제 역시 관광 쪽을 신경쓸 수밖에 없다.

둘은 그렇게 서로 배다른 형제이면서도 불가분의 관계이지만, 어찌 되었든 간에 본고에서는 관광 분야에 대한 별도의 파헤침은 자제했다. 나는 감히 관광 전문가 행세를 할 수 없는 일개 축제 청지기에 불과하기 때문이다. 축제가 잘 되면 관광객은 몰려드는 것이고, 그렇게 되면 관광산업은 자연스럽게 꽃 피는 법이다. MICE 분야 역시 본고에서는 다루지 않는다. 이 분야는 별도 책자 작업이 필요하다. 본고는 오로지 축제적 관점에만 무게를 둔 채 축제를 잘 만들어보자는 논조를 챙겼다.

■ 필자는 대학교 졸업과 함께 대한민국 1세대 연출가였던 허규(2000년 작고) 선생을 스승으로 모시고 다양한 전통 문화 행사를 수행했다. 오늘날 궁궐에서 시연되고 있는 각종 궁중 의식과 연향은 1995년도 경복궁에서의 왕세자 관례가 그 시발점이었다. 같은 해 전국의 중요무형문화재를 한 자리에 모이게 해서 나흘간에 걸쳐 민속종합예술제를 치렀다. 1996년도 첫해의 덕수궁 수문장교대의식(현 덕수궁 왕궁수문장교대의식)은 친자식으로 생산해 냈다. 지역 축제에도 행보가 바빴다. 그러면서 필자는 허규 선생으로부터 궁중문화와 민속문화, 전통축제, 무속 등에 이르는 수업을 하면서 전통문화에 대한 인식의 폭을 넓힐 수 있었다.

한편으로는 각종 기업 프로모션 이벤트 행사를 수행하면서 해외의 유명 축제와 대형 이벤트에 대해서도 부족한 이해력을 일깨워가며 만답득일(萬踏得一)을 좇았다. 아직은 입학자(入學者)로서의 수준에 불과하겠지만, 그동안 스스로 공부한 내용과 현장에서의 경험을 통해 얻은 지식을 급한 것 위주로 알량하나마 후학들을 위해 정리해 보고 싶었다. 혹여 혼자만 가지고 있다가 기억 상실로 없어지지는 않을까 하는 걱정이 들기도 했고, 지식이라 함은 나만의 것이 아니라 함께 공유하는 것이다, 라는 현인들의 가르침도 좀 흉내 내고 싶었다고나 할까.

■ 부디 본고가 젊은 축제인들로 하여금 이 땅에서 행해지는 축제에 우리의 정서가 담긴 인자들을 활용함으로써 세계적인 명품 축제를 개발해내는 데에 작은 역할이나마 수행할 수 있게 되기를 기대해 본다. 또한 축제라는 것의 실체를 이해하고 축제에 대한 관점을 재정비함으로써 성공적인 축제 제작에의 실전 능력을 갖추게 되는 것에도 도움이

되기를 바란다.

■ "축제가 발전해야 사회와 문화, 경제가 발전한다." 하는 식의 말은 학자적 정치적 관점에서나 주고받을 멀고멀기만 한 말이다. 필자로 하여금 축제에 대해 정의를 내려 보라 한다면, "축제를 안다는 것은 인간을 안다는 것이고, 축제를 만든다는 것은 인간 하나하나를 올곧게 세움으로써 궁극적으로 만인의 행복을 세우는 것이다."라고 감히 말하고 싶다. 곧 축제의 지향점은 '인간 행복'이라 하고 싶다.

※ 본고 내용 중 명백하게 외부 자료를 인용한 것은 출처를 밝혔다.
사진 자료는 저자 소장 사진들과 Google 검색을 통해 찾은 공식 사진들을 취해서 인용했다.

한국 김제 지평선축제

Zoom In

1장

실전용 필수
이론 이해

아무리 대단한 전문가라 해도 그들의 출발점은 '기본'이다.

의사가 침통 흔들기 전에 반드시 맥을 짚듯이

축제를 말하려면 축제의 기본을 먼저 알아두어야 한다.

1

축제 개념의
실전적 이해

축제의 의미와 어원 등을 살펴보면 축제의 본질을 알게 된다.
축제 제작 전략의 중심을 세울 때 필요한 요소로 작용할 수 있다.

(1) 축제의 기본 성향

■ 사전적 의미

· 축(祝): 좋은 일을 맞이할 때 벌이는 잔치

· 제(祭): 신이나 조상을 모시는 의식

· 따라서 제사의 의미를 크게 풀어보면 큰 굿, 큰 잔치, 대동놀이 등 큰 규모의 행사
를 의미한다고 할 수 있다.

■ 한자 해석으로 풀어보는 축제(祝祭)의 의미

· 공(工)은, 『설문해자』에서 "교식(巧飾, 교묘하게 장식하다)이다. 사람이 컴퍼스와
곱자를 가진 것과 닮았다. 무(巫)와 같은 뜻이다."라고 하며, 또 무(巫)에 대해서는,
"축(祝)이다. 여인이 형태가 없는 것을 잘 섬기며 춤을 추어서 신(神)을 내리게 하
는 것이다. 사람이 넓은 두 소매로 춤을 추는 모양을 본떴다. 공(工)과 같은 뜻이
다."라고 풀이한다.

· 악사(樂師)나 악인(樂人) 등과 같이 신을 섬기는 사람을 공축(工祝)이라고 부르기
에, 공(工)이 신을 섬기는 일과 관련된 말임을 추측할 수 있다.

· 공(工)이 주술 도구라는 사실은 무(巫), 은(隱), 공(恐)의 자의(字意)로부터도 알 수
가 있다. 무(巫)는 공(工)을 좌우의 손으로 바치는 형태다. 이것을 주술 도구로 삼

아 신과 접하였던 것이다. 축(祝)도 처음 형태는 형(兄, 맏형)이었으나 그것은 'ㄴ(그릇형태)'을 받드는 사람의 모습이다. 'ㄴ'는 축문을 넣는 그릇으로, 그릇 가운데에 축문에 있는 모양이 왈(曰)이다. 은(隱)은 신의 숨김을 나타내는 글자다.

· 형(兄)은 기도하는(祝) 자다. 그의 기도에 응해 신의 기운이 나타나는 것을 태(兌)라고 한다. 열(悅, 기쁨)이든 탈(脫, 벗어남)이든 모두 엑스터시 상태를 말한다. 제사 장소를 나타내는 토(土) 위에 'ㄴ'를 머리 위로 높이 쳐드는 것이 정(呈, 바침, 드러내 보임)이다. 신에게 보이기 위한 행위다. 제(祭)는 제사에 쓰는 고기를 손에 든 모양으로 나중에 제사 지낼 때의 탁자 모양인 시(示)를 첨가하였다.

· 정리해 보면, 축(祝)은 신을 모시기 위한 교묘하게 꾸미는 행위이고, 제(祭)는 음식을 풀어 사람들로 하여금 먹게 하는 것이다.

– 시라카와 시즈카 『한자의 해석』

■ 성질
· 주체자(주최자)와 객체자(참관객)간 소통하는 것을 기본 틀로 삼는다.
· 주기적, 순환적으로 치러지면서 전통성을 보유한다.
· 때로는 '광기(狂氣)' 혹은 '바보성'을 추구한다.
  - 포도주 통을 가끔씩 통풍시켜야 썩지 않듯 인간의 광기(혹은 바보성)도 적어도 일 년에 한 번은 돌파구를 찾아야 한다.
  - 중세 유럽의 바보제(Feast of Fools)에서는 궁정과 상급교회에 대한 풍자, 사회구조와 종교적 교리에 대한 조롱이 허락되었다.
  - 한국의 전통 탈놀이에는 모자라고 바보스럽게 생긴 양반탈을 쓴 광대가 모든 과장에 출연해서 관객(상놈)들의 조롱거리가 되어 준다.

■ 특징
· 신성성(神聖性)
  - 신에게 바치는 경건한 의식을 행한다.
· 집단성(集團性)
  - 축제는 집단 참여로 이루어진다.

· 현장성(現場性)

　- 축제는 특정 공간에서 치러진다.

· 신명성(神明性)

　- 축제를 통해 일상의 번민을 털어버리고 축제 현장에서의 즐거움을 만끽하고자
　　한다.

· 가장성(假裝性)

　- '일상의 나'로부터 일탈해서 '자유로운 나'를 추구한다. 혹은 계층 간의 역할 전
　　환을 뜻하기도 한다.

　- 대표적 사례로는 이탈리아 베네치아 가면 축제와 브라질 리우데자네이로 삼바
　　카니발이 이에 해당된다.

　- 가장성은 카니발(Carnival)에서 그 원형을 찾아볼 수 있다. 기원 전 로마제국의
　　농신제(Saturnalia)를 살펴보면 노예들은 주인과 역할을 바꾸어 주인을 모욕하고
　　훈계했다. 때로는 노예들 중에서 왕을 뽑아 농신제 기간 동안 광대 왕으로 모셨
　　다. 광대 왕은 주인의 여자들까지도 자기 것으로 삼을 수 있고 재미를 유발하는
　　엉뚱한 명령을 내려 모두에게 따르도록 했다. 광대 왕은 농신제가 끝나면 폐위
　　되고 화상을 만들어 불태워 버렸다. 이는 한 주기의 종말과 다른 주기의 시작을
　　상징한다.

　- 카니발의 보편적 개념은,

　　① 역할 전환

　　② 권력과 질서에 대한 해학적 풍자

　　③ 호색 및 대식(大食) 등이다.

(2) 축제의 유형별 명칭

■ 피스트(Feast)

· 기독교의 축일. 단식하는 것. 잔치 준비과정으로 정화의례 성격을 취한다.

■ 페스팅(Fasting)

· 일정 기간 동안 종교수행(修行)이나 의료의 목적으로 모든 음식섭취를 끊는 것(무슬림의 라마단)

■ 페스티벌(Festival)

· 축제, 축전(祝典)

■ 카니발(Carnival)

· Caro(고기)+Levara(제거)의 통합. 술과 육식을 끊고 수도해야 하는 사순절 직전 전야에 거행되는 기독교 축제

■ 마쯔리(Matsuri, 祭り)

· 제사, 제례, 제전(祭典)

※ 한국에서는 축제 명칭에 대한 이견이 분분하다. 페스티벌 성격으로서의 '제(祭)'가 일본 마쯔리에서 비롯된 것이라 해서 '축제'라는 명칭은 사용하지 말자는 의견이 오래 전부터 대두되어 왔으나 여전히 결론을 내리지 못하고 있다. '전국 체전'에서 쓰이는 '전(典)'을 붙인 '축전(祝典)' 명칭이 많이 추천된다. 축제 다음으로 친근한 명칭이라 그다지 부담이 없어 보인다. 그러나 이 '축전'은 '평양축전', '세계 청년학생축전' 등 북한의 공용명칭으로 쓰이고 있는 것에 예민하게 생각하는 의견도 있다.

순 우리말로 내세울 수 있는 것은 '한마당', '잔치', '굿' 등이 있겠다. 이들 중 형님격일 '굿' 명칭은 역설적으로 서양 외래 종교계의 반발이 예상되기에 함부로 사용하지 못하고 있는 실정이다. '굿' 명칭에는 '무속의 종교 의식'과 함께 '여러 사람이 모여(즐기는) 떠들썩하거나 신명나는 구경거리'라는 의미가 있다. 그러나 서양 외래 종교계는 '굿' 명칭을 '무속'으로 국한시켜 이것의 사용을 부정한다. 서양 외래 종교에 의해 우리 고유의 전통 문화가 부정당하고 있는 것이다.

※ 필자 개인적인 의견으로는 '잔치'가 어떨까 한다. 세계 공용어인 영어 표기도 'Janchi'로 쉽고 또 외국인들의 발음에도 불편함이 따르지 않는다. 일본에 'Matsuri'가 있다면 한국에는 'Janchi'가 있다는 식으로 브랜드화하자는 것이다. '한마당'은 영어 표기도 발음도 불편할 수 있다. '굿'은 외래 서양 종교계의 곱지 않은 시선뿐 아니라 현대인의 눈에도 이

미 때가 많이 끼어있기에 내세우기에 부담이 따른다. 굿의 인류 어원적 의미를 찾아 들어가면 'God'이니 'Good'이니 하는 단어로의 연결고리가 엿보이지만 자칫 아전인수로 오해받을 여지도 있다. 오늘날의 잔치 의미는 대개 집안 행사 규모로 국한해서 인식되지만 한국민족문화대백과에서는, '잔치는 하늘과 신성에 대한 인간의 관계를 풀어내는 의식(儀式)이다. 단순히 먹고 마시고 노는 것만이 아니라 사람과 사람의 관계를 정립하고 풀어내는 것이다.'라는 원대한 의미를 말하고 있다. 음미할 대목이라 하겠다.

※ 행사 성격에 맞춰 'Festival'이나 'Carnival'을 사용하는 것도 글로벌 시대에 즈음해서 무방하리라 본다.

(3) 축제의 정의

■ 일탈(逸脫)

· 축제는 '일탈(逸脫)-도망쳐 벗어나기'로 요약해서 정의할 수 있다. 도망쳐 벗어나기. 일상으로부터 도망쳐 그 일상과 전혀 다른 세상(시간, 장소)으로 뛰어드는 것이다.

■ 즐기기

· 그 다음으로, 도대체 도망치고 벗어나서 어떻게 하자는 것인가? 하는 질문에 답을 내어야 한다. 이것도 한 마디로 정의내릴 수 있다. '즐기기'다. 즐기는 것이 아니라 슬퍼하고 고통스러워하고 우울해 하는 것은 결코 축제가 될 수 없다. 축제는 생리적으로 즐기고 노는 것이다. 더 정확하고 심오하게 말하면 '진정한 축제는 너 나 없이 한꺼번에 미쳐 날뛰는 큰 놀이판'인 것이다. 최소한의 약속과 최소한의 통제하에서 미쳐 날뛰며 즐기는 것이다. 혼자 그러라는 것은 또 아니다. 다수가 미쳐 날뛰어야 한다. 다수가 동시에 같은 공간에서 한 가지 상황(동기와 반응, Motive와 Reaction)으로 미쳐 날뛰어야 한다는 것이다.

■ 집단 엑스터시

· 이에 합당한 예로는, 브라질 리우데자네이로의 삼바 카니발, 스페인 뷰놀의 토마토

축제, 그리고 최근 들어 전 세계적으로 각광받고 있는 EMF(Electronic Music Festival) 등을 들 수 있다. 여기에는 분명한 공통점이 있다. 바로 집단 엑스터시다. 행위자나 관람자가 함께 미치고 날뛴다.

- 삼바 카니발은 삼바 퍼레이드를 통해 행위자와 관람객 구분 없이함께 들썩대며 오로지 삼바 리듬과 율동에 빠져 광란의 무아지경에 빠지도록 한다.
- 토마토 축제는 앞뒤 가릴 것 없이 그저 상대방이 누구고 간에 덮어 놓고 달라붙어 눈에 띄는 주변의 토마토를 죽어라고 던져대면서 희열을 느끼고 환호를 지른다.
- EMF, 마치 고대의 제사장(祭祀長)이 환생이라도 한 듯한 DJ가 동기를 부여한다. 그가 틀어대는 몽롱하면서 강렬한 전자음악(물론 무대 후면에는 강렬한 효과 영상물도 흐르지만)이 바로 그것이다. 그러면 그 음악의 비트에 맞추어 수천, 수만 관객이 넋이야 있건 없건 모든 것을 내팽개친 채 몸을 흔들어 댄다. 그것은 요란하고 복잡한 몸짓의 춤이 아니다. 그저 단순한 동작을 반복하는 식으로 '단순함으로 몽롱해짐'에 빠져 일상을 잊고 고통을 잊고 내일도 잊고자 한다.
· 이것이 바로 집단 엑스터시의 실체요 묘미다.

※ 이런 형태를 보이는 약간 야릇한 예도 있다. 월드컵 축구대회. 이 역시 동 시간, 동 장소, 동 상황으로 다수가 미쳐 돌아간다. 대부분 세계적인 축제라고들 일컫는다. 그런데 고개가 갸웃거려지는 대목이 있다. 행위자(공을 차는 선수들)와 관람자가 굳세게 분리되어 있고 상호간 지속적 긴밀함이 부족하다. 즉, 어느 선수가 상당한 기술을 보여주거나 결정적으로 골을 터뜨릴 때만 관람객들이 반응하면서 미치는 것인데(물론 중간 중간 단체 응원으로 축제적 분위기를 유지하곤 하지만), 여기에는 '지켜보면서 기다리는 시간'이 개입되고, 관람자는 그 즐거움의 요체인 실제 행위의 주인공이 되고 있지 않은 제3자적 입장이기에 이것은 곧 축제성의 잣대로 따져볼 때 충분한 요건이 되기 힘들다.

또 다른 예 하나 더. 세계 8대 불가사의 축제 중 당당한 일원으로 그 이름을 등재시킨 우리네 강원도 화천 산천어 축제가 그것이다. 동 시간, 동 장소, 동 상황으로 수만 명이 산천어를 잡는 그 큰 낚시터. 그러나 여기에도 '지켜보면서 기다리는 시간'이 개입될뿐더러 다수의 반응도 제각각 따로따로 일어나기까지(산천어들이 큐 사인 받고 동시에 잡혀 올라올 일은 절대 없다) 하므로 역시 완벽한 축제 모델로 보기에는 무리가 따른다. 결론적으로 엄밀하게 말하면 월드컵 축구대회(기타 운동대회 포함)나 화천 산천어 축제는 축제라기보다는 레저 행사에 가깝다고 할 수 있다.

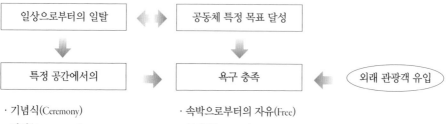

- 속박으로부터의 자유(Free)
- 일체성(Oneness)
- 배움(Knowledge)
- 즐거움(Fun)
- 경제효과, 이미지 제고(Goal)
- 교환, 공유(Share)

- 기념식(Ceremony)
- 경연(Competition)
- 종교의식(Ritual)
- 공연(Performance)
- 놀이(Play)
- 회식(Party)

■ 고유문화의 지속 전승 및 자긍심 고취
■ 새로운 가치 창조로 윤택한 생활 추구
■ 여가 문화의 사회적 양식화
■ 공동체 구성원 간 원활한 소통을 위한 매개체 기능 수행
■ 일상에의 새로운 자신감 회복

(4) 축제의 구조

■ 무엇(What), 어떻게(How), 왜(Why)

· 무엇(What)

- 주체적 관점: 축제를 만들기는 해야겠는데, 도대체 무엇으로 만들지? 하는 것은 주체적 관점의 What이다. 요리를 만들려면 재료가 있어야 한다. 축제에의 What 이 바로 그 재료인 것이다. 재료로 쓸 것으로, 예술(음악, 춤, 영상 등)인가 자연 (동물, 식물 등)인가 역사(과거 상황 재연 등)인가 아니면 지역자산(문화재, 관광자원, 특산물, 전설, 영웅 등)인가 등등에서 선택하면 된다. 선택했으면 이제 그것을 문화적 행위로 포장하는 것이다.

- 객체적 관점: 간단하다. 일상을 벗어나 잠시 휴식을 취하고 싶은데, 어떤 축제를 참관할까? 하는 것이다.

· 어떻게(How)

  - 주체적 관점: 축제의 재료로 What을 선택했으면 이제 어떻게 만들 것인가를 고민하게 된다. 이를 테면 양념이 필요한 셈이다. 축제 제작에 있어서 성패가 판가름 나는 부분이 바로 주체적 관점의 How다. 맛있는 요리를 해내는 일품 요리사가 괜히 되는 것이 아니듯이 How는 엄청난 작전과 전술 전략을 요구한다. 시기는 언제로 정하는 것이 좋으며 장소는 또 어디가 좋을 것인가? 프로그램 구성은 어떻게 할 것이며 출연진은 누구누구 어떤 단체를 부를 것인가? 홍보는 어떻게 할 것이며 현장 운영은 어떻게 할 것인가? 제작 체계는 어떻게 조정할 것이며 예산은 얼마나 써야 하는가? 이렇게 분야별로 구분 짓고 나서 각 분야별로 세부적인 전략이 또 뒤따라야 한다.

  이 부분은 전문적 경험과 기술을 요하기 때문에 아무나 쉽게 다루면 안 된다. 우리나라 축제 대부분이 실패하는 이유가 바로 이 How를 제대로 살리지 못해서이다. 가장 큰 이유는 비전문가가 너무 개입하기 때문이다. 그 비전문가는 바로 관(官)이다. 관의 지나친 개입으로 인해 전문가의 의견이 제대로 개진되기 어렵다 보니 어디를 가도 '그게 그거' 식의 붕어빵 축제들이 난무하는 것이다.

  그 다음으로 심각하다 할 수 있는 이유는 바로 관광학자들의 활약이다. 그동안 문화체육관광부에서 20년 넘도록 시행해온 문화관광 축제 지정제도는 이 땅의 축제 산업을 활성화시키는 데에 기본적 역할을 해온 것이 사실이다. 그리고 이 제도의 각종 평가 사업 일선에서 눈부신 활약상을 보인 분들이 바로 이 관광학자들이고 말이다. 문제는 이들의 평가 잣대가 어느 지역이든 대체로 획일적이었다는 것이고 그로써 전국 각지의 지역축제들이 같은 DNA를 공유하게 되었으니, 이들 역시 붕어빵 축제들의 만개에 지대한 공을 세웠다고 할 수 있다.

  - 객체적 관점: 축제장에 가서 어떻게 즐길 것인가에 대한 고민이다. 그저 구경만 할 것인지, 아니면 체험 프로그램에 뛰어들어 온몸으로 즐길 것인지, 어느 정도 작정을 하고 축제장을 찾아가야 한다. 축제장에 가면 또 현장 상황에 의해 그 How가 바뀔 수도 있다.

· 왜(Why)

  - 주체적 관점: 주체자는 왜 축제를 만드는가? 당연히 지역 공동체의 공동 목표를

달성하고자 축제는 만드는 것이다. 주민 화합과 지역사회를 단합시키기 위해, 축제 기간 동안 외지인들이 많이 방문해 줌으로써 지역 경제가 한바탕 피어나는 것 등이 주목적이 될 수 있다. 물론 선출직(지자체장, 지역의원)은 주민들과의 '소통의 장'으로서의 축제를 꿈꿀 것이고.

- 객체적 관점: 참관객의 Why는 무엇일까? 지친 일상에서 벗어나 삶의 활력을 되찾자는 것을 비롯해서 별의 별 Why가 개입된다. 주체자는 이 점을 제법 고민해야 한다. 그들의 참관 동기와 취향을 제대로 알아야 그에 부합하는 프로그램 전략을 구사함으로써 그들로부터 호응을 얻어낼 수 있기 때문이다. 그래야 성공 축제로의 가속을 얻을 수 있다. 그래서 주체자는 참관객의 Why를 알아내고자 피곤함을 무릅쓰고 Big Data를 챙기는 것이다.

■ 생물로서의 축제
· 축제의 What은 거의 부동적이겠으나 How나 Why는 상대적으로 변동이 심할 수 있다. 시대가 변하고 문명이 발전하고 생활양식이 바뀌면 형편과 상황에 맞추어 각 지역마다의 How와 Why는 변신을 해야 한다. 지혜가 필요한 부분이다.

■ 현대 축제에서의 산업적 관점의 대두
· 산업사회 등장 이후 관광 산업이 발달하면서 제의성, 공동체 유지 목적 등을 추구하던 문화형 축제는 대부분 재미를 추구하는 관광형 축제로 변화했다. 문화적 관점보다는 이제는 산업적 관점을 중요시하게 되었다는 뜻이다.

2

축제의
기본 성질

축제가 지향해 온 이상(理想)과 본성(本性)은
프로그램 구성에의 훌륭한 이정표가 될 수 있다.

(1) 거인성(巨人性)

■ 거인성의 용도
- · 초자연적 문제를 해결하고 불운에 대비하려는 시도
- · 거인성에 의지해서 풍요로움을 기원하려는 시도
- · 강력한 초자연적 힘을 자신의 내부로 불러들이려는 시도
- · 정신과 육체, 인간과 문화의 이분법적 질서를 뛰어넘어 자연과 하나가 되려는 시도

■ 거인성의 의미
- · 원시시대로의 회귀를 통해 인간의 순수성을 회복하고자 하는 염원의 발로

〈유럽의 거인성 성격 축제 사례〉

① 스위스 쮜리히 섹세로이텐(Zürich Sechseläuten) 축제
- · 스위스 쮜리히의 민속 축제이며 매년 4월 셋째 주말(춘분)에 열린다. 섹세로이텐은 '여섯 시에 울리는 종소리'라는 뜻을 지니고 있다. 14세기 때 춘분을 맞이하게 되면 저녁 6시에 하루 일과가 끝났음을 알리는 프라우뮌스터 교회의 종이 울린 것이 그 기원이다. 본래는 무속인들이 긴 겨울 끝에 돌아오는 봄을 환영하는 축제로 시작했고, 종교개혁 이후에는 쮜리히 소년회에서 전통을 이었으며, 1892년 쮜리히

길드 중앙 협회에서 축제를 담당해서 오늘에 이른다.

· 이 축제는 다양한 행사들로 구성되어 있다. 일요일 오후 어린이들이 전통의상을 입거나, 어른들이 직접 만든 의상을 입고 가장 행렬을 하는 것으로 시작된다. 행렬은 쥐리히 중심가를 행진하는데 이 대열의 주인공이 곧 커다란 눈사람인 '뵈그(Böögg)'다. 행진이 끝난 후 뵈그는 넓은 잔디공간에 마련된 '섹세로이텐 플라츠'에 옮겨진다. 다음 날인 월요일 오후에는 25개의 길드 회원들이 각 조합의 특색을 나타내는 의상을 입고 악대를 동반, 음악을 연주하면서 거리를 행진한다. 이윽고 6시가 되면 쥐리히의 가장 큰 성당인 그로뮌스터의 종이 울리고, 사람들은 뵈그를 올려놓은 짚단에 불을 붙인 후 섹세로이텐 행진곡에 맞추어 노래를 부르며 그 주위를 돈다. 뵈그 내부에는 화약이 들어 있어서 불에 타는 동안 요란한 폭음을 내며 터진다. 사람들은 겨울을 상징하는 뵈그의 최후를 빨리 보고 싶어 한다. 빨리 최후를 맞이할수록 봄이 더 일찍 찾아온다고 믿기 때문이다.

성공을 Design하는 축제 실전 전략

② 스페인 카탈루냐(Cataluña) 인간 탑 쌓기 축제

· 스페인 북동부 카탈루냐 지방에서 행해지는 축제로 '인간 탑'을 스페인어로는 '카스텔(Castel)'이라고 부르고 탑을 쌓는 사람은 '카스텔러(Casteller)'라고 부른다. 예전에는 일 년에 한두 번 정도 행사가 열렸으나 지금은 카탈루냐 지방 각 도시에서 서로 장소를 바꾸어가며 열리기 때문에 거의 매달 개최된다.

· 인간 피라미드를 처음 쌓기 시작한 것은 1800년경, 성을 짓던 건축가들이 고안해 냈다는 말이 전해진다. 인간 탑 쌓기 대회는 장년 팀과 청년 팀으로 나뉘어 어떤 팀이 더 높이 쌓는지 경쟁하는 것으로 치러진다. 참가자들은 전통 의상인 붉은색 상의와 흰색 바지를 입고, 검은 띠를 허리에 단단히 동여맨다. 몸집이 작은 어린 아이가 맨 꼭대기에 올라가 손을 들면 탑이 완성된다. 피라미드를 쌓는 동안에는 기악대의 연주가 진행되고 마지막 어린아이가 시도할 때는 긴장감 넘치는 음악이 연주된다. 인간 탑 쌓기의 기원에 대한 정확한 내용은 없으나 고대부터 탑은 인간 기원에 대한 신의 흠향(歆饗) 매체로 이해되고 있음을 볼 때, 이 인간 탑 쌓기에서도 그런 의미를 찾을 수 있다.

③ 포르투갈 토마르(Tomar) 시령 축제(Festa dos Tabuleiros)

· 포르투갈의 토마르(Tomar)에서 4년마다 한 번씩 열리는 시령 축제는 16세기경부터 시작되었다고 한다(그리스 신화의 농업 여신 세레스Ceres를 기림). 이 축제는 성령의 상징인 흰 비둘기와 시령 모양의 커다란 왕관을 테마로 한 일종의 추수감사제다.

· 도시 공간을 온통 화려한 색채와 의식, 그리고 여성적 우아함과 품위로 가득 채운다. 즉, 도시 전체가 하나의 거대하고 화려한 꽃이 되는 것이다. 퍼레이드가 완료된 후 각 커뮤니티들이 준비한 화려한 공연들(춤, 연주, 게임)이 뒤풀이로 행해진다. 머리에 이는 꽃 장식 대형 시령은 각자의 성스러운 영혼을 상징한다.

〈한국의 거인성 성격 축제와 신화 사례〉

① 의령 큰 줄 댕기기 대회

· 줄다리기는 '줄 싸움'이라고도 하는 편싸움 놀이다. 정월 대보름을 전후해서 벼농
사를 위주로 하는 중부 이남지방에서 널리 행해진다. 농경의식의 일종으로 해석되
고 있다. 마을을 동서로 나누어 두 패로 편을 짜는데 동서 양 편은 각각 남성과 여
성으로 상징되며, 생산의 의미에서 여성으로 상징되는 편이 이겨야 풍년이 든다고
생각한다.

· 의령 큰 줄 댕기기는 1800년경부터 시작해서 200여 년의 역사를 지닌 민속 놀이로
온 마을이 참여하는 축제로 정착, 시행되고 있다. 대형의 줄은 풍농(豐農)을 기원하
는 상징물이 된다.

② 전국의 장승 축제

· 대표적으로 전북 순창 장승축제, 충남 칠갑산 장승문화축제, 충북 현도 민속 장승
축제 등이 있다. 장승은 한국 전역에 고루 분포해 왔다. 그 기원은 고대의 성기(性
器) 숭배에서 나온 것, 장생고(長生庫, 고려시대 사원의 금융 기구)에 속하는 사전
(寺田)의 표지에서 나온 것, 나무장승은 솟대(소도 蘇塗)에서, 돌장승은 선돌(立石)
에서 유래한 것이라는 등의 여러 가지 설이 있으나 확실한 기원은 알 수 없다. 기능
으로는 지역 간의 경계표 구실, 이정표 구실, 마을의 수호신 역할 등을 들 수 있다.
길가나 마을 경계에 있는 장승에는 그것을 기점으로 한 사방의 주요 고을 및 거리
를 표시하였다.

· 수호신으로 세운 장승은 마을의 신앙 대상으로서 주로 액운이 들었을 때나 질병이 전염되었을 때 제사를 지내는 등 축귀(逐鬼), 액병(厄病), 종족 보존 등의 민속 신앙적 기능을 수행했다.

③ 마고할미 신화

· 주로 무속 신앙에서 받들어지며, 전설에 나오는 신선 할머니다. 새의 발톱 같이 긴 손톱을 가지고 있다고 알려져 있다. 옛말에 마고가 긴 손톱으로 가려운 데를 긁는다는 뜻으로, 바라던 일이 뜻대로 잘됨을 이르는 말로 마고소양(麻姑搔癢)이라 하는데, 이 때 한자로 마고(麻姑)라고 적듯이 옛부터 전해 오는 전설 속의 노파(老婆)를 의미하기도 한다. 세상을 만든 거대한 여신 마고의 이야기가 제주도를 비롯해서 전국에 산재해 있다. 거대한 마고가 움직이는 대로 산과 강, 바다, 섬, 성들이 만들어졌다는 전설이 내려온다.

· 박제상이 저술하였다고 알려져 있는 부도지(符都誌)에는 '한민족의 세상을 창조한 신'으로 설명되어 있기도 하다. 그래서 단군과는 달리 한민족 창세신화의 주인공으로 알려진다.

■ 유럽과 한국의 축제 및 신화에 나타나는 거인성의 양상과 의미

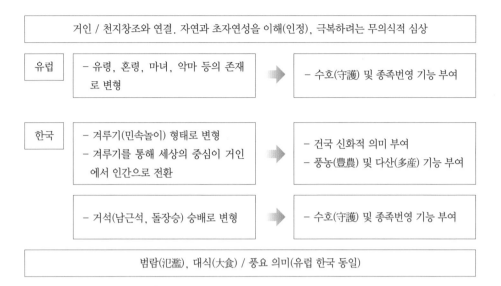

■ 거인성을 찾아볼 수 있는 현대 축제 유형
　· 오늘날 치러지는 대표적 축제 유형에 고대 축제 및 신화에서의 거인성 의미를 현
　　대적 관점, 즉 '제2의 거인성' 의미로 전환, 투영해 볼 수 있다.
① 절대적 규모감 형태
　· 확실한 메시지 전달력 확보의 의미
　　– 해양 및 수상 대형 선박을 활용하는 공연, 조선왕조 어가행차 재연 거리 축제,
　　　조선왕조 궁중의례 재연행사, 올림픽 개·폐막식 등
② 시의적 절대 가치
　· 당대 최고 善 표방의 의미
　　– IT 전시회, Miss World 선발대회, EXPO, MBC TV '복면가왕' 등
③ 원초적 순수성
　· 문명사회의 발전 및 변형에도 불구하고 축제 고유 개념 및 취지를 지속적으로 유
　　지하고자 하는 의미
　　– Formula–1 대회, FIFA World Cup 대회, 올림픽 대회 등

■ 거인성 의미의 현대적 조명
  · 오늘날의 축제에서도 다양한 은유(Metaphor)로 전환해서 적용할 수 있고, 전환된
    의미가 선명할수록 축제의 생명력 또한 크다고 할 수 있을 것이다.

(2) 환상성(幻想性)

■ 환상의 정의
  · '환상적(Fantastic Fantastique)'이라는 단어는 라틴어 판타스티쿠스(Phantasticus)에서
    나온 말이다. 이 단어는 그리스어 판타제인(Phantasein)에서 파생된 말로 '나타나 보
    이게 하다', '착각을 주다', '기이한 현상이 나타나다' 등의 의미를 지닌다.
  · 프랑스어로 판타스티끄(Fantastique)라는 형용사가 쓰이기 시작한 것은 14세기부터
    인데 '공상이나 몽상에 몸을 맡기거나', '상상력에 의해 만들어져 현실에서는 존재
    하지 않는', '초자연적인' 등의 의미로 사용되었고, 'Le Fantastique'는 '환상적이고, 비
    현실적이고, 기이한 것'을 의미한다. 이것은 또한 '공상적인', '가공의', '상상의', '비
    현실적인', '묘한', '놀라운', '요정 세계의', '놀랄만한', '괴상한', '기막힌', '믿을 수
    없는', '사실 같지 않은', '깜짝 놀랄' 등의 형용사와 의미를 나누어 가진다.
  · '환상'은 현실과는 다른 어떤 존재나 영역을 표현함으로써 '현실과의 단절성을 강
    조하고, 자유분방한 상상력의 영역을 개방해주는 역할을 수행하는 것'으로 이해할
    수 있다.

■ 환상 요소에 의한 축제의 정의
  · 현실의 비루함과 일상으로부터 일탈하고자 하는 감정에 동반하는 환상은 인간을
    시원의 기억으로 안내함과 동시에 현재와 미래에 대해 일시적이나마 낙관적 전망
    을 품게 해준다.
  · 축제는 인간과 세계에 대한 이해를 환상적인 형상으로 표현하는, '꿈과 환상의 세
    계'를 구현해주는 시공간이라 할 수 있다.

- 축제에 존재할 수 있는 환상의 형태
  - 양식: 신화적 행위, 광기(狂氣), 카니발 적(的) 전복된 세계 등
  - 소재: 할로윈(Halloween), 산타클로스(Santa Claus), 가면(假面) 등

- 환상이 축제에서 지니는 의미
  - 존재적 본질에 대한 재고찰, 그리고 그 원인 요소가 무엇인지를 재확인한 인간은 마침내 '잘 알려진 일상 세계의 친숙성과 안정적 상태로부터 자신을 끌어내어, 낯설고 경이로운 것과 관련된 비개연성 세계로 이동'시키는 방식으로서 현실과 단절된 세계로 가정되는 시공간에서 연희되는 축제에 열광한다. 즉, 축제에서 접할 수 있는 '환상'에 매료되는 것이다. 이것은, 축제의 시원(始原)으로 볼 수 있는 고대 제의가 현실을 떠나 환상을 추구한 형식이었고, 오늘날의 축제 또한 환상을 갈구하고 있음을 볼 때 환상이 없는 축제는 존재할 수 없다는 것을 의미한다.

〈환상 추구 성격 축제 사례〉

① 이탈리아 베네치아 가면 축제(Carnevale di Venezia)
  - 1268년 시작된 축제로 사순절 전날까지 10일간 열린다. 전 세계에서 몰려든 수십만 명의 관광객이 형형색색의 모자와 가면을 착용한 채 도시의 골목을 돌아다니며 가장무도회 등 축제 분위기를 즐긴다.
  - 가면을 쓴다는 것은 '진정한 나를 찾기' 혹은 '속박으로부터 벗어남', '너와 나의 평등함'을 뜻한다. 초창기에는 가면을 씀으로써 평소에 억눌렸던 행위를 즐기는 성격이 강했다. 기원전 로마 농신제에서의 주종 역할 바꾸기와 같은 맥락이다.
  - 카니발 기간 동안에는 아퀼레이아(Aquileia, 이탈리아 북부 자치주)에게 승리한 날을 기념하는 경축 행사 등 많은 행사와 말을 이용한 운동 시합, 공중곡예, 가장 무도회, 중세와 현대의 의상과 가면 등을 선보이는 전시회 등의 행사가 펼쳐진다. 행사는 축제를 기획하고 공연 활동을 하는 단체 '콤파니 델라 칼자(Kompany della Kalja)'가 전담하고 특별히 전문 광대들이 출연해서 진행한다.

· 베네치아 가면 축제는 이제 일상의 질서를 파괴한다기보다 화려한 치장과 각종 행사들을 통해 중세 시대를 만난다는 환상을 좇는다.

② 할로윈(Halloween)

· 서구인들의 정령, 요정, 혼령, 마녀 등과 같은 초자연적 존재에 대한 믿음은 기독교 이전 다신교의 흔적이라 할 수 있다. 그들은 일 년 중 특별한 시기에 이 존재들의 악의가 드러난다고 생각했다. 이러한 관념이 표출된 의식 혹은 축제 유형 중 하나가 바로 할로윈이라고 할 수 있다.

· 할로윈은 켈트 족의 사마인(Samain) 축제에서 기원한다. 켈트족은 여름이 지나면 곧 한 해가 지나가는 것으로 알았고, 그 한 해를 지배한 태양의 기운이 약해져 망령과 유령, 요정 등 모든 악한 존재들이 더 큰 힘을 발휘한다고 믿었다. 그래서 그들은 초자연적인 존재를 위협하기 위해 가장(假裝)을 했는데, 이것이 오늘날의 귀신 의상과 가면, 탈의 원형이 된다. 호박 등(燈)은 죽어서 망령이 된 사자(死者)의 길을 밝혀주는 상징이다.

· 할로윈은 초자연과 영혼과 마법의 시간으로 축제가 지니는 환상적 면모를 가장 잘 간직하고 있는 축제들 중 하나라 할 수 있다.

(3) 단순성(單純性)

- 축제에서 단순화할 수 있는 요인
  - 주제와 개념의 단순성
  - 프로그램 구성의 단순성
    - 오늘날 이 땅의 축제들은 주제와 개념 설정에는 성공했다 하더라도 끝내 난무하는 잡화점식 프로그램 구성으로 주제와 개념을 희석하고 마는 현상이 비일비재하다.
    - 축제는 '즐기기' 위한 문화적 판이다. 그렇다고 판 안에서 여러 가지를 즐길 수 있다고 해서 진정으로 재미있는 것이 아니다. 이런 저런 반찬이 잡다한 밥상 차림은 그저 이 집 저 집 집집마다 때 되면 의무적으로 차려놓고 먹는 일상의 가정식 백반일 뿐이다. 전주비빔밥이든 충무김밥이든 남원추어탕이든 정선콧등치기 국수든 다른 것과 상이한 한 가지 단순한 아이템이어야 사람들의 입맛에 기억되는 것이다.

- 단순성과 빅 이벤트(Big Event)
  - 대중은 예상하지 못한 빅 이벤트에 환호하기 마련이다. 빅 이벤트는 단순해야 'Big' 해질 수 있다.

〈단순성 추구 축제 사례〉

① 프랑스 디네 앙 블랑(Dine an Blanc, White Dinner)

- '흰색 저녁 식사'라는 뜻의 디네 앙 블랑은 1988년 프랑스 파리에서 시작되었다. 공

공장소에서 펼쳐지는 'Flash Mob' 성격의 '깜짝 이벤트 개념' 행사다. 피크닉 테이블, 와인과 음식, 심지어 의상마저 흰색으로 통일해야 한다. 디네 앙 블랑은 'White'로 단순화시켜 성공한 사례다.
- 최근에는 프랑스뿐 아니라 호주, 싱가포르, 한국 등에서도 순회 개최되면서 열띤 호응을 얻었다.

② 미국 버닝 맨 페스티벌(Burning Man Festival)
- 1986년부터 시작된 축제로 미국 네바다 주 블랙 록 사막(Black Rock Desert)에서 매년 8월 마지막 월요일에 시작해 미국의 노동절인 9월 첫째 월요일에 마치는 예술 축제다. 예술가 등 3만여 명에 이르는 다양한 참가자들이 사막에 모여 일시적으로 존재하는 가상의 도시 블랙 록 시티(Black Rock City)에서 다양한 현장예술을 펼쳐 보인다. 축제 기간 중 토요일 밤에 축제를 상징하는 거대한 나무 인물상을 불태우는 것에서 '버닝 맨(Burning Man)'이라는 축제 명칭이 유래했다.
- 버닝 맨 페스티벌은 축제 주최 측이 따로 존재하지 않는다. 축제 참가자들 스스로 예술 공연, 다양한 캠프 운영, 자원봉사 활동 등으로 축제를 만들어 간다. 버닝 맨 페스티벌의 핵심은 가상의 도시에서 함께 서로 소통하고 도움을 주고받는 공동체를 형성하는 것에 있다. 즉, 예술가들이 꿈꾸는 '가상의 예술 도시'라는 단순한 명제를 추구하는 것이다.
- 버닝 맨 페스티벌 참가자들은 축제가 끝나고 일상으로 돌아갈 때 처음 가지고 왔던 것들을 현장에서 모두 태우고 간다. '태워 없애기'가 바로 버닝 맨 페스티벌이 추구하는 단순성이기도 하다.

③ World EDM(Electronic Dance Music) Festival

· 젊은 층이 선호하는 테크노 음악에 춤을 연결한 단순 Item의 댄스 축제

· 현행 성황 중인 세계 3대 EDM Festival

1) Tomorrow Land

: 매년 7월 Belgium에서 열린다.

세계 최대 규모다.

2) EDC(Electric Daisy Carnival) in Las Vegas

: 매년 6월 셋째 주 금·토·일요일

Las Vegas에서 열린다.

3) UMF(Ultra Music Festival) in Miami

: 매년 3월 Miami에서 열린다.

2016년 한국에서도 개최되었다.

※ 1970년대에 들어서면서 유럽 땅에 후기 산업시대 완성에의 도착점이 찍히자 유럽 젊은이들은 목표지향점을 잃은 채 정신적 방황에 빠진다. 한편 대서양 너머 미국 땅에서는 1960년대부터 대학생들을 중심으로 반전(反戰), 물질문명에의 반발, 전통 체제 및 가치 부정과 대안 추구 등을 주장하는 반문화 혁명(Counter-cultural Revolution)이 일어났는데 이것을 히피(Hippie) 정신이라고 한다. 이 히피 정신은 자연스럽게 유럽 땅으로 건너가서 이미 유럽 젊은이들에게 영향을 주고 있었다. '비틀스(Beatles)'와 '롤링 스톤스(Rolling Stones)', '우드스톡 페스티벌(Woodstock Festival)' 등에 환호하면서도 갈증을 느끼던 그들은 독일 뮤지션 그룹 '크라프트베르크(Kraftwerk)'가 처음 시도한 '전자음악(Electronic Music, 테크노음악)'에 열광하면서 마침내 '길 잃은 젊은 정신'들의 진정한 해방구를 찾아냈다. 이것이 '레이브 파티(Rave Party)'다.

레이브 파티는 극단적으로 단조롭고 강렬한 비트 위주로 만들어진 전자음악을 틀어놓고 그저 밤새도록 미친 듯이 춤을 추면서 노는 것이다. 그들은 음악과 술, 춤을 통해 '집단 엑

스터시'를 추구했다. 그로써 현세의 불안과 고민에서 탈출하고자 했던 것이다. 이 레이브 파티는 유럽인의 특성인 클럽문화가 가미되면서 1980년대 들어서서 폭발적으로 확산되었다. 그러던 중 베를린 장벽이 무너지기 직전 베를린에서 '음악을 통한 평화 증진'을 내세운 테크노음악 팬들의 가두 행진이 있었다. 이것이 '러브 퍼레이드(Love Parade)'의 시작이었고 베를린 장벽 붕괴(1989년)를 기점으로 양적 발전을 이루면서 1999년에는 무려 150만 명이 참가하는 등 세계적인 음악 축제로 성장했다.

그러나 해마다 축제기간 중 횡행하는 마약 복용과 지나친 섹스 행각, 엄청난 쓰레기와 방뇨로 행사장 일대 공원 생태계 파괴 등 사회적 문제를 야기하기도 했다. 러브 퍼레이드는 2010년 독일 뒤스부르크에서의 행사 때 압사 사고가 발생해서 약 20명의 사망과 340여 명의 부상이라는 대형 참사를 겪고 이에 거센 비난이 일자 영구 폐지되었다. 최근 유럽 젊은이들에게 K-Pop Music 코드가 분주히 심어지고 있으나 그들은 K-Pop Music보다는 여전히 더 강력한 정통성을 가지고 있는 전자음악에의 애착을 놓지 않고 있다. 그로 인해 EDM Festival류 행사들이 곳곳에서 열띤 환호 속에서 개최되고 있고 그들의 '집단 엑스터시'는 현재 진행형으로 계속 이어지고 있다.

3

현대 축제의
변화 양상

과거의 축제는 공동체 일체감 조성을 위한 의식 성격이 강했으나
현대의 축제는 개인 위주의 스펙타클(Spectacle) 형태로 진화했다.

(1) 스펙타클(Spectacle)화 현상 대두

■ 축제의 내재적 관점의 변화
  · 역사가 흐르면 나라도 바뀌고 풍속도 바뀌는 것인 만큼 축제라고 시대가 발전하는
    동안 변하지 않을 수 없다. 축제는 일단 내재적 관점이 대거 변동을 보인다. 이것을
    '스펙타클화 현상'이라고 정의한다. 축제의 스펙타클화라 함은, 볼거리로서의 축제
    와 경제적 가치 창출로서의 축제를 뜻한다.

	전통 축제		현대 축제
목적	신과의 교섭		참여에의 즐거움
효과	종교적, 공동체 교육		오락적, 산업적 효과
참여 형태	집단적, 의무적		개인적, 선택형
참여 동기	초월적		기분 전환
참여자 태도	몰아형		비판적 거리 두기
구성 요소	공동 창작		관람

■ 전통 축제와 현대 축제의 차이점

· 현대의 축제는 신과의 교섭을 목적으로 삼는 전통 축제에 비해 축제 참여자의 즐거움을 우선순위로 삼고 있다.

· 종교 교육, 공동체 교육 효과 대신 이제는 오락적, 산업적 효과로 대체되고 있다.

· 집단적이고 의무적인 참여 형태도 개별적이고 선택적인 방식으로 바뀌었다.

· 축제 참여의 동기도 초월적 이유 대신 이제는 기분 전환과 흥미 추구로 바뀌었다.

· 축제 참여자의 태도 또한 참여를 통해 몰아적 일체감을 추구했던 전통 축제에 비해 거리를 둔 채 비판적 성향을 띠는 방식으로 바뀌었다. 이것은 공동 창작적 성격에서 관람적 성격으로 바뀐 것을 뜻한다.

· 이상에서 살펴 본 바와 같이 오늘날의 축제는 더 이상 방임적 전형으로서 의미에 머물지 않는다. 더 이상 신성한 시공간으로 여겨지지 않는다. 이는 축제와 일상의 경계가 허물어지고 있다는 뜻이 되기도 한다. 즉, 축제 자체가 일상의 일부가 됨으로써 시대 변화에 따라 새로운 의미에 맞춘 다양한 형태의 축제들이 일상 도처에서 시행되고 있다는 뜻이다.

(2) 현대 축제의 트렌드 변화

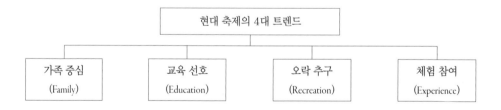

■ 개인적 쾌락 추구

· 현대인들이 스펙타클화된 축제에 참여해서 추구하는 것은 크게 4가지로 정의할 수 있다. 오늘날의 축제 참관인 분포를 살펴보면 가족 단위 참여율이 매우 높다는 것을 알 수 있다. 그들은 일상에서 해체된 가족적 마인드를 축제를 통해 튼튼하게

하고자 하는 의도를 강하게 갖는다. 또한 자녀의 교육적 가치를 중요시 한다. 따라서 축제는 그저 예능과 오락 중심으로 만들 것이 아니다. 문화로서의 의미와 정신, 나아가 철학을 갖추어서 그것을 당당하게 제시할 수 있어야 한다. 그래야 그 안에서 즐기는 오락 또한 즐거움이 배가될 수 있는 것이다. 현대 축제의 변화 양상 중 가장 두드러진 것은 체험 참여 요구가 늘어났다는 것이다. 이것은 보는 것만으로는 양이 차지 않는다는 뜻이다. 축제의 정신을 눈으로 보는 것만으로는 만족하지 못하는 참관객이 이제는 직접 팔을 걷어붙이고 나서서 체험을 통해 그 실체를 실감하려고 한다는 것이다.

4

축제 연출의
이해

축제 제작의 테이블 세터(Table Setter)는 곧 연출이다.
훌륭한 연출은 좋은 기술에 예술성이 가미되어야 이루어진다.
예술성은 직관과 통찰력으로부터 창조된다.
모름지기 축제 연출가는 사료나 먹고
집안에서 재롱이나 떠는 강아지가 되면 안 된다.
야성의 늑대가 되어야 한다.

(1) 성공적인 축제가 되기 위한 연출 전제 요소

■ 대중 동원
  · 사람을 모이게 하려면 무엇보다도 관심을 유발할 수 있는 것과 유혹거리
    (Attraction)가 있어야 한다.
    – 콘텐츠(Contents), 엔터테인먼트(Entertainment), 퍼포먼스(Performance), 참관 이
      득(Merit) 등

■ 감동 제공
  · 사람을 모였으면 감동을 주어야 한다.
    – 메시지(Message), 감성(Sensibility), 이야기(Story), 시설장비(System), 엔터테인먼
      트(Entertainment) 등

■ 결과 도출
  · 모여든 사람들은 감동을 원한다. 감동을 주고 그로써 그들의 반응(Reaction)을 일으

켜야 한다.

  – 긍정 반응, 호의적 여론 조성, 개선 의견 도출로 축제 발전에 기여

(2) 엔터테인먼트(Entertainment)의 용도

■ 정의 및 의미

  · 쇼(Show)적인 행위

  · 봐서 재미있을 것(시각적 어필)

  · 들어서 재미있을 것(청각적 어필)

  · 전체 행사 구성의 보조 요소

■ 기능

  · 대중 동원에의 첨병 역할을 한다.

    – 사람들에게 감동을 제공할 때 가장 적절하게 활용할 수 있는 요소가 곧 엔터테인먼트다.

  · '감동제공' 추구에 결정적 요인이 된다.

  · 프로그램 구성상 전후 연결의 묘미를 얻는다.

  · 행사에 활기를 넣는다.

  · 엔터테인먼트 없는 축제는 관객 참여도가 떨어진다.

■ 운용 전략

  · 적절한 타이밍(오프닝, 본 행사, 하이라이트 등)으로 적용해야 한다.

  · 축제의 개념과 연계성을 유지해야 한다.

  · 체험 프로그램이나 전시관 등에는 '즐거움(Fun)'을 갖추도록 해야 한다.

  · 행사 소재(Cast, Contents, System)들을 효과적으로 배합해야 한다.

  · 타깃층의 성향 및 취합에 부합시켜야 한다.

  · 주어진 레퍼토리를 최대한 활용(Effect, Dance, Song, Performance, System)할 경우 효

과가 배가된다.

· 하이라이트를 위한 엔터테인먼트는 확실하게 차별성을 확보해야 한다.

(3) 연출자가 지녀야 할 기본 자질

■ 함양된 인격

· 침착함 혹은 냉정함을 견지하라. 광고주(Client)의 신임을 받는 첫째 요인이 된다. 현장에서의 흔들림 없는 지휘 통제력도 이것에서 나온다.

· 휘하 스탭들을 먼저 배려하는 매너를 갖추어라. 전장에서는 맹장이 되어야 하지만 평소에는 덕장으로 운신하라. 그러면 스탭들은 연출자를 존경하는 것은 물론이요 깊은 신뢰를 갖게 된다. 그런 관계의 연출자와 스탭 간 조합은 일당백의 능력을 갖게 된다.

· 연출자는 축제 제작 시스템(시설 장비 등) 관련 부분에 대해 전문가가 되지 않아도 된다. 모르는 것은 모른다고 해라. 모르거나 자신 없는 것까지 안다고 내세우지 마라. 그것은 알량한 자존심 내세우기요 허황된 욕심이다. 자신이 부족한 것이 있다면 그 분야의 전문가를 스탭으로 영입해서 그의 의견을 들으면 된다. 그것이 연출자가 취할 태도다. 지도자는 기본적인 방향을 제시하고 나서 참모들의 의견을 들은 후 최종 결정을 내리기만 하면 되는 것이다. 설혹 다 알고 있다 해도 때로는 스탭의 의견을 존중해 주는 자세도 필요하다. 존경 받게 된다.

■ 박학다식

· 다독(多讀)을 통한 지식 축적 및 경험을 통한 노하우 보유 등 연출자는 많은 지식을 품고 있어야 한다. 특히 동서고금의 역사와 신화, 풍속에 대한 통찰은 축제 구도 (Frame) 구상에 훌륭한 자원이 된다. 평소 공부 열심히 하라는 뜻이다.

■ 리더(Leader) 기질

· 광고주를 비롯해서 스탭과 출연진에게 성공에의 비전과 그 성공을 이루기 위한 전

술 전략을 보여주어라.

· 리더는 모든 결과에 대해 책임을 져라.

■ 두목(Boss) 기질

· 현장에서 일어나는 모든 상황에 대한 결론을 내릴 때 좌고우면하지 않는 순발력과 카리스마를 보여주어라. 일촉즉발 상황 발생 시 설명할 겨를이 없을 경우 주변의 이해를 떠나 자신의 판단과 직관력을 믿고 결단력 있게 단호한 결정을 내려 다음 단계로 달려가도록 해야 한다. 평소 스탭의 의견을 잘 존중해 주는 연출자일수록 위급 상황 시 신속한 지시에 스탭들은 전적으로 믿고 따라준다.

■ 뛰어난 감각

· 사물과 상황을 바라보는 눈이 일반인과는 달라야 한다. 그런 것이 연출자의 안목이다.

■ 호기심

· 'Be interested in new materials'. 새로운 문화, 첨단 문명, 유행 등에 늘 관심을 가져라. 아이디어 공장이 된다.

■ 개방성

· 선입견을 배제하고 모든 가능성에 대해 열린 마음을 지녀라. 그렇게 해서 얻은 여러 가지의 가능성 중에서 옥석을 가려 최선책을 선택하라. 최선책이 없으면 차선책을 취하라. 차선책이 없으면 차악책을 취하라. 차악책도 없을 경우에는 최악책이라도 취하겠다는 생각은 하지 마라. 그때는 미련 없이 새로운 길을 찾아라.

· 부득불 최선책 이하의 방안이 선택되어지면 반드시 보완책을 강구해서 주어진 범위 내에서 최선의 결과를 만들도록 해야 한다.

■ 활동적 성향

· 자주 돌아다녀라. 다른 세상의 풍물을 두루 익혀야 감성 축적에 큰 도움이 된다. 축적된 감성은 통찰력의 인자가 된다.

5

제작 실무
용어

축제 제작 관련 자주 표출되는 용어들인 만큼
기획서 작성, Client 관리, 현장 소통 등
제작 과정에 적절하게 쓰인다.
특히 국제 행사를 제작하는 경우
해외 인력과의 소통에 필요한 용어들이다.

(1) 축제 용어

- RFI(Request For Information), 자료요청서
  · 회사소개서 또는 구체적인 정보 또는 자료를 요청하는 문서로서 알고자 하는 항목
  과 내용들 위주로 작성한다.

- RFP(Request For Proposal), 제안요청서
  · 기획안 제안을 받고자 할 때 기획안에 담을 내용과 가이드라인, 개요, 일정 등을 기
  재해서 기획안을 요청하는 문서를 말한다.

- PPM(Pre Product Meeting), 사전 제작회의
  · 제안서를 작성 전 전략과 아이디어 등을 도출하기 위해 필요한 인력(연출 Staff, 기
  술 Staff 등)들과 함께 중지를 모으는 회의를 말한다.

- Data Mining, 정보 발굴
  · 산더미 같은 Data에서 금이나 은 같은 귀중한 것을 발굴하는(Mining)것, 매우 큰 데

이터베이스에서 유용한 관계를 발견하거나 찾는다는 의미다. 대량의 데이터 사이에 묻혀 있는 패턴을 발견하고 규칙을 추론함으로써, 의사결정을 지원하고 그 효과를 예측하기 위한 기법이다. 예를 들어, 발굴의 결과로 어떤 참관객 층은 다른 참관객 층에 비해 특정 분야를 더 선호하는 경향이 있다는 사실을 알아낼 수 있다. 그런 식으로 정보를 발굴해서 정황을 파악할 수 있다면 불특정 대상이 아닌 특정 목표 대상에 집중된 마케팅을 수행할 수 있다.

■ P.O.P.(Point Of Purchase), 구매 시점 광고물
· 참관객이 축제장을 찾았을 때, 그 장소에서 직접적으로 호소하는 광고물로 참관객으로 하여금 축제장 공간 및 프로그램 등 안내를 해 줌으로써 원활한 참관동선 운영을 기할 수 있다. 축제장의 P.O.P.는 주로 Leaflet, Catalog, Poster, Placard, Signboard, Banner, Pictogram 등을 칭한다.

■ Hospitality, 환대
· Hospitality는 주로 스포츠마케팅의 일환으로 대형 스포츠행사 Sponsorship(후원 혹은 협찬)을 통한 권리를 활용해 고객 또는 거래 업체들을 초청해서 스포츠 관람과 숙식, 편의 부대 서비스 등으로 극진하게 환대해 주는 프로그램이다.

■ PCO(Professional Congress Organizer)
· 국제회의 개최와 관련한 다양한 업무를 행사 주최 측으로부터 위임받아 부분적 또는 전체적으로 대행해주는 영리업체. PCO는 여러 형태의 회의에 대한 풍부한 경험과 회의장, 숙박시설, 여행사 등 회의 관련 업체와 평소 긴밀한 관계를 유지해서 모든 업무를 종합적으로 조정·운영할 수 있을 뿐만 아니라, 주최 측의 시간과 경비를 상당히 절감해 주는 역할을 한다.
· 주최 측 및 참가자와의 연락관계 유지
· 주요위원회 회의의 준비 및 참가
· 회의장 준비 및 임차 회의관련 자료 발송
· 참가자 등록업무

· 호텔 계약

· 사교행사 준비

· 각종 문서의 준비

· 전시장 및 전시회 참가자와의 연락관계 유지

· 기술부문 행사의 협조

· 정식직원 및 임시고용원에 대한 통제

· 홍보업무

· 회계업무 등

■ CI(Corporate Identity), 기업 이미지 구축

· 일반적인 개념은 기업 이미지 통합을 말한다. 이미지를 일관성 있게 통합·운영·관리하기 위해 전략적으로 채택하는 시각적 표현 및 교감을 의미한다.

· 축제적 관점으로 보자면 축제 이미지를 시각적으로 표현해서 대외적으로는 철학, 비전 등 축제의 실체를 확인하도록 함으로써 브랜드 가치를 높이고 대내적으로는 질서 있고 체계적인 시스템 관리로 구성원의 마인드를 고양시켜 체계화된 조직의 틀을 갖추게 한다.

· 축제의 CI

 - 각종 홍보물에 노출시켜 축제 본연의 이미지 구축에 활용한다.

· 구성원 통합의 CI

 - 공통 유니폼을 착용함으로써 같은 팀으로서의 교감을 약속할 수 있다.

· CI 기본 시스템(Basic System)

 - 코퍼레이트 심볼 마크(Corporate Symbol Mark)

  : 심볼 마크는 이념과 비전이 함축적으로 담겨져 있는 얼굴이다. 모든 디자인 요소 중 기준이 되는 것으로 명칭보다도 심볼의 형태만으로도 알아보게 할 수 있다.

 - 코퍼레이트 로고타입(Corporate Logotype)

  : 정식 명칭을 시각화한 것으로 독창적이고 잊히지 않는 형태의 디자인이어야 한다.

  : 보통 영문 로고 타입과 국문 로고타입의 두 종류로 디자인을 한다.

: 심볼 마크 없이 로고 타입으로만 디자인할 경우, 이를 워드마크(Word Mark)라고 한다.

■ BI(Brand Identity) 제품 이미지 구축
· 기업 관점으로 보면 회사에서 생산, 판매하는 제품의 이미지를 구축하는 것을 의미한다. CI보다 하위 개념이라 할 수 있다.
· 축제 관점에서는 지역 이미지 구축으로 활용할 수 있다.
  - PI(Personal Identity) 개인 이미지 구축, UI(University Identity) 대학교 이미지 구축, NI(National Identity) 국가 이미지 구축 등
  - 〈예〉 **I.SEOUL.U**

■ Continuity
· Continuity
  - 하나의 스토리가 처음부터 끝까지 원활하고 알기 쉬운 흐름을 갖게 하는 것을 말한다.
  - 축제에서는 특히 스토리텔링 확보를 위해 프로그램 구성 혹은 공간 배치 등에 Continuity가 이론적 배경이 되어야 한다.

■ Synopsis
· 개요, 대의(Summary), 대강의 줄거리를 말한다.
· Synopsis는 기본적인 스토리의 흐름을 압축해서 약 1~2장 분량으로 작성한다. 시작 ~중간~결말을 명확히 구성해야 한다.
· 구조
  - 선형 구조
    : 기승전결 방식의 하나의 맥락으로 이어지는 단순 구조
  - 비선형 구조
    : 시간상 혹은 스토리 전개상에 있어서 회귀와 반복 등이 가능하도록 한 복합 구조

■ Cue-Sheet

· 프로그램의 개시에서 종료까지 어떤 타이밍에서 출연진, 조명, 음향, 특효, 영상 등을 운영할 것인가를 일정한 형식에 따라 기입하게 되어 있는 진행표를 말한다.

· 큐시트는 연출자가 작성하고 파트별 Staff에게 넘기면 행사 제작 실시의 기본 자료가 된다. 연출자에게 있어서 큐시트의 의미는 복합적이다.

  - 프로그램의 단순 진행표

  - Staff와의 약속된 언어

  - 구성의 흐름과 내용을 분석하는 보고서

  - 제작일지로서의 기능

  - 제작비 정산 시 필요한 참고자료 등

· 연출자에게 매우 중요하다. 기획이 끝나고 출연자 섭외가 완료되고 대본이 작성되면 연출자는 상상을 통해 가상의 프로그램을 큐시트로 구성해 낸다. 그 과정에서 흐름상 무리한 부분, 불가능한 부분, 순서를 바꿔야 할 부분, 하이라이트 부분, Entertainment 편성 위치, 각종 시스템 효과의 운영 타이밍, 기대되는 관객 반응 등이 파악된다. 큐시트는 연출자에게 전략 상황판의 역할을 한다. 따라서 큐시트는 반드시 연출자가 작성하는 것이 원칙이다.

■ Duration

· 프로그램 한 편 당 전체 진행 소요시간

    ※ Running Time과 혼동하기 쉽다. Running Time은 영상이나 음악 한 편 당 소요되는 시간을 말할 때의 용어다.

(2) 카메라 용어(현장 영상중계 시 활용 용어)

■ Frame

· C.U(Close Up)

  - 사람의 얼굴만 보여준다든가 연주 중인 악기만 보여주는 식으로 피사체에 최대한 가까이 다가가서 잡는다.

· M.S(Medium Shot)

　- 전신을 잡는 구도

· F.S(Full Shot)

　- 무대 전체 혹은 넓은 현장이 다 보일 정도로 최대한 멀리 빠져서 잡는다.

· L.S(Long Shot)

　- 아주 먼 거리에서 잡는 전망 같은 것

■ Moving

· Follow Shot

　- 피사체의 움직임을 따라다니는 것

· Zoom In & Out

　- 줌을 조정해서 피사체에 다가가거나 멀어지기

· Tilt Up & Down

　- 카메라가 수직으로 올라가거나 내려가기

· Pan

　- 카메라가 수평으로 좌측, 우측으로 움직이면서 피사체를 잡기

· Dolly in & Out

　- 카메라가 피사체로 다가가거나 후퇴하기

· Crain Shot

　- 카메라를 기중기에 실어서 잡는다. ※ Zimizib

· 부감

　- 위에서 내려다 본 샷

· 양각

　- 아래에서 치켜 올려본 샷

· Focus in

　- 카메라의 초점이 흐린 상태에서 점점 맞춘다.

· Focus out

　- 카메라의 초점이 맞는 상태에서 점점 흐리게 한다.

· Reaction Shot

  – 무대 위에서 반응을 나타내는 상대방 출연자를 잡거나 객석의 반응을 잡는다.

· 중계차(Outdoor Broadcastion Van, OB Van)

  – 방송국에서 떨어져 있는 장소 등에서 중계방송 하고자 할 때 중계방송에 필요한 일체 장비를 실은 자동차

(3) 잘못 쓰이는 일본식 용어들

■ 간지

· '느낌' 혹은 '효과'라는 뜻으로 쓰이는 용어. "이 장면은 의도한대로 '간지'가 잘 살았다." 식으로 사용된다.

■ 구다리

· 영어의 Sequence(순서)에 해당되는 용어. "이 구다리는 앞뒤가 맞지 않는다."라는 말은 "이 순서는 앞뒤가 맞지 않는다."로 대치될 수 있다.

■ 기까끼

· '리듬', '호흡'이란 용례로 쓰이는 연출 용어. 현장에서는 "조명과 오디오의 기까끼가 절묘하게 잘 맞았다."는 식으로 쓰인다.

■ 니쥬

· 무대 단을 뜻하는 용어

■ 데모찌

· 삼각대(Tri-pot)를 사용하지 않고 카메라를 손에 들거나 어깨에 메고 이동하면서 촬영하는 것을 말한다. '들고 찍기'로 대체해서 쓰면 된다.

■ 마

· '간격', '틈'이라는 뜻. 이를테면 무대 공연 중 앞뒤 내용 간 연결이 매끄럽지 못하고 무대 전환 시간이 길어지면서 공백감이 있을 때 쓰는 말. 주로 "마가 뜬다." 식으로 쓴다.

■ 보까시

· '안개'라는 뜻으로 쓰이는 연출 용어. "무대 후면 디자인에 보까시 느낌을 넣자."라 는 말은 "무대 후면의 디자인을 환상적인 느낌이 들도록 마치 안개가 진 듯하게 처 리하자."가 된다.

■ 산마이

· 근대화 시기 일본 연극 가부키쵸(歌舞伎町)에서 파생한 명칭. 당시 공연 작품이 정 해지면 대본을 인쇄하게 된다. 그때 첫 페이지인 '이찌마이(一枚)'에는 공연단체를 이끄는 단장 이름과 작품 제목이 들어간다. 두 번째 페이지인 '니마이(二枚)'에는 남녀 주연급들의 명단이 들어간다. 그리고 세 번째 페이지인 '산마이(三枚)'에는 비 중이 있는 남녀 조연급들의 명단이 들어가는 것이다. 그래서 '니마이=주연', '산마 이=조연'이라는 의미가 성립된 것이다. 대개 산마이(쌈마이)라고 하면 덜 떨어진 행동을 하거나 일을 잘 못하는 사람을 뜻한다.

■ 스리

· 시험 인쇄를 통해 인쇄된 교정지. 실제 인쇄를 행하기 전에 시험 인쇄를 하여 최종 인쇄 상태를 예측, 점검하기 위한 용도다.

■ 아미

· '망', '그물'이라는 뜻. 주로 인쇄 광고물의 바탕 면에 깔린 일정한 음영을 지칭하는 용어다. '아미'의 농도에 따라 진하거나 흐리게 표현된다.

■ 아시바

· '아시'는 발(足), '바'는 장소란 뜻으로 현장에서는 조명기기를 받치는 버팀대(비계)를 지칭한다.

■ 찌라시

· 주로 신문 등에 끼워져 잡지 광고 형태로 배포되는 한 장짜리 인쇄 광고물을 칭하는 용어. 신문의 삽지 광고, 길거리에서 배포 되는 선전 인쇄물, 각종 전단 등이 여기에 속한다. '전단' 혹은 'Leaflet'으로 대체해서 쓸 수 있다.

■ 혼방

· 리허설이 아닌 '실제 행사'를 지칭한다. 주로 리허설을 마쳤을 때 "이제 혼방 들어가자."라고 한다.

■ 시마이

· 모든 일이 끝났음을 의미한다.

■ 기리까이

· '바꾸다'라는 의미다.

※ 일본식 용어를 설명했다고 이것을 익혀서 현장에서 장난삼아서라도 쓰려 하지 마라. 정서적으로도 불편하고 시대적으로도 고리타분하게 보여 세련미 떨어진다. 우리 축제에는 우리말을 쓰는 것이 '미풍양속'이다.

한국 가평 자라섬 재즈 페스티벌

Zoom In

2장

축제 제작의
기본

———

바닥에서 출발하는 기본이 튼튼하면 탑은 쉽게 올라간다.

기본을 잘 품고 있으면 축제 제작의 실타래를 풀 수 있는

지혜가 나온다.

1

축제 기획
3대 요소

축제 제작의 출발점은 기획이다.
기획 과정에서의 Loss를 최소화한 후 출발하면
성공 확률이 높아질 수밖에 없다.

(1) 경쟁력을 갖춘 가치 확보

■ '경쟁력=브랜드 가치'의 인식 전제
　· 활용자산 선택의 지혜 발휘
　· 기존 보유 자산 혹은 신규 개발 자산이 가져다 줄 경쟁력 점검
　　- 유형 자산: 유적지, 명승지, 사회 시설, 산업 시설, 지역생산물 등
　　- 무형 자산: 전승문화, 인적자원 등

■ 세계적 축제로 만들겠다는 적극적 의지 발휘
　· 브랜드 가치에 대한 확신이 있을 경우 진취적 마인드 필요
　　- 과감한 투자
　　- 단기적 성과 배제

(2) 효율적 비용 가치(Superior Cost-effectiveness) 창출

■ 선택과 집중
　· 대표 프로그램(Core Program)에 대한 집중도 강화

■ 전문가에 의한 프로그래밍
  · '기획~구성~제작' 과정에 있어서의 전문가 의견 존중

■ 체계적인 기획
  · 제작 가능성, 시의 적절성 등에 대한 검증

■ 예산 낭비 방지
  · 예산 낭비성 및 호응도 부족 프로그램 배제

■ 현장 경험 충실
  · 현장 경험을 바탕으로 한 제작 손실률 최소화

■ 공간 구성, 시설 및 인력 운영의 효율성

(3) 성장전략을 장착한 장기 비전(Long-term Vision) 제시

■ 축제 형태의 전략적 선택
  · 문화제형이냐 관광형이냐?
  · 지역주민 화합용이냐 외래 관광객 서비스용(지역 경제 활성)이냐?

■ 거버넌스 시스템(Governance System) 구축
  · 조정 및 지휘 체계(Control Tower) 기능 정립
  · 각계 의견 수렴 및 공감대 형성(의사 소통)

■ 지역 경제와의 연계성 확보
  · 야간 프로그램 운영으로 관광객 숙박 유도(체류형 프로그램 개발)
  · 식당, 숙소 연계 전략 수립 및 시행

■ 실효적 홍보 전략 가동

　· 4대 매체 특화 활용 방안

　· SNS 활용 방안

　· 특별 홍보 방안

■ 독자적 재원 조달 체계 확보

　· 수익 구조 확보

　· 투자금(Funding) 유치

2

프로그램
구도

성공하는 축제의 프로그램 편성과 편재의 황금 구도다.
이렇게만 제작하면 어떤 축제라도 성공하지 않을 수 없다.

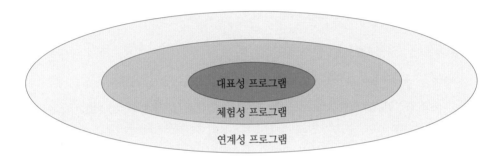

(1) 대표성 프로그램(Core Program)

- 개념
  · 축제의 주제, 철학을 강렬하게 표현하는 프로그램

- 제작 전략
  · 타 지역 대비 독창성 확보
    - 대표적인 지역 자산을 전략적으로 재창조함으로써 경쟁력을 확보하라.

〈성공 사례1〉

: 해변 머드→머드 축제

: 눈→삿포로 눈 축제

 – 타 지역에서 시행하지 않는 아이템, 개념, 콘텐츠를 활용하라.

〈성공 사례2〉

: 에든버러 축제의 밀리터리 따뚜(군악대 축제)

※ 훗날 캐나다 노바스코샤(Nova Scotia) 따뚜, 스위스 바젤(Basel) 따뚜 등 전 세계 군악대 축제의 원조가 되었다.

 – 유사 프로그램이라도 포장을 달리하는 재창조 전략으로 경쟁력을 확보하라.

〈성공 사례3〉

: 영국 런던 주 아트 페어(Zoo Art Fair)

※ 원조 격인 프리즈 아트 페어(Frieze Art Fair)를 모방한 전시행사다. 프리즈 아트 페어에 참여하지 못한 작가들이 전시회가 열리는 동안 같은 장소인 리젠트(Regents) 공원의 동물원에다 자기들만의 전시회를 별도로 개최한다. 상업성과 실험성을 추구하는 프리즈 아트 페어와 달리 '새로운 것, 신선한 아이디어 추구'를 모토로 삼아 '개념 미술의 신천지'로 포장, 현대 미술을 이끄는 대표적 미술 전시 행사로 오늘에 이른다.

· 프로그램 집중 강화 전략 적용

 – 관객 호응도 미흡, 주제 및 개념과의 연관성 부족 등 불필요한 프로그램들은 최대한 정비하고 축제 주제 등 정체성을 내세울 수 있는 프로그램 위주로 집중 강화 전략을 구사해야 한다.

· 지역 주민 참여도 확보

 – 지역 주민의 참여는 주민 노래자랑대회 출전 같은 성격을 말하는 것이 아니다. 프로그램 제작, 자원봉사 활동(편의 시설 운영, 축제장 안내) 등에 관한 주민들의 참여도가 얼마나 되느냐가 진정한 지역 축제의 척도가 된다. 즉 지역 주민이 축제의 주인공이 되어야 한다는 뜻이다.

 – 주민 참여로 인해 얻는 성과는 지역 공동체 구성원 간 동질감을 확인하고 고취

시킨다는 데에 있다. 이것은 고대 축제가 취한 집단 참여로 이루어지는 제의 성격을 대변하는 것이기도 하다.

〈성공 사례4〉
  : 일본 도꾸시마(德島) 아와오도리(阿波おどり) 마쯔리
  ※ 현지 상인 및 주민들이 거리 퍼레이드를 제작하고 참여한다.
  : 경북 청도 Comedy Art Festival
  ※ 군수를 비롯해서 지역 주민 남녀노소가 순수예술 장르(발레, 성악, 클래식 음악 연주 등)부터 관악밴드의 뽕짝 노래 연주, Rock Band 연주, 합동 Dance 등 다양한 레퍼토리로 구성하는 공연 프로그램을 만든다. 이 프로그램에 인기 가수 등 연예인 초청은 전무하다.
  : 강릉 단오제
  ※ 해마다 단오가 되기 전 3월 30일 주민들이 신주(神酒)를 빚는 것으로 축제에 임한다. 신주 빚기로 주민 일체감 형성뿐 아니라 적극적인 축제 참여를 보여준다.

· 전문가에 의한 제작 주도
  – 대표 프로그램은 치밀한 전략과 제작 노하우를 필요로 하므로 전문가에 의한 전문적 제작이 요구된다.

(2) 체험성 프로그램(Tangible & Experience Program)

■ 개념
  · 축제의 주제, 철학 등을 실제로 접촉해서 의미를 체득하는 프로그램
  · 오감 만족의 참여형 프로그램으로 재미를 제공하고 공감 유도

■ 제작 전략
  · 다양성
    – 다양성은 허용하되 축제의 본질적 의미와 개념이 적용되는 프로그램으로 구성해야 한다.

- '체험 프로그램이 많으면 많을수록 좋다'라는 인식보다는 '필요한 만큼만 한다' 라는 공식을 준수하는 것이 현명하다.
· 축제 정체성 유지
- 축제 개념과 연계성을 갖춘 프로그램이라면 지나치지 않는 범위 내에서 다양하게 운영할 수 있지만, 전혀 연계성 없는 생뚱맞은 프로그램은 철저하게 배제해야 축제 정체성이 살 수 있다.

〈성공 사례〉
: 화천 산천어 축제
: '산천어'라는 중심 개념을 활용해서 구멍 낚시, 맨손으로 잡기, 내가 잡은 산천어 즉석 구워먹기, 빙판놀이 등으로 확대하고 있다.

(3) 연계성 프로그램(Enlargeable Linked Program)

■ 개념
· 축제의 근원적 배경, 명분, 스토리 등을 이해하도록 하는 외곽 지원 성격의 부대행사 프로그램
- 세미나, 전시, 특별 이벤트 등

■ 제작 전략
· 외부 지역과의 교류 활성화
- 결연 지역 축하공연 초청 등
· 지역 관광 인프라와 연계
- 축제 기간 중 지역 관광 인프라와 연계하는 투어 프로그램 운영은 '축제 즐기러 간 김에 관광도 하고 오자'라는 유인 요소가 될 수 있다.
- 축제 기간 중에는 할인 방식 등 이익 제공(Benefit)을 적용하면 지역에 대한 호감(Good Will)이 강화될 수 있다.

3

제작
체계

실패하는 축제에 있어서의 가장 핵심 원인이 바로

거버넌스 시스템 부재라고 할 수 있다.

이 시스템이 정착만 된다면 그 축제는 갈등도 실패도 없을 것이며

매사 일사천리로 진행될 수 있다.

(1) 거버넌스 시스템의 정의

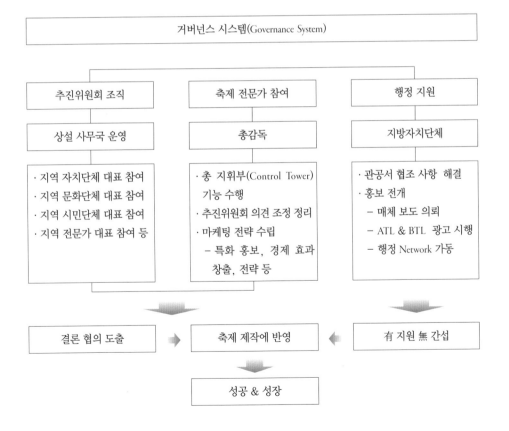

- 각계의 의견이 조율되고 결정되는 운영통합 체계
  - 거버넌스 시스템이라는 것은 한 마디로 요약하면 운영통합 체계라 할 수 있다. 축제라는 대상을 놓고 각계각층의 의견이 다를 수 있기에 그로써 일어나는 온갖 충돌이 바로 지역 축제가 봉착하는 가장 큰 문제다. 그렇다고 해서 예산권을 가진 단체가 다른 단체들을 배제한 채 축제를 치를 수만은 없다. 그들과 함께 어우러지는 것을 목적으로 하는 것이 곧 축제이기 때문이다. 따라서 초기부터 각계각층의 대표자 급들이 참여해서 기획, 홍보, 제작방식 등 축제를 준비해 나가는 전략과 전술에 대한 의견 조율이 절대적으로 필요하다. 이런 과정 없이 축제를 추진하다보면 수시로 반대 의견이 등장해서 격전이 벌어지곤 하니 축제 제작에 쏟을 힘이 그로써 탕진되곤 한다. 초기에 운영통합 체계 안에서 의견이 결정되면 나중에 반대 의견을 낼 수 없기 때문에 축제 제작에의 탄력이 잘 붙을 것이고 따라서 효율적인 축제 제작이 가능해진다.

(2) 조직

- 지휘자 선정
  - 운영통합 체계 내에서의 지휘자는 반드시 있어야 한다. 위원회가 있으면 위원장이 있어야 하는 이치와 같다. 이때의 지휘자는 당연히 축제 전문가여야 한다. 이론적으로만 전문가 평을 듣는 학자를 내세우는 것에는 한계가 따른다. 이론과 실제를 겸비한 야전 사령관이 최적이다. 그런 능력을 갖춘 전문가를 총감독으로 선정해서 그로 하여금 기본적인 제작 방향과 개념을 제시하도록 하고, 각계의 의견을 절충하는 방식으로 조율한 후 운영통합 체계 내에서 결정하고 나면 달리는 말에 채찍질만 남게 되는 것이다.

- 관의 중립 역할
  - 운영통합 체계에서 결정된 사안에 대해 지방자치단체, 즉 예산을 지원하는 관에서는 일체 좌지우지하지 말아야 한다. 혹 중대한 이견이 있을 경우에는 체계 안에서 다시 조율하는 식으로 신중하게 접근해야 한다. 모름지기 관은 제작 쪽에는 일체 신경 끄고 그저 행정 지원에만 전력을 기울이면 만인으로부터 찬사 받는다는 것을 명심하고 또 명심해야 한다.

4

제작
과정

시간이 부족하면 부족할수록 축제 완성도는 떨어지기 마련이다.
충분한 로드맵을 잡고 단계적으로, 체계적으로 추진하라.

(1) 업무 추진 일정(Project Road Map) 설정

D- 7~8개월	· 추진위원회에서 초기 의견 정리	· 각계의 의견, 요구 등 토론을 거쳐 정리 – 프로그램 기획 – 홍보 방향 – 제작 방식 · 총감독 등 전문가에 의한 의견 조율 – Control Tower 기능 운영 · 'Big Data'활용(자료 발굴 Data Mining) – 전년도 설문조사 자료 – 조사 전문기관에 의뢰
D- 6개월	· 외부 전문 의견 반영	· 세미나 개최 등 외부 전문가 그룹 의견 수용 · 자문위원회의 조언 검토 후 반영
D- 5개월	· 기본 계획 확정	· 기본 계획안 수립 – 추진위원회 의견, 외부 전문가 의견, 자문위원회 의견, 총감독 의견 등 바탕으로 작성 · 추진위원회 승인 – 보고회 개최, 추진위원회 승인 · 외부 교류 프로그램 추진
D- 4개월	· 제작 및 홍보 추진	· 외부제작 프로그램, 자체제작 프로그램 결정 – 세부 실행 계획 수립 – 대행사 공모 – 자체제작 계획 수립 · 제작인력, 출연인력, 운영인력 확보 · 장기 홍보 시행

	·운영 계획 수립	·프로그램 제작 현황 관리
D- 2개월		- 점검표(Check List) 작성 운영
		·운영매뉴얼 작성
		- 인력 & 물자 & 현장 운영
		·단기 홍보 시행 연습 계획 수립

(2) 제작 실무 과정

■ 기획 단계(Planning stage)

기획 분야	제작 분야	비고
· Client Contact		

· 기획회의
· 현장 답사
· 자료 발굴
· 조사 및 정보 수집
· Cast 출연 가능여부 검토
	· 현장 헌팅
	  : 제작진 참여
	  - 연출, 무대, 음향, 조명,
	    영상, 특효 등
		· 중지결집(衆智結集)
		  : 현장 답사 내용 정리, 각 분
		    야별 의견 공유

· 분석
  : 대상(Target, Market)
  : 주최측 강조 내용
(Contents & Source)
  : 시의적절 여부(Timeliness)
  : 행사장(Space)
· 기획서 & 세부실행계획안 작성
	· 기본 연출 방향 도출
	· 프로그램 제작 부분 계획 작성
	  : 기획서 작성 시 통합
		· 제작 철학 제시
		  : Why? 왜 하는가?
		  : How? 어떻게 제작할 것인가?
		  : What? 무엇을 다룰 것인가?
		  : Budget? 적절한 예산 규모는?
		· Client 입장으로 최종 분석

· 기획서 제출(공모 제안)
· 설명회(PT) 준비
  : 포장(Covering)
  : PT본(Story Board)
  : 관련 자료(사진, P.O.P.,
    샘플, 영상물 등) 정비
  : PT 연습
· 설명회 참가 및 PT 실시
	· 시안(Design) 검토
	  : 무대 조감도
	  : 의상 형태
	  : 브랜드 이미지 통합
	    (Brand Identity)
	  : 축제 이미지 표상
	    (Corporate Identity)
	  : 인쇄물 형태
	    (포스터, 리플렛, 티켓 등)
	  : P.O.P.(Placard, Banner,
	    Sign Board, Pictogram 등)	

· Client 승인		

■ 실행 단계(Trial stage)

기획 분야	제작 분야	비고
· Task Force 조직 & 업무 분장 · 제작 회의 수시 시행 · Cast & Staff 섭외 · 각종 Design 확정 · Client 계약 · 발주 계약	· 제작 회의 진행 · 투입 인력 결정 　: Cast, Staff · 소요 물자 결정 　: System, 대소도구, 의상, 소품, 　 P.O.P., Project 추진용품 등	· 축제 제작기법 = '다기능 일 　시 투입'
· 자원 관리계획 수립 　: 인력, 조직, 물자, 예산 · 공간 배치 　: 행사장 Lay out, 시설 배치, 　 공간 활용 등 · 추진일정 작성 · 실행예산 작성	· 제작 관련 소요경비 지급계획 　수립 · 프로그램 최종 확정 · 대본 작성	
· 세부 운영계획 수립 · 인력, 물자 운영의 담당 및 임 무 부여 · 기타 기능 계획 수립 　: 돌발 상황 대비, 편의, 의전, 　 영접, 수송, 주차, Press, 입장 　 안내, 영전, 후생, 안전, 서 　 무 등 · 발주 계약금 지불 　: Cast, Staff, System, P.O.P. 　 기타 · 기획 분야 Check List 작성	· Cast 자체 연습 관리 · Cue Sheet 작성 · 제작 분야 Check List 작성	· 제작상황 점검 및 감리 감독
· 운영 매뉴얼 작성 · 운영 요원 교육 · 수송, 급식, 간식 계획 수립	· Rehearsal 계획 수립 · Time Table 작성 　: 현장 Setting~ Rehearsal 완료까지 · 자원 운영 계획 수립	
· 행사제작 지원	· 현장 연습 　: Technical Rehearsal 　 ~Dry Rehearsal ~Dress Rehearsal	
· Staff 도상 회의 및 최종 점검 · All Stand By		
· 행사 개시(Kick Off)		

■ 평가 단계(Evaluation stage)

기획 분야	제작 분야	비고
	· 행사장 정리 · System 철거 · 행사용 물자 수거 · 기타 사항 정리	
· 자체 평가 : 회의록 작성, 보관 · 전체 경비 정산서 작성 · 결과 보고 자료 작성	· 제작 분야 경비 정산 · 기록물 편집(동영상물, 사진) · 결과 보고 자료 작성	
· 전체 경비 정산서 제출 및 Client 결과 보고		
· 잔금 수령		

뮌헨 옥토버 페스트(October Fest)

Zoom In

3장

성공 필수
전략

———

성공의 길은 문제 제시에서 시작된다.

대한민국 축제가 처해 있는 어두운 현실에도

문제점을 제대로 직시해서 성공 전략을 부여잡고 나아가면

어느 축제라도 기본 점수 80점은 먹고 들어간다.

1

대한민국 축제의
현재

성공 필수 전략을 알기 전에 우리네 축제가
어떤 현실에 처해있는지에 대한 냉정한 짚어봄이 필요하다.
문제점을 덜어내어야 개선과 발전 전략이
들어와 자리 잡게 되는 것이다.

(1) 국내 축제 제작 현황

■ 수치로 보는 국내 축제 제작 현황

· 2016년 행정자치부의 발표에 의하면, 2015년도 기준 지방자치단체들이 개최한 행사와 축제는 16,828건으로, 전국 단위 1일 46건 꼴로 치러졌고 총 제작 예산은 8,291억 원으로 집계되었다고 한다. 1만 6천여 건이라 함은 주민 체육 행사 등 소규모 행사나 농축수산물 판매전, 사회단체 주관의 지역사회발전 기원 행사 등 소위 이벤트 성격 행사까지 모두 긁어모은 수치다. 이에 비해 문화체육관광부로부터 문화관광축제로 지정받고자 신고한 지역별 대표적 축제, 즉 규모를 갖추고 내용도 축제답다 싶은 행사만 놓고 보면 2015년도에 대략 2천여 개였고 2016년도에는 700여 개였다고 한다. 축제 수가 줄어든 현상은 불요불급한 예산 낭비성 축제를 줄여보자는 취지로 '고만고만'한 축제들을 통폐합하자는 추세의 반영이다. 좋은 현상이다.

■ 국내외 축제 수 비교

· 축제 수를 말할 때 필리핀은 약 2만여 개, 일본은 약 4만여 개 등 주변 국가에 비해

한국의 축제 수가 상대적으로 적다는 것으로 우려하기도 한다. 하지만 분명한 것은 숫자가 문제가 아니라는 것이다.

· 1년에 한 번 일정 기간 동안 개최되어 그 지역의 1년 호구(糊口)뿐 아니라 사회경제구조까지 발전시킨 축제(영국 에든버러 축제, 브라질 리우데자네이로 삼바 카니발, 한국 화천 산천어 축제 등)가 있다는 것을 놓고 볼 때 분명 숫자에만 매달리는 것이 관건이 아님을 알 수 있다.

(2) 축제 제작 구도상의 구조적 문제

■ 관제 축제의 나라 대한민국

· 2015년도 기준으로 이 땅의 축제들은 99%가 관제(官製) 축제로 만들어지고 있다. 99%의 축제가 관(官)의 예산으로 만들어진다는 것이다. 그만큼 이 땅의 축제 시장 개척 및 유지에 관이 끼치는 영향은 절대적이라고 할 수 있는바, 대한민국의 축제 문화 발전에 있어서의 관은 고맙게도 대단히 큰 역할과 기능을 수행하고 있는 것이다.

■ 관제 축제의 근원적 문제점

· "99%의 축제가 관의 예산으로 만들어진다는 것에 문제가 있다."는 지적이 끊임없이 제기되고 있다.

· 관의 예산 지원이라 함은 관이 축제를 만든다는 말이고 그 말은 곧 전문가의 의견을 관 입장으로 필터링한다는 뜻으로 연결된다.

· 이런 현상이 과거에는 심각한 문제로 대두되었고 관제 축제로서의 한계를 말할 때 모두 이 부분을 언급하곤 했던 것이다. 다행스럽게도 근래 들어서는 관도 전문가의 의견을 존중해주는 흐름이 대세가 되고 있지만, 아직도 관 입장과 담당 공무원의 관점이 전문가의 의견보다 우선이 되는 지역(주로 20만 인구 내외의 지방 소도시)도 적잖게 존재한다는 것은 염려되는 부분이다.

· 관 입장, 담당 공무원의 관점으로 결정되고 제작되는 축제는 대부분 '행정 전시용'

성격에 머물기 십상이다.

- 주제나 철학을 갖춘 축제보다는 지역주민 대상의 선심성 축제
- 출연료 비싼 인기연예인 초청으로 꾸미는 개막식
- 초청한 인기연예인을 앞세워 개막식에 주민들을 모아놓고 펼치는 선출직 인사들의 길고 긴 축사 릴레이 진행
- 축제 개념과는 상관없이 행해지는 주민 동원형 노래자랑대회
- 가짓수만 잔뜩 늘여놓는 전국 어디에서든 접할 수 있는 영혼 없는 체험 프로그램들
- 전체 프로그램의 잡화점 진열식 편성
- 개막일부터 폐막일까지 하루 종일 시끄럽게 울려 퍼지는 저급 수준의 뽕짝 음악 (뽕짝 자체가 저급하다는 것이 아니다. 하필이면 급 떨어지는 노래들만 축제장에서 불리고 또 '뽕짝만' 울려 퍼지는 것이 문제라는 것이다) 등등.

■ 퍼플 오션 전략의 대두
  · 이런 형태에서 벗어나지 못한 채 지역 간에 힘겨운 축제 전쟁을 벌이는 것을 두고 일찍이 학자들은 레드 오션(Red Ocean) 현상이라 지목하고는 그 속에서 살아남으려면 블루 오션(Blue Ocean) 전략을 수행해야 한다고 주장했다.
  · 그러나 그 또한 한계가 드러났는지 십 년 전부터는 레드 오션과 블루 오션을 재조명해서 새로운 성장 동력을 찾자는 퍼플 오션(Purple Ocean) 전략을 말하기 시작했다.
  · Red Ocean + Blue Ocean → Purple Ocean

    ※ 퍼플 오션(Purple Ocean): 홍콩 트라이코어의 수석 컨설턴트 '조령'이 2006년에 제시한 '재정의(기존의 것에 대한 새로운 생각, 발상 전환, 차별성 획득)를 통한 재창조' 개념

■ 축제의 정의와 목적에 대한 의견 조율의 필요성
  · 축제에 대한 정의나 목적은 어떤 입장에 있느냐에 따라 제각각이다.
    - 예산 지원하는 지방자치단체 입장
      : 공동체 일체감 조성과 경제적 효과 창출을 위한 지역사회 발전용 행사
    - 지역 공동체 구성원 입장

      : 일상으로부터의 일탈을 통해 평소 즐기지 못했던 것을 향유하려 하는 여흥용 행사

   – 외래 관광객 입장

     : 타 지역에서는 접하지 못할 독특한 레퍼토리를 요구하는 관광용 행사

   – 해당 지역 선출직 인사 입장

     : 지역 주민과의 소통을 위한 행사

· 입장에 따른 정의와 목적이야 어떻든 간에 무릇 축제라 함은 무엇이든 선(善) 결과 물을 남기는 생산적 문화 행위이어야 한다. 그러나 앞서 지적한 문제점들에서 벗 어나지 못하는 축제는 그 '선 결과물'을 바랄 수 없다. 축제 성장 동력 장착은커녕 그저 뜨거운 바다(Red Ocean)에 빠져 허우적대고 말 뿐이다.

■ 축제 개발 방식상의 문제점

· 축제 개발 방식에도 심각한 문제점이 수두룩하다. 이 축제 저 축제, 도무지 무엇이 다르고 각자 무엇이 특기할만한 것인지 구분할 수 없는 현상이 지배적이다.

   – 타 지역 축제에서 성공한 모델이 있으면 앞뒤 생각 없이 용감하게 가져다 베껴 쓴다. 타 지역 스토리를 가져다가 자기네 축제에 억지로 심는다. 화천 산천어 축 제가 대성공을 거두자 곳곳에서 '물고기 축제'가 유행했다. 그러나 그 축제들은 아류에 머물다가 도태되어 갈 뿐이었다.

· 축제 소재가 지니고 있는 외형에만 집요하게 매달리는 수준에 머문다.

   – 전국의 특산물 축제에는 특산물만 보일 뿐이지 특산물이 품고 있는 풍속 스토리 와 인문학적 의미 등 각각의 고유문화를 찾아보기 힘들다.

   – 전국 각지에서 행해지고 있는 장승 축제도 장승만 실컷 세워놓고는 결국 인기연 예인 초청 공연을 중심 프로그램으로 앞세운다.

   – 충북 음성의 품바 축제는 거지 성자 최귀동의 나눔과 박애 정신을 기리자는 취 지로 출발했으나 축제 기간 내내 그런 것을 느끼게 해줄 만한 프로그램은 미흡 하다. 거지의 품바 타령, 음담패설이 난무하는 재담, 너덜거리는 거지 복장으로 진행하는 키치(Kitsch) 공연만 즐비하게 늘여놓고 있을 뿐이다. 거지는 곧 가장 하층민으로 힘없는 백성의 상징이 된다. 원래 품바 타령에는 매정한 인정과 잘 못된 세상을 풍자하는 해학과 독소(Biting Remarks)가 들어있다.

약자의 풍간(諷諫)은 강렬한 것이다. 그런 의미를 살려 이 시대에 부합하는 풍간 프로그램도 운영하면 재미도 살릴 수 있을 것이고, 그것으로 축제를 예술로까지 승화시킬 수 있을 것이다. 또 중요한 점이 있으니, 곧 '품바'의 어원이다. 노래 부를 때 악기가 없으면 입으로 '품바~ 품바' 하며 소리를 내었다 해서 품바는 곧 '입장단'이라고 일찍이 신재효가 가루지기타령에서 밝히고 있는 것마저 외면했다. '입장단'이면 곧 음악이다. 그렇다면 과거의 '품바'는 오늘날의 'Bit-Box'에 대입할 수 있기에 젊은 관객층 참여도 유도할 겸 젊은 음악인들이 참여해서 꾸미는 신선한 음악 경연 프로그램에까지 외연을 확장할 수 있다.

이것은 2015년 음성군이 주최한 축제발전 세미나에서 저자가 의견으로 제시했던 것인데, 이 아이디어로부터 발아되었는지 2017년 들어서 비로소 '품바 래퍼 경연대회' 프로그램이 축제에 포함되었으니 늦었지만 퍽 다행스러운 일이 아닐 수 없다. 음성 품바 축제 역시 그동안 외형에만 매달린 것은 아닌지 되돌아 볼 필요가 있고, 이제는 그저 품바나 외치는 거지 축제에 머물던 것에서 벗어날 때가 되었다.

■ 지역 축제의 '붕어빵' 축제화 현상
· 이제는 문화관광 축제 지정제도가 갖는 문제점을 짚고 넘어갈 때다.
 - 1995년 민선 지자체 부활에 맞추어 본격적으로 지역 축제들이 개발되고 활성화되자 정부에서는 지역 축제의 지속적 발전을 지원한다는 취지하에 '10대 문화관광 축제', '6대 집중육성 축제', '한국방문의 해 15대 특별 이벤트' 등의 지원 정책을 실행했고 이러한 정부의 의지는 오늘날의 '문화관광 축제 지정 제도'로 이어지고 있다. 그간 기울여 온 정부의 노력은 당연히 지역 축제의 체질 개선에 상당한 영향을 끼쳤음은 분명코 인정해야 한다. 다만 이제는 돌아와 거울 앞에 앉은 누이의 심정이 되어 이 제도에서 개선해야 할 사안을 짚어볼 필요가 있다.
 - 정부의 축제 발전 지원이라 함은 곧 국고 지원인 것이고 이를 위해서는 엄격한 심사 과정이 개입되어야 했다. 그 심사 방식은 다음과 같다. 심사는 2채널로 운영한다. 먼저 현장 평가위원이 심사 대상 축제가 개최되고 있는 현장에 파견되어 축제 운영 상황을 보고 주어진 심사 기준에 맞추어 평가한다. 2016년도 기준

으로 각 광역자치단체 당 4명의 현장 평가위원 체제로 운영되고 있다. 각 지자체의 축제 최종결과 보고서와 현장 평가 보고서가 상정되면 당해 연말 서면 심사위원의 최종 선정 심사가 있게 된다. 2개 팀의 서면 심사위원들은 현장 평가위원들과는 전혀 다른 인적 구성으로 조직되어 1팀의 분야별 심사 후 2팀의 종합적 심사 실시 방식으로 심사를 진행한다. 이정도면 대단히 공정한 심사 방식이라 할 수 있다.

- 이렇게 외면적으로는 대단히 공정하고 당당한 심사 체계이지만, 안타깝게도 그 안을 들여다보면 문제점을 발견할 수 있다. 그 대표적 문제점은 대략 다음 두 가지로 상정할 수 있다. 첫째, 현장 평가위원들이 대부분 대학교 교수들이다. 그분들의 전공 분야를 보면 주로 관광학, 민속학, 마케팅학 등으로 좁혀진다. 현장 전문가 출신으로 강단에 선 분들도 일부 있지만 대부분은 현장에 대한 전문성보다는 이론적 해석력을 앞세우는 학자들이다.

그래서 때로는 각 지역마다 다른 현지 상황과 주민 정서, 문화 자산 등 그에 맞는 맞춤형 진단 등에 있어서는 정확도가 떨어지는 경향이 있다. 또 상당히 타당성 있게 분배된 평가 기준임에도 평가 대상 축제들은 자칫 그 경직성에 눌려 축제를 제작하게 된다. 몸에 맞는 옷을 골라 입는 것이 아니라 옷 크기에 몸을 맞추어 입는 꼴이다. 그로써 동일한 크기와 모양새의 붕어빵들이 곳곳에서 구워져 나오는 것이다.

- 둘째, 문화체육관광부에서는 현장 암행평가를 원칙으로 삼고 있지만 해마다 현장 평가위원들의 명단이 노출되곤 한다. 학자들 간 평소 인적 네트워크를 가동하면 그 명단은 쉽게 파악된다. 일부 불순한 학자들이 그렇게 얻은 명단을 가지고 평가위원들과의 친분을 앞세워 지자체와 모종의 거래를 하는 것이고, 그들의 대표적 거래 내용은 곧 건당 1천만~2천만 원 비용의 '축제 평가분석 보고서' 작성 용역 건이다(문화체육관광부가 선정한 평가위원들은 이러한 행위를 하지 못한다. 만약 그러한 행위를 할 경우 평가위원에서 배제되니 이것은 좋은 장치다). 그들은 이 용역수주를 지자체에 요구하고 지자체 입장에서는 그 요구를 거부할 경우에 돌아올 쓸쓸한 반대급부가 부담되니 결국 울며 겨자 먹기 식으로 용역을 주곤 하는 것인데, 그런 일부 학자들의 행위야 생업 방식이라 하더라도 정작

심각한 문제점이라 할 것은 바로 그들이 작성하는 평가 분석 보고서에 담는 내용과 기조가 이 축제, 저 축제 대동소이하다는 것이다.

심한 경우, 다른 지역에서 이미 작성 제출했던 보고서 파일을 열고 해당 지역에 맞는 단어만 바꾸어서 제출하는 몰상식한 학자도 있을 정도다. 또 그렇게 만들어진 평가 분석 보고서 형식을 일부 몇몇 평가위원들도 이용하는 한심한 일도 있었고. 그런 식으로 돌고 도는 붕어빵 평가 분석 보고서는 결국 이 지역 저 지역 담당 공무원들에게 이입되면서 공히 유사하게 적용되다 보니 오늘날 이 땅의 지역 축제들이 어딜 가도 '그게 그거' 식인 붕어빵 축제에서 벗어나지 못하고 있는 것이다.

- 문광부에서 선정하는 현장 평가위원 외에, 각 광역지자체에서 선정하는 현장 평가위원도 있는바, 일부 평가위원들은 드러내놓고 현장 평가 분석 보고서 작성 용역 건을 놓고 거래에 임한다. 평가분석을 정확하게 하고 열심히 분석해서 성실한 보고서를 작성하면 문제될 것이 없겠으나 이들 또한 수치 왜곡까지 하면서 부실하게 보고서를 작성할 뿐이다. 어찌 되었든 '좋은 게 좋은 것'이라고 '아름다운 성찬'으로 결론을 내려준다. 그로써 함량 미달 축제도 얼마든지 도 대표 축제로 선정도 되고 문화 관광 축제 지정에도 영향을 미칠 수 있는 것이다. 그렇게 되면 또 다시 다른 지역에서 복각에 들어가니 악순환의 연속으로 인해 이 땅의 축제들이 붕어빵으로 일통(一統)하고 이 땅의 축제 문화가 여전히 제자리에 머물고 있는 것이다.

(3) 국내 축제의 문제점과 개선 방향

■ 문제 직시를 통한 개선

· 이렇듯이 진정한 스토리텔링이 증발된 축제, 대표 프로그램 부재의 축제, 개념 애매한 축제, 지역 고유의 문화 대신 값 비싼 초청 연예인들로 꾸미는 축제, 잔치는 그래도 시끄럽고 '뽕짝거려야' 흥이 난다는 잘못된 인식에 의해 소음 난무 뽕짝 공연이 도배되는 축제, 거버넌스 시스템 부재로 지역 내 각계의 의견이 반영되지 않

는 축제, 주민이 주인공이 되지 못한 채 방관자가 되는 축제, 분명한 컨트롤 타워 기능이 없어서 유사시 미흡한 대처 능력으로 우왕좌왕하는 엉성한 제작 체계의 축제, 전국 각지의 붕어빵 축제 등등, 이런 철학 부재로 인한 요인들에 파묻힌 채 어렵게 시행해 내는 축제는 아까운 예산만 잡아먹는 의무 방어적 행정 업무에 불과할 뿐이다. 이제라도 전국의 지방 자치 단체는 이러한 문제를 이성적이고 합리적으로 인식해야 한다.

■ 현재 한국 지역 축제의 주요 문제점 개략 정리

· 주제 부재

– 지니고 있는 철학과 주제가 무엇인지 애매한 축제들이 많다.

· 졸속 행정

– 지역 주민 선무 및 배려용 행사가 무계획적으로 시행되는 경향이 존재한다.

· 무리한 예산 운영

– 부족한 예산 편성으로 인해 축제 완성도가 떨어진다.

· 전문성 부족

– 1년 단위 순환근무제하에서의 축제 담당 공무원은 축제에 대한 이해가 쉽지 않기 때문에 전년도에 시행된 내용 답습에서 크게 벗어나지 못한다. 개선을 위한 변화에는 행정적 관점으로의 '불안과 우려'를 품기에 전문가의 의견이 충분히 적용되기 어렵다.

· 지역 내부의 갈등

– 각종 이익단체, 사회단체 등의 알력 등 불협화음으로 인해 축제 추진에 갖가지 애로사항이 따른다. 특히 지방자치제도하에서는 모든 것이 선거에서의 표로 직결되기에 청탁이 폭증하고 선출직 인사는 이를 강력하게 통제하기 힘들어졌다.

· 홍보 마케팅 미흡

– 전문적인 마케팅 전략이 없다. 기껏 대도시 전광판 광고, 지하철 광고물 게시, 케이블 TV Spot 광고, 지역 언론사 보도의뢰, 관내 인쇄홍보물 살포 등 판에 박은 방식만 따른다. 홍보 마케팅은 돈으로만 하는 것이 아니다. 기발한 아이디어가 필요한 것이다.

· 선심성 집안 잔치화

- 인구수 20만 내외의 지역 소도시에서는 외래 관광객의 눈높이는 외면한 채 선
심성 잔치 성격으로 축제를 제작하는 경향이 강하다. 인기 연예인을 초청해야
하고 주민 노래자랑대회를 열어야 한다. 그러다보니 이곳저곳 다녀보아도 출연
진만 바뀔 뿐이지 형태는 똑같다. 지역 간 차별성을 증발시키는 데에 결정적 기
여를 하는 대목이다.

· VIP들의 잦은 노출

- 축제를 개최해 놓고 선출직 인사들의 노출이 아직도 심한 곳이 많다. 물론 개막
식이나 주민 노래자랑 대회 같이 주민들이 모이는 프로그램에 나아가 평소 부
족하기만 한 지역 주민들과의 소통에 숨통을 트기 위함이라는 그 취지는 충분
히 이해하겠지만, 예를 들어 개막식에서의 길고긴 지역 유지 소개와 축사 릴레
이는 축제 개막에의 신명 분위기를 가라앉히는 요인이 되고 만다. 참고로, 2014
년도 경북 영덕 대게 축제에서는 주민 참여만 있지 VIP들이 나서서 주인공이 되
는 개막식은 아예 생략하고 있다. 현지 선출직 인사 분들이 전문가의 충언을 믿
고 내린 아름다운 용단이다. VIP 노출은 가급적 최소화하는 것이 '주민 중심의
축제'로서의 면모를 갖춤으로써 더욱 생기발랄한 축제가 될 수 있다.

· 운영 능력 결여

- 부족한 예산으로 제작하다 보니 운영 관련 전문 인력 투입 여유가 없게 되는 일
이 다반사라서 결국은 공무원들을 동원하게 된다. 그러나 예를 들어 축제장에서
일어나는 민원에의 대처 능력은 기대에 미치지 못한다. 전문성을 갖춘 컨트롤
타워가 없기 때문에 순발력 있는 운영 체계가 이루어지지 않는다.

· 오매불망 '문화관광 축제 지정' 바라기

- 중앙정부의 국고 지원이 있게 되면 광역자치단체로부터 동일 금액의 지원금이
자동으로 지원된다. 여기까지의 예산이 축제 제작비의 절반이 된다. 지방의 소
도시들은 이 정도 지원금을 외면하기 힘들다. 또 일부 지자체의 선출직은 자신
의 임기 중 업적으로 삼기 위해 관내 지역 축제가 문화관광 축제로 지정되기를
간절히 원한다. 그러다 보니 평가 기준만을 생각하는 축제가 되기 십상이고 결
국 정체성 확립보다는 정량적 성과가 더 우선시 되는 행사가 되곤 한다.

■ 개선 방향 제시

· "축제는 축제 전문가가 만들어야 한다."라는 공식을 준수해 주어야 한다.

  - 공무원들은 1년 단위로 보직이 바뀌기 때문에 해마다 새로 축제 업무를 맡은 담당 공무원은 축제가 무엇인지에 대한 기본 이해를 갖추기도 전에 실전에 임해야 하니 당연히 무리가 따를 수밖에 없다.

  - 공무원들은 축제 전문가가 아니기에 축제에 대한 생소함으로 인해 안타깝게도 전문가와의 조화를 이루어내는 데에 큰 부담을 가져야 한다.

  - 몇몇 지방에서는 축제 담당 공무원이 직접 기획하고 제작까지 하고 있다. 저마다의 사정이야 있겠지만, 그것은 분명 바람직한 제작 방식이 아니다.

  - 설령 축제 담당 공무원을 별정직으로 정해서 동일 축제를 몇 년 동안 수행하도록 했다 하더라도 그 공무원은 해당 축제의 제작 요령은 훤히 꿰고 있을지 모르나 담당 공무원에게는 축제도 행정업무의 일환일 뿐이기에 축제의 철학 정립까지 요구하기에는 무리가 따를 수 있다. 그에 반해 축제 전문가라 함은 오랜 세월 동안 올곧게 축제일에 매진하면서 별의별 기획과 구상, 모델 개발 등의 길을 걸으며 축제에 목숨을 걸고 전문적 관점과 사상을 두루 터득한 사람이다. 그래서 그들은 축제마다 마땅한 철학을 찾아낼 수 있고, 혹 철학이 부족하다 싶으면 심어줄 수도 있는 능력 보유자들이다.

· 철학이 잡히면 프로그램들도 그에 준해서 만들어지기에 그로써 축제의 정체성을 갖추게 된다. 정체성을 갖춘 축제는 타 지역 축제에 비해 상대적으로 돋보이게 된다. 돋보이는 축제는 성장하고 발전하는 것이다. 그런 즉, 철학은 기술을 안다고 깨달을 수 있는 것이 아님을, 공무원들은 행정 전문가일뿐이지 축제 전문가가 아님을, 부디 수용하고 인정해야 한다.

· 검증된 축제 전문가의 의견이 공무원들에게는 설혹 이해가 잘 되지 않아 그로 인해 불안을 느낄 수도 있다. 그래도 신뢰해야 한다. 초기에는 전문가일지언정 때로는 시행착오도 있을 수 있다. 그래도 신뢰해야 한다. 단기적 성과로 결론 내리지 말고 장기적 관점으로 전문가에게 힘을 실어주어야 한다.

■ 축제 전문가에게 컨트롤 타워 기능 부여

· 부산국제영화제의 성공은 부산시가 당시 김동호 위원장과의 약속을 지키고자 초기부터 설정한 "지원하되 간섭하지 않는다."라는 원칙이 지켜졌기에 가능했다. 그러나 최근 부산시의 '간섭'이 개시되어 영화제가 파행으로 치달으면서 과거의 영광도 퇴색되고 있으니 안타까운 일이 아닐 수 없다.

■ 관의 장점 적극 활용

· 관제 축제에 태생적인 문제가 있다고 해서 관의 관여를 부정할 수는 없다. 만약 관이 뒷짐 지고 예산을 풀지 않으면 이 땅의 축제는 흔적을 감추게 된다. 그것이 대한민국 축제 시장의 현실이다. 그러니 관의 기능과 역할을 다른 각도로 조명하는 것에 관심을 두어야 한다.

· 관은 우수한 조직력을 가지고 있다. 따라서 관의 장점인 조직력을 높이 평가해야 하고 또 그것을 축제 제작에 적극적으로 활용해야 한다. 여기서 어떻게 활용해야 하느냐 하는 것이 관건인바, 관은 행정 지원 기능만을 수행하게 하고 프로그램 제작에의 관여는 자제하도록 하는 것이 바로 그것이다. 관의 엄청난 용단이 요구되는 부분이다.

■ 관 입장 배려

· 관이 예산을 지원해서 제작되는 축제는 어차피 관이 '주인'인 셈이니 만큼 최소한의 관 입장도 반드시 존중해 주어야 한다. 다만, 전문성이 개입되어야 하는 프로그램 제작에 대해서만은 가급적 관의 개입을 최소화(필요하다면 초기에 거버넌스 체계에서 주장하고 논의하도록 하면 된다)하고 행정적 관점으로서의 요구는 충분히 인정받아야 한다.

· 이런 부분은 일차적으로 거버넌스 체계에서 각계 의견을 참조하는 토론으로 확정하도록 하고, 제작 과정 중 긴요한 상황이 발생할 경우에는 컨트롤 타워(전문가)와의 논의, 혹은 필요시 거버넌스 회의 재소집 및 재검토를 통해 결론을 도출하는 방식을 취하는 것이 합당할 것이다.

■ 축제 재정 확보

· 축제 성공에의 가장 좋은 방안은 바로 재정을 확보한 민간단체가 자체 예산으로 직접 제작하는 것이다. 그러면 일단 지방자치단체의 행정적 관점을 앞세운 간섭은 발을 붙이기 힘들게 된다. 지방자치단체의 간섭 없이 당당하게 민간 주도로 축제가 만들어지는 것, 그래서 성공적인 축제, 자랑스러운 축제가 되도록 하는 것, 그것이 바로 모든 축제인들의 염원인 것이다.

· 축제 재정을 확보하려면 무엇보다도 축제의 강력한 수익 구조를 확보해야 한다. 즉 축제 관람 유료화를 통해 수익을 창출, 관의 예산 지원이 없어도 충분히 자체적으로 차기 축제 제작의 '실탄'을 확보해야 한다.

· 민간단체가 자체 예산으로 축제를 제작하면 관은 지역 발전을 위한다는 명분으로 홍보 지원이나 각종 행정 지원 등을 기꺼이 뒷받침할 것이고, 그런 궁합이라면 충분히 거버넌스 시스템 가동도 가능해진다. 그렇게만 된다면 지역 전체가 합심하는 방식으로 축제 제작 메카니즘이 활기차게 돌아가고 지속적인 성공을 거둘 수 있기에 그 흐뭇한 결과물을 손에 들고 민관이 함께 기쁨의 건배 잔을 부딪칠 수 있을 것이다.

■ 문화관광 축제 지정제도의 허점 보완 및 개선

· 현장 평가위원 선정과 운영에 있어서 보다 보안을 철저히 기하는 별도의 장치를 강구할 필요가 있다.

· 현장 평가위원들과의 네트워크를 앞세우는 용역 수주 거래 제안을 차단하기 위해 엄정한 신고체계를 갖추어 이 땅의 축제 문화 발전을 저해하는 적폐 요인을 없애야 한다. 지자체가 '알아서' 먼저 용역을 제공할 경우도 철저히 찾아내어 해당 지자체에는 페널티를 주고, 해당 평가위원은 블랙리스트에 올려 전국 지자체에 통보해서 각별히 경계하도록 함과 동시에 당분간 평가위원에서 배제하는 등의 장치도 필요할 것이다. 방법을 찾으면 여러 가지 있을 것이다.

· 앞서 말했듯이 현장 평가위원 구성은 거의 관광학자 위주로 이루어진다. 이 학자분들은 이론에는 밝으나 현장 감각이 아무렴은 축제 감독과 같은 현장 전문가들에 비해 상대적으로 부족한 편이다. 물론 그들 중에는 현장 출신으로서 이론뿐 아니

라 현장도 두루 꿰고 있는 분도 일부 있기도 하지만 대체적인 현상은 상기와 같다는 것이다. 앞으로 현장 평가위원 구성에는 이론 전문가와 현장 전문가를 공히 함께 활용하는 방안을 적극 시행하는 것이 실체적 평가를 이루는 데에 도움이 될 것이다.

· 그러나 어떤 장치를 가동해도 사람이 움직이는 일이다 보니 완벽할 수는 없을 것이다. 그런 것을 생각해 볼 때, 차제에 문화관광 지정 제도 시행에 대한 근본적 재검토를 할 필요가 있지 않을까 한다. 정해진 규격에 맞추어 축제를 점수로 평가한다는 것 자체가 애매하기 때문이다. 지역마다 정서가 다르고 풍속이 다를진대 어찌 한 가지 똑같은 잣대로 모든 축제를 평가할 수 있는지, 이제는 이 문화관광 축제 지정제도를 심사할 때가 되었다.

· 이 땅의 축제들도 이제는 옥석을 가려야 한다. 문화관광 축제 지정제도 역시 결국은 또 하나의 '관의 감독 개입' 채널이기에 '획일성'에서 벗어나기 힘든 요인이 될 수 있다. 이제는 문화관광 축제 지정 제도로부터 자유로워져서 각자도생(各自圖生)하는 것도 이 땅의 지역 축제들에게 지혜가 될 것이다. 즉 시장 논리를 따르라는 것이다. 그 지역 고유 정서와 문화 자산을 스토리로 삼아 어떤 내용이든 어떤 방식으로든 주민이 주인 의식으로 즐기고 방문객들 또한 꾸준히 호응하다보면 명품 축제는 만들어지는 법이다.

2

기획
전략

축제 제작은 태풍이 몰아치는 허허벌판에서 집을 짓는 것과 같다.
기획 단계에서는 객관적이고 냉철한 판단을 기해서
태풍을 피할 수 있는 든든한 담장부터 쌓아야 한다.

(1) 일정 전략

■ 최적의 축제 기간 설정
  · 지역 문화, 지역 산업 구조, 경제적 연계성 등을 감안해서 축제를 운영해야 하기 때
    문에 적합한 기간을 정해야 한다.
    – 농업 지역: 농번기 회피
    – 명승지 보유 지역: 관광 시즌 활용

(2) 공간 전략

■ 현장에 대한 충분한 이해
  · 지형, 지물, 계절별 자연현상 등 축제 기간 중의 현장 상황에 대해 정확하게 파악해
    야 한다.

(3) 콘텐츠 전략

■ 외부 전문가 의견에의 절대적 수용 자제

· 외부 전문가, 특히 이론가들은 해당 지역 내부 사정을 충분히 파악하지 못할 수 있기에 그들이 내놓는 축제 전략은 자칫 도식화되어 있을 수 있다.

· 거버넌스 시스템을 활용, 충분히 검토한 후 필요한 내용만 추출해서 적용하라.

■ 타 지역 사례의 비판적 검토

· 지역마다 사정이 있기에 타 지역 사례를 복사하듯이 적용하기에는 무리가 따를 수 있다.

· 내부 환경, 즉 지역 정서와 사정에 따라 맞춤형 전략을 수립하는 것이 주민의 호응을 얻는 데에 효과적이다.

(4) 목표 전략

■ 과다 목표 설정 자제

· 초기에 과다하게 목표를 설정했다가 목표 미달되었다고 해서 성과적 평가가 개입될 경우 향후의 추진력이 떨어지게 된다.

· 작은 성공이 큰 성공을 부른다. 단계적 성취도를 높이는 것이 축제의 장기적 발전에 도움이 된다.

■ 단기적 성과 위주의 판단 배제

· 충분한 명분과 의미가 있었다면 첫 시행 후 성과가 미흡했다는 결론이 나와도 바로 폐지하지 말고 장기적 발전 전략 차원에서 순차적으로 육성하라.

   - 1년 차: 성공과 시행착오를 통해 옥석 가르기

   - 2년 차: 성공 모델 착상

   - 3년 차: 성공 축제 구축

   - 4년~5년: 성장

   - 6년~10년: 정착 및 안정

   - 10년 이후: 확산(*규모 확산이 아닌 지명도 확산)

3

프로그램
구성 전략

담장을 든든하게 잘 쌓았으면 이제 주춧돌을 다듬고
기둥을 세우고 건물 벽을 세워 붙여야 한다.

(1) 대표 프로그램 전략

■ 대표 프로그램의 집중 육성

· 잡다한 나열식 프로그램 구성은 참관 집중도를 분산시키고 나아가 축제 정체성을 약하게 만든다.

· 확실한 주제 의식과 축제의 철학적 면모를 갖춘 프로그램 위주로 집중하고, 내용이나 규모를 강화해서 참관객들의 집중적 호응을 유도하라.

■ 선택과 집중 전략 구사

· 호응도 낮은 프로그램은 과감히 폐지하고 현행 호응도 높은 프로그램은 선별해서 집중 강화하라.

· 호응도가 낮아도 의미상 필요한 프로그램이라면 대안 내용을 연구해서 재창조하라.

· 퍼플 오션 전략(기존의 것에 대한 새로운 생각, 발상 전환, 차별성 획득) 중 축제 제작에 직결될 만한 요소를 발췌해서 활용하라.

   - Big Data 활용(Data Mining) 등을 통해 참관객 층 성향을 파악, 해묵은 소재나 차별성 부족한 프로그램이더라도 타 지역 프로그램의 실패 사례를 참조해서 새로운 관점으로 제작하면 참관객 만족도는 향상된다.

(2) 스토리텔링 전략

■ 스토리텔링 구조 개발
  · 시대 제한 없이 지역이 보유하고 있는 고유 스토리(무형자산-역사, 전설, 신화, 영웅 등)를 축제에 활용함으로써 독창성을 확보할 수 있다. 지역 자산은 지역 축제에 최적의 콘텐츠가 된다.
  · 콘텐츠가 확보되면 콘텐츠의 다양한 표현 방식을 찾아서 각각에 맞는 프로그램으로 만들어 운영하라.

(3) 프로그램 정비 전략

■ 개막식 축소
  · 선출직 인사들을 위한 관의 집중적인 관심 프로그램으로서 주민 동원과 함께 주민 참여 유도를 위해 거금의 출연료가 지급되는 연예인 축하 공연이 따르게 된다. 과도한 연예인 출연은 문화체육관광부의 축제 평가에도 감점 요인이 되기도 한다. 절대로 인기 연예인을 쓰지 말라는 것이 아니다. 프로그램 구성상 필요하면 불러다 무대에 올릴 수 있다. 하지만 축제의 일부 요소로 봐야 하지, 무슨 가문의 영광도 아닐 것인데도 개막식에서 인기 연예인 얼굴 한번 보는 것에 목숨을 걸지 말라는 것이다. 부르려면 예인(藝人)을 불러라. 연예인과 예인은 그 수준이 하늘과 땅 차이임은 누구나 다 안다.
  · 농번기에 개최되는 소도시의 축제에서는 동원되는 주민들의 반발이 당연히 생긴다. 가장 좋은 방법은 개막식 폐지이지만 꼭 시행해야 한다면 내용과 참가 규모를 최대한 축소하라.
        ※ 브라질 리우데자네이로 삼바 카니발, 일본 삿포로 눈축제와 더불어 세계 3대 축제의 명성을 가지고 있는 독일 뮌헨의 옥토버페스트(Oktoberfest)의 개막식은 다음과 같이 치러진다. 행사장에 설치된 쇼텐하멜(Schottenhamel) 천막의 '뮌헨의 아이(뮌헨 상징물)' 아래에서 뮌헨 시장이 첫 번째 맥주 통을 개봉하면서 이렇게 외친다. "오차프트 이스

(O'zapft is, '맥주 통이 열렸다!'는 의미의 바이에른 식 표현)!" 이것이 옥토버페스트 개막식의 전부다.

- 인기 연예인 초청 공연 폐지, VIP 축사 최소화
- 축제(祝祭)는 원래 고대의 제사 의식에서 발아된 것임에도 오늘날 대부분 축제에 제(祭)가 증발되고 있으니 시대적 추세다. 이 제(祭)가 없으니 진정한 축제가 아니라는 비판과 함께 개막식에 축제 성공 운영을 기원하는 고유제(告由祭) 정도는 시행함으로써 제(祭)의 기능을 되찾자는 주장도 일견 있다. 틀린 말은 아니다. 다만 축제 개념이 오로지 유희(Fun)를 추구하는 것이라면 굳이 제(祭)를 개입시킬 필요는 없다.

   ※ 시라카와 시즈카(白川靜)는 '신을 모시기 위한 의식'을 축(祝)으로 적시했지만 우리네는 그것을 제(祭)라고 칭한다.

- 축제 주제가 담긴 주제공연이 있으면 축제의 의미가 산다. 주제공연은 개막식 이후 축제기간 동안 상설 프로그램으로 활용할 수도 있다.
- 지역 청소년들은 교육기관과 협력해서 가급적 참관하도록 하라. 이때는 '동원'을 해도 된다. 청소년들의 애향심 함양, 자긍심 고취, 교육적 가치 제고 등 건전한 결과를 얻을 수 있다.

■ 지방자치단체 불간섭 태도 유지
· 원활한 축제 제작을 위한 행정 지원 외에 프로그램 제작 간섭을 하지 말아야 전문가에 의한 전문적인 제작이 가능해 진다.
· 관이 프로그램 구성에 간섭 참여하기 시작하면 관의 입맛에 맞는 프로그램으로 변형되어 본질이 사라진다.
  - 때로는 개막 즈음 시점임에도 지방자치단체장의 지시로 느닷없이 신규 프로그램 제작이 요구되기도 한다. 축제 정체성과 연계되는 것이라면 그나마 다행이지만 대부분 표를 의식한 즉흥 민원 해결용이기에 축제 발전과는 거의 상관없이 오히려 발목을 잡을 뿐이다. 이미 확정 운영되고 있는 예산부터 흔들리면서 무리가 따르게 된다.

■ 전야제 혹은 프린지(Fringe) 프로그램 전략 활용

· 관객 만족도와 직결되기에 주민 동원형 주민 노래자랑 대회나 지역 공연예술 단체의 공연물 난입은 최대한 차단하라. 특히 타 지역에서도 쉽게 접할 수 있는 레퍼토리와 동호회 수준의 지역 공연예술단체 공연물, 격 떨어지는 성인가요들의 난장소음으로 전개되는 주민 노래자랑 대회 등은 외래 관광객 대상 서비스용 축제(관광형) 경우, 치명적인 감점 요인이 된다. 축제 품격, 지역 이미지와 직결되는 사안이기 때문이다.

· 지역 정서상 그래도 상기 프로그램들이 시행되어야 한다면 별도의 일정을 활용하라. 예를 들어, 전야제를 개최해서 상기 프로그램들을 일괄적으로 수용, '주민 화합을 위한 집안 잔치' 행사로 운영하는 것이 문화관광 축제 평가에도 감점을 받지 않게 된다. 전야제는 문화관광 축제의 평가 대상이 아니기 때문이다. 그러니 지역 주민이 정 원하고 또 선출직 인사가 '주민 선무'에 애를 태운다면 그 시점에 한창 인기 있는 연예인들까지 초청해서 하루 종일 지지고 볶아도 무방하다.

   ※ 외래 관광객용 '보여 주기' 행사가 아닌 지역 주민들만이 즐기는 집안 잔치로 만들면 뽕짝 타령이 하루 종일 울려 퍼져도 무방하다.

   ※ 대부분 지방 소도시 축제에서는 선출직 인사들을 위해서 축제 성격과는 상관없이 관이 고집해서 시행되는 상기 프로그램에는 관에 의해 주민들이 동원되기 일쑤다. 동원 자체도 문제이고, 또 축제 일정이 농번기에 겹칠 때는 주민들 반발이 발생한다. 지역 주민들이 반발 없이 참여하더라도 그들의 선호 장르는 대부분이 뽕짝이고 그나마도 획일적으로 저급한 가사와 유치한 멜로디의 노래들만 불러댄다. 그로써 축제의 품질과 이미지는 기대하기 어렵게 된다. 좋은 노래도 어쩌다 한두 번인 것이다.

· 그래도 축제 본 행사에 군이 참여시켜야 할 경우가 있을 것이다. 그렇다면 중심 프로그램이 아닌 프린지 프로그램으로 배치해서 운영하도록 하라.

■ 고품격을 추구하라

· 예산 적용 시 시설 장비의 후진성을 탈피하라.

· 개념 적용의 구성력을 갖춘 콘텐츠 운영으로 질적 수준을 확보하라.

(4) 주민 참여 전략

■ 주민 참여 채널의 다양화
 · 지역 주민들로 하여금 관전형에서 참여형으로 유도할 수 있는 동기 부여가 있어야 한다.
 · 관 주도라는 허울을 떨쳐내고 지역 주민이 만드는 축제, 지역 주민이 주인공이 되는 축제가 되도록 참여 방안을 수립해서 운영하라.
  - 공동체 함양 정신에 입각한 축제장 운영 자원봉사 활동에의 참여
    : 안내, 음식 코너 운영, 청소
    : 지역 시공업체에게 시설 제작 참여기회 제공
    : 대표적 향토전승 문화 공연
    : 특산물 홍보(판매코너 운영, 홍보관 운영 등)
  - 해당 지역에서만 보유하고 있는 전승 문화예술 종목 공연은 그 지역 축제의 스토리가 되기에 적극 활용할 필요가 있다.
〈예〉김천 빗내농악, 전주 기접놀이, 안동 차전놀이 등
〈예〉일본 간사이 기온 마쯔리는 온전히 현지 주민(상인)들에 의해 치러지는 축제이기에 주민이 주인공이고 스토리 그 자체다.
  - 주민들이 원하는 프로그램을 공모해서 프로그램으로 수용하는 전략은 주민 주도형 축제의 원동력이 될 수 있다.
    : 제작비 지원과 전문가에 의한 제작 지도
      ※ 이런 방식을 두고 플랫폼(Platform) 기능이라고 한다. 어렵게 얘기하면 '생산자와 소비자 모두가 주인이 되는 평등한 문화 공간'이라고 할 수 있는데, 축제를 지역 이미지 제고와 지역 경제 활성화, 주민 화합 등을 위한 수단으로 활용하는 것도 중요하지만 축제 즐기기 자체를 목적으로 삼는 것에 더 큰 방점을 찍는 전략이다. 플랫폼 기능을 통해 '일상으로부터의 해방감, 자발적 참여로 얻어지는 자존감 및 성취감, 공동체 활동을 통한 소속감, 긴장해소를 통한 안정감을 추구'와 같은 축제의 원초적 목표 달성이 쉬워질 수 있다. 때로는 주민들이 제시한 프로그램이 플랫폼 참여를 통해 독자적인 축제 모델로 성장, 발전할 수 있는 장점도 있다.

4

대표 프로그램
전략

대표 프로그램은 축제의 경쟁력 강화를 위해
타 지역 축제에서는 볼 수 없는 독창적 고유 가치를 활용해서
축제의 주제, 철학을 강렬하게 담는 프로그램이어야 한다.

(1) 지역을 상징할 수 있는 핵심적인 활용 자산 결정

■ 타 지역에서는 볼 수 없는 희소성 자산의 우선적 선정

〈성공 사례〉

- 진주 남강→유등 축제 공간으로 활용

- 하회별신굿탈춤놀이→안동 국제탈춤페스티벌의 중심 프로그램

- 삿포로의 눈(雪)→오도리 공원(大通公園)에서 6명 어린아이들이 얼음 조형물
  만들어 전시→세계 3대 축제 일본 삿포로 눈 축제

〈검토 사례〉

- 문경 전통찻사발 축제

  ※ 전통찻사발이라는 고유 자산을 제대로 활용하지 못하고 있다. 예를 들어, 문경 전통찻
  사발이 어떻게 만들어지는 것인지, 그 찻사발이 품고 있는 정신은 무엇인지 등을 체험하
  고 공감하게 하는 대표성 프로그램이 미흡하고 체험 프로그램에서도 스토리텔링이 부족
  하다. 2015년도부터 저자가 제시한 '문경 찻사발 제작 1일 체험'이 대표적 체험 프로그램
  성격으로 도입되어 시행되고 있으나 아직 갈 길이 멀다.

  도자기 축제의 핵심 자산은 곧 도자기다. 그럼에도 도자기와 연관된 프로그램 대신 개막
  식 연예인 초청 공연과 주민 동원 노래자랑대회 등이 대표 프로그램으로 활약하고 있을 뿐
  이다. 문경 전통찻사발축제는 찻사발이라는 문화적 코드와 지역 향토 문화 자산이 보이지

않는 특산물 판매전 수준에 머물고 있다. 게다가 방문객 수가 약 10일 동안 5만 명을 넘지 못한다. 평가보고서에는 몇 년째 20만 명 이상 혹은 30만 명 이상으로 명기되어 있다. 의도된 수치 왜곡이다. 그럼에도 불구하고 2017년도 문화체육관광부 지정 대한민국 문화관광 대표축제가 되었으니 그 평가가 어떻게 이루어졌는지 무척 의아스러울 뿐이다.

■ 퍼플 오션 전략 활용
· 희소성 자산 부재로 타 지역에도 있는 동일 자산을 활용해야 한다면 차별성을 확보할 수 있도록 퍼플 오션 전략을 활용해서 타 지역 대비 성공하는 프로그램을 생산하라. 앞서 가는 자는 새로운 결론을 먼저 내리는 법이다.

(2) 새로운 자산의 개발

■ 시대 트렌드에 부합하는 확실한 자산을 외부로부터 차용, '우리 지역'에 맞는 가치 부여
· 지역 보유 자산이 없을 경우 지역과의 연계성 유무를 떠나 시의성(時宜性) 부여 등 시대 트렌드에 맞는 확실한 자산 및 가치를 적용할 수 있는 단일 아이템을 잡아라. 성공할 경우 장차 든든한 지역 자산이 된다.
· 정치적, 경제적, 문화적, 윤리적, 관습적 상황 등을 고찰해서 당위성을 확보해야 한다.
〈성공 사례〉
　　- 화천 산천어 축제
　　　: 화천군에는 원래 산천어가 살지 않는다. 산천어를 타 지역에서 구입해 와서 강에 풀어놓고 축제를 개최한다.
　　- 인천 Penta Port Rock Festival
　　　: 인천과 Rock 음악은 상관성이 전혀 없다. 다만 젊은 층이 월미도에 많이 찾아들기에 Rock을 선택한 것이다.
　　- 평창 대관령 음악제
　　　: 대관령이라는 자연과 클래식 음악이라는 하이 레벨 소재들을 상관시킴으로써 새로운 세계를 열었다.
　　　※ "창의라는 것은 서로 다른 것을 연결하는 것이다." – 스티브 잡스(Steeve Jobs)

- 부산 국제영화제

: 제1회 행사가 치러질 때만 해도 당시 부산에는 영화 상영관이 고작 5개에 불과했을 정도로 부산은 원래 영화와는 거리가 먼 곳이었다. 그러나 한국형 베니스 영화제를 꿈꾸었던 김동호 초대 위원장의 노력으로 국제 영화제가 항구도시(베니스가 항구도시라서)인 부산에서 탄생되었다. 즉, 부산은 영화와는 전혀 연계성이 없는 곳이었음에도 새로운 자산을 창출해서 도전한 끝에 대단한 성공을 거둔 것이다.

(3) 재미 확보

■ 콘텐츠와 프레임 엄선

· 남녀노소 누구나 흥미를 갖고 참여해서 즐길 수 있는 콘텐츠와 프레임으로 승부하라.

〈성공 사례〉

- 보령 머드 축제의 '머드' 체험 프로그램
- 경북 영덕 대게 축제의 '출발! 영덕 대게 달리기' 시합

: 바퀴 수레에 대게를 잔뜩 싣고 왕복 계주로 시행하는 관내 마을 단위 시합으로 대단한 인기를 얻고 있다.

(4) 선택과 집중 전략 적용

■ 과도한 욕심 자제

· 대표 프로그램은 하나면 충분하다. 여러 개의 대표 프로그램들을 시행하면 참관 집중도가 분산되기에 대표 프로그램이라는 말이 무색해질 수 있다.

〈성공 사례〉

- 신촌 물총 축제

: 물총 싸움 한 가지가 축제 그 자체를 대변한다.

■ 복수 프로그램의 순차적 운영

· 대표성 프로그램들이 복수로 이미 시행되고 있다면, 해마다 순환하는 방식으로 하나씩 선정, 해당 년도의 대표 프로그램으로 내세우면 된다.

〈검토 사례〉

− 수원 화성문화제에는 개막식, 야조, 능행차, 봉수당 진찬의례, 낙남헌무과제 등을 대표 프로그램으로 내세우고 있다. 의무 방어적 성격의 개막식은 차치하고, 그 외 프로그램들은 수원문화제에서만 접할 수 있는 귀한 프로그램들이다. 그럼에도 이 프로그램들이 분산 운영되다 보니 전체적으로 부각하는 것이 쉽지 않다. 해마다 소(小)주제를 정하도록 하고, 대표 프로그램들 중 소주제에 맞는 한개 프로그램을 순환 방식으로 선정해서 홍보나 마케팅 등에서 집중적으로 부각하는 전략을 구사하는 것이 좋을 것이다.

5

스토리텔링
전략

스토리텔링은 축제의 주제나 소재, 성격을 다양하게 표현해서
'축제 정체를 쉽게 이해하고 즐길 수 있도록 하는 것'이다.
스토리텔링이 없는 축제는 미생(未生) 축제다.
스토리텔링은 축제에 생명을 불어넣어주는 근원적 요소이기에
성공 축제에의 출발점이 된다.

(1) 원 소스 멀티 유즈(One Source Multi Use) 방식 지향

■ 프리즘(Prism)과 스펙트럼(Spectrum)
　· 축제의 주제나 중심 소재를 다양한 양식으로 시행하라. 프리즘을 통과한 빛이 일곱
　　색깔의 스펙트럼을 보여주는 이치다.
　· 한 가지 소재의 한 가지 표현 방식은 충분한 즐거움을 제공하기 힘들다. 따라서 같
　　은 소재일지라도 다양하게 접근할 수 있도록 해야 축제를 즐기게 된다.

■ 중심 소재의 다양한 표현
　· 중심 소재를 활용한 다양한 프로그램을 즐기다보면 해당 축제에의 이미지와 추억
　　이 쉽게 충분히 각인된다.
〈성공 사례〉
　　- 산타클로스 축제
　　　: '산타클로스'라는 중심 소재를 활용해서 산타클로스 굴뚝 타기 시합, 루돌프
　　　　로데오, 썰매 경주 등 다양한 변주(變奏) 프로그램 운영

- 광주 추억의 7080 충장 축제

  : '추억'이라는 중심 개념의 맥이 이어질 수 있도록 충장로 거리를 활용, 각종 프
    로그램 편재 운영

  : 추억의 영화, 양푼 비빔밥, 추억의 사랑방, 예술로 만나는 추억의 사진관, 충파
    미장원, 가을 운동회, 맹호부대 내무반, 추억의 DJ 다방, 변사(辯士)극 사랑방
    손님과 어머니 등

  ※ 축제는 이미지 창출로 성패가 판가름 난다. 예를 들어, 어리굴젓과 육쪽마늘, 국가브
    랜드 한우 등으로 유명한 충남 서산시에서 축제를 개발한다고 치자. 그렇다면 당연히 '먹
    거리'를 출발점으로 삼아 '먹으면 힘이 난다'라는 이미지로 연계시킬 수 있는 축제 콘텐츠
    가 적합할 것이다. 그렇게 되면 '서산 먹거리를 먹으면 힘이 난다'라는 공식이 정립된다.
    그 지역 이미지를 구축할 수 있는 축제가 성공 축제가 되는 것이다.

(2) 축제 자산과 연관성 있는 외부 개념의 융·복합적 활용

■ 외부 아이템 활용

· 보유하고 있는 자산 자체로는 프로그램 변주나 개념 강조형 프로그램 운영이 역부
  족일 경우 보유 자산과 직결되는 외부 아이템을 유치해서 보유자산의 스토리를 부
  각시켜라.

〈검토 사례〉

- 도자기 축제에 연계될 수 있는 아이템

  : 전국 차인(茶人) 축제, 전국 토속 음식 축제, 국제 도자기 고가품 경매, 국제 도
    자기 교류전 등

■ 관심 집중 유도

· 대규모 및 고품위 전략으로 운영해서 세인의 관심을 집중시켜라. 여러 가지 프로그
  램으로 외연은 확대시켰으나 미약한 체급 수준으로 만들면 참관객들에게 실망감
  만 주고 결국 그들로부터 외면당한다.

  ※ 오스트리아 잘츠부르크 음악제는 유럽 음악제 가운데 독일 바이로이트 음악제(바그너

의 오페라를 공연하는 바이에른 지역 바이로이트Bayreuth 시의 음악 축제)와 쌍벽을 이루
는 유명한 100년 역사의 축제다. '음악제'라는 한 가지 고품위 아이템으로 모차르트의 고
향 잘츠부르크 이미지를 영원무궁토록 유지하고 있다.

(3) 충분한 재미 제공

■ 공감대 형성에의 중요 요소 '재미'
  · 다른 지역에서는 접할 수 없는 스토리라 해서 독창성이 있다 하더라도 재미가 없
    으면 공감을 얻기 힘들다.
  · 단순히 정보를 전달하는 방식이거나 그저 원형대로만 표현하는 것은 홍보 전시판
    에 불과하다.
  · 재미없는 스토리텔링은 단순한 정보에 그칠 뿐이다.

(4) 표현 양식을 다양하게 운용하라

■ 다양성에 녹이기
  · 한두 가지 표현 양식으로는 스토리를 충분하게 녹일 수 없다. 또 다양성이 부족하
    면 참관객의 스토리에 대한 신뢰도가 떨어진다.
    – 시각 양식
      : 전시관, 홍보관, 행사장 구역(Zone) 구분, 대형 조형물 등
    – 교감 양식
      : 체험 프로그램 등
    – 관람 양식
      : 공연, 영상물 상영, 인터넷, 모바일 등
    – 감각 양식
      : 디자인, 기념품, 차량, 캐릭터, 공간 채색, 특수 효과(조명, 음향, 영상 등), 세트
      (무대, 대형 구조물 등), P.O.P.(현장 홍보물), 스탭 유니폼 등

6

만족도 향상
전략

연예인이 인기를 먹고 산다면 축제는 참관객의 만족감을 먹고 산다.
참관객 만족도는 축제가 오래 살아남느냐
일찌감치 폐업처분 하느냐의 관건이 된다.
담 구멍을 잘 막아 두어야 집에 짐승이 들지 않듯이
불만이 야기될 곳을 찾아 선결해 두어야
참관객이 보우하사 우리 축제 만세가 된다.

(1) 지역상인과의 유대 관계 확립

■ 친절 마인드 주입

· '손님을 맞이하는 주인' 입장인 축제 운영 요원, 자원봉사 참여자, 지역상인 등의 친절한 서비스 정신은 심해도 좋으니 사전에 친절 응대 관련 매뉴얼 작성 등 교육에 철저를 기해야 한다.

· 축제 기간 중 손님에 의한 평가 방식을 채택, 친절 상인들에 대한 시상 제도 운영 등 "친절하면 뭐가 남아도 남는다."라는 인식을 심어주어라.

■ 지역 상인들과 상호 상생(Win-Win) 관계를 만들어라

· 축제기간 중 지나친 상업성 추구 대신 지역 이미지 제고 및 향후 재방문 유도를 위해 지역 상인단체의 적극적인 협조를 이끌어내어야 한다.

· '축제 기간 중 할인 금액 적용→참관객의 호감(Goodwill Mind) 유도→재방문율 상승→축제 성공 & 지역 경제 활성화'의 선순환 체계 정착

  - 대상: 식당, 숙박시설, 특산물 판매점, 각종 유락 시설 등

※ 지역 상인들은 축제 기간을 대목으로 생각하는 경향이 강하다. 하지만 그것은 생각이 짧은 것이다. 며칠 정도의 축제 기간만 생각할 것이 아니다. 즉, 축제 기간을 뺀 나머지 기간이 대목이라고 생각하는 마음가짐이 있어야 한다. 축제 기간의 서비스 행위는 축제 때 외래 관광객을 흐뭇하게 해 줌으로써 나중에도 자주 찾아와 주기를 유혹하는 전략인 것이다.

■ 축제장 내부 식당 운영에의 협조 요청
 · 축제장 내부에 식당 개설이 필요할 경우 지역 식당 상인들의 개입을 배제하도록 해야 한다. 자칫 위생문제, 바가지 상술로 인해 민원이 발생한다.
 · 대안으로는 지역 시민 단체에 위촉해서 그 단체 회원들로 하여금 식당을 운영하도록 하면 된다.
  – 참여 단체
   : 부녀자들을 회원으로 하는 여성단체 등
  – 운영 방안
   : 실비 판매(가격 고시), 최소화, 단순화시킨 메뉴, 위생복 착용, 청결 유지, 친절 대응 등

■ 관의 적극적인 활약 필요
 · 지역 상인들과의 협조 체계 구축은 관이 나서서 해결하는 것이 바람직하다.
  – 특정 혜택 제공 등의 타협책으로 협조를 유도하라.
  – 관은 지역 상인들의 협조를 얻어낼 수 있는 지혜를 짜내어야 한다.
  – 지역 발전에의 공동체적 소명의식 유도를 위해 국내외 성공 사례 소개 등 계몽 활동을 지속적으로 전개할 필요가 있다.
 · 상인과 관이 참여하는 협의체를 구성하라.

(3) 지역 상권 보호

■ '현대판 장돌뱅이' 차단

· 노점상협회 회원인 이들은 연중 축제 일정에 맞추어 전국 각지를 유랑하며 해당 지역 축제장에 불법 난입, 바가지 상술과 비위생적 음식판매, 불친절, 노골적으로 유치한 품바 공연 등으로 끊임없는 문제를 야기하는 지역 축제의 암적 존재다. 그들은 지역 경제가 받을 수익을 중간에서 불법 강탈하는 존재다. 또한 그들로 인해 축제 이미지뿐 아니라 지역 이미지까지 여지없이 훼손되고 무너지기에 향후 참관객의 재방문을 기대하기 힘들게 된다.

· 외부 노점상들의 중간 강탈에 따른 최대 피해자는 지역 상인들이다. 지역 상인을 보호하는 차원에서도 반드시 이 문제는 해결해야 한다.

■ 관의 적극적인 활약 필요

· 노점상들이 축제장 인근 민간인의 토지를 임대하지 못하도록 차단하라.

- 의회에서 조례 제작(임대 시 임대금액 이상의 벌과금 추징 등)

- 해당 주민들에 대한 적극적 계몽 실시

- 불가피할 경우 관에서 사전 임대해서 노점상들의 임대 기회 원천 차단

· 민간인 토지 임대가 불가능할 경우 축제장 인근 공간에 야간을 틈타 불시에 텐트 설치하는 것도 대비해야 한다.

- 일단 그들의 텐트가 설치된 후에는 경찰력으로도 철거되지 않는다. 상상을 초월할 정도의 방법을 동원, 격렬하게 버틴다.

※ 경호 인력을 배치, 행사 1주일 전부터 야간 통제를 실시해서 그들의 텐트 자재를 실은 1톤짜리 트럭이 통과하지 못하도록 행사장 진입 도로를 차단하기만 하면 원천봉쇄할 수 있다.

(4) 충분한 편의 프로그램 운영

■ 관객 편의 프로그램 운영

· 편의 프로그램 부족은 현장 민원의 주요 요인 중 하나이기에 최대한 편성해서 운영하라.

· 장애인, 연로자, 유아를 대동한 가족 등을 위한 휴게실, 미아 보호, 이동 수단 제공, 응급 시설, 현금 인출기, 이동식 화장실 등 편의 시설이 깨끗하고 세련되게 구비되어 있으면 축제 내용이 조금 부실하더라도 이것으로 칭찬 많이 받게 된다.

· 편의 시설들은 운영 동선상 최적의 위치에 설치하라.

· 이동식 화장실 경우 여성 화장실은 남성 화장실보다 더 많아야 한다. 청결 위생 관리는 용역업체로 하여금 수시로 시행하도록 엄중히 관리하라.

■ 판매 관련 편의 프로그램 운영

· 특산물 축제 경우 판매 관련 편의 서비스 프로그램에 신경 써야 한다.

  – 결제 시스템(무선 카드 결제 단말기 등) 완비

  – 판매장~주차장 수송 Vehicle(전기 카트 등) 충분 운영

  – 택배 서비스 제공 등

■ 숙박 시설 확보

· 숙박 시설을 넉넉하게 확보하라. 숙박비는 외래 참관객들이 돈을 쓰는 항목 중 가장 짭짤한 부분이다. 그렇다고 없는 리조트를 짓거나 호텔 등 항구적 시설을 생돈 들여 증설하라는 것이 아니다. 그런 것들은 지어 놓아 봤자 축제 후의 용도 활성화를 기대하기 힘들다. 임시 숙박 시설을 운영하면 된다.

〈성공 사례〉

  – 에든버러 공연 축제: 일반 가정의 B&B(Bread and Bed) 운영

  – 문경 세계 군인체육대회: 캠핑 카(Camping Car) 활용의 선수촌 운영

■ 지역 맛집 활용

· 각종 유인물에 게재하는 등 지역 맛집 소개를 적극적으로 하라. 숙박 못지않은 돈 씀씀이 대상이 바로 먹는 분야다. 축제를 즐긴 후 맛집을 찾아 맛있는 음식을 즐기는 것, 훌륭한 추억으로 남을 수 있기에 만족도 향상에의 마침점이 되는 것이고, 구전(口傳)을 통해 축제와 함께 더불어 지역 홍보 효과도 창출된다.

- WiFi 기지국 설치 운영
  - 축제장에서의 원활한 SNS 네트워킹을 지원하기 위해 통신사에서 무상으로 지원하는 현장 WiFi 기지국 설치 운영은 기본이다.

(5) 현장 안내 및 민원 해결 솔루션 확보

- 안내 전담 인력 상주
  - 현장 안내 부족 역시 민원의 주요 요인이 된다. 축제장 주요 지점(Post)마다 안내 부스를 설치해서 전담 인력을 상주시켜라.

- 안내 매뉴얼 운영
  - 안내 전담 인력인 운영 요원은 운영 매뉴얼을 작성해서 사전에 충분히 교육하라.
  - 운영 매뉴얼은 모든 운영 요원이 숙지하도록 하라. 그래야 유사시 담당자 부재 경우 대체 인력이 매뉴얼 내용으로 대처할 수 있게 된다.

- P.O.P. 운영
  - 축제장 주요 지점마다 P.O.P.(현장 홍보물)을 최대한 설치하라.
    - 배너, 안내 보드, 이정표, 픽토그램(Pictogram) 마크 부착 등

- 구역별 운영 책임제
  - 구역별로 운영 책임자를 지정해서 현장 안내 및 민원 해결을 체계적으로 시행하라.
  - 현장에서는 돌발적으로 발생하는 예기치 못한 상황이 많고 사안에 따라 담당 운영 요원이 해결하지 못할 수도 있다. 이 경우, 운영 요원은 상급자인 해당 구역 운영 책임자에게 보고해서 지휘를 받도록 하라. 만약 구역 운영 책임자도 결정을 내리지 못하면 최종 지휘부(Control Tower)에 보고해서 최종 지휘를 받아라.
  - 현장 운영은 축제의 성패에 지대한 영향을 끼치므로 신속하게, 유기적으로, 체계적으로 시행해야 한다.

7

특화 홍보
전략

매체, 비매체 광고 등을 이용하는 홍보는
누구나 돈이 있으면 다 할 수 있다.
효과는 어떨지 그 결과는 모르겠지만.
홍보는 아이디어로 하는 것이다. 그리고 튀게 해야 한다.
사람들의 눈을 사로잡고 호기심을 유발시키는 등
가서 못 보면 시쳇말로 '사람 환장하게 만드는 것'이 진짜 홍보다.

(1) 매체 홍보

■ 중앙 일간지 전면 광고 시행(취재기사 형식)

· 대부분 SNS 보도 기사는 일간지 기사를 주로 인용한다.

· 전국 단위 보급망을 갖춘 중앙 일간지에 전면 광고 방식으로 홍보 기사를 게재하면
  SNS를 통한 대단한 홍보효과를 창출할 수 있다.

■ 언론 대상 팸 투어(Familiarization Tour) 유치

· 지역 언론사 기자들도 중요하지만 수단과 방법을 가리지 말고 중앙 언론사 기자를
  반드시 포함시켜라.

· 과장 이하 담당 공무원은 백 날 연락해도 중앙 언론사 기자들은 거들떠보지 않는
  다. 국장급이 전화해도 올까 말까다. 결국 지자체장이 직접 나서서 전화해야 참가
  율 60~70% 정도쯤 확보할 수 있다.

· 매체 광고 대비 비용이 매우 저렴하다.

· 비용 대비 파급 효과가 크다(가성비 우수).

· 참가한 기자들에게 주최 측에서 원하는 내용을 직접 홍보할 수 있는 장점이 있다.

(2) 비매체 홍보

■ SNS 활용
· Facebook, Twitter 등을 이용한 릴레이식 네트워킹 프로모션을 창출하라.

〈성공 사례〉
- 2016년도 경북 청도 Comedy Art Festival
  : Facebook 릴레이 홍보는 일체 비용 부담 없이 톡톡한 홍보 효과를 창출했다.
    SNS 홍보의 장점인 '무비용', 'Facebook 친구들 연계 방식의 기하급수적 광역
    전파'를 확실하게 활용한 것이다.

- 2016년도 서울 김장 난장
  : 청도 Comedy Art Festival에서 사용한 방식과 유사하나 '김장용 몸뻬 바지' 차림
    의 퍼포먼스 개념을 적용한 것이 특징이다.

■ 유튜브 영상 홍보

· 축제 영상물을 하이라이트 위주로 편집해서 유튜브에 올리면 검색을 통해 노출되기 때문에 사후 홍보 전략으로 매우 효과적이다. 사람들은 이 영상물을 보고 차기 축제에 대한 호기심을 갖게 된다.

(3) SNS 홍보 효과를 얻기 위한 공간 장식

■ 대형 캐릭터 조형물 설치

· 참관객들은 공연 장면 등 현장에서 접하는 프로그램들을 스마트 폰으로 '인증 샷' 촬영하기를 즐긴다. 특히 확실한 인증을 위해 현장 설치물을 배경으로 삼는 것을 선호한다. 그렇게 찍힌 사진들은 대부분 곧바로 SNS를 통해 전파되기에 상당한 홍보 효과를 얻을 수 있다.

· 축제 캐릭터를 표현한 대형 조형물외에 캐릭터 의상 모델, 디자인 장식 적용의 구조물 등도 훌륭한 기능을 발휘한다.

· 현장 설치물은 축제 이미지를 시각적으로 전달할 수 있으며 축제장 공간 장식도 되기에 축제 품위를 높일 수 있다.

■ 설치미술 작품 성격 적용

· 형태 표현에의 한계로 오히려 축제 이미지를 실추시키는 엉성한 에어튜브 형태 대신 설치미술 작품 성격을 적용하는 것이 좋다.

〈성공 사례〉

- 김제 지평선 축제의 대형 쌍용 조형물
- 여주도자기박물관의 도자기 재료를 이용한 각종 설치 조형물 등

(4) 이벤트 홍보

■ 해프닝 성격의 프로모션 이벤트 시행

〈성공 사례〉

 - 경북 청송 사과 및 사과 축제 홍보를 위해 2011년 서울 청계천에 사과를 뿌려 놓고 사람들로 하여금 잠자리채로 건져가도록 하는 이벤트 시행으로 한 순간에 청송 사과에 대한 이미지가 확산될 수 있었다.
 - 경기 연천 구석기 축제 홍보를 위해 구석기인으로 분장한 배우들이 서울 지하철을 타고 프로모션 퍼포먼스를 행했다. 한국인의 정서상 어색한 느낌은 있었어도 축제에 대한 각인 효과는 충분했다.

(5) 타겟 홍보

■ FIT 대상 집중 홍보

 · 최근 들어 단체 해외 관광보다는 개별 관광이 급증하는 추세를 보이고 있다. 따라서 FIT(Foreign Independent Tourist, 외국인개별자유관광객) 대상 홍보를 주요 홍보 전략으로 삼을 필요가 있다.
 · 1천 5백만 해외 관광객의 80%는 수도권 일대에 머문다. 수도권 소재 저가 호텔, 게스트하우스 등 숙박업소에 축제 홍보 전단을 집중 살포하라.
 · FIT가 축제를 참관해서 좋은 인상을 얻었을 경우 SNS 홍보는 물론, 훗날의 해외 홍보대사가 될 수 있다. 꾸준한 홍보 확산 효과가 있다.
 · FIT(물론 내국인 개별자유관광객도 포함)에게 축제가 개최되는 현지에서 물품을 구입했을 경우 영수증 확인 및 추첨을 통한 기념품 제공 등의 서비스를 병행하면 방문에의 유혹(Attraction) 요소가 되기도 하고 홍보에도 도움이 될 수 있다.

Zoom Out

1장

축제 관점으로 이해하는
해외 성공 사례

———

성공한 축제와 공연에는 확실한 철학, 주제, 개념,

콘텐츠 등 배우고 따를 성공 인자가 있다.

1

브라질 리우데자네이로
삼바 카니발

슬픔과 고통 속에서도 축제는,
아니 인간의 원초적 몸부림은 생겨난다.
인권 탄압과 성폭력으로부터의 평화메시지가 퍼져나가는
인류 최대 광란과 환희의 축제가
바로 리우데자네이로 삼바 카니발이다.

(1) 성공 Key Word

열심히 준비하라!	다시 태어나라!

- '열심히 준비하라'
  - · 카니발 참가자 모두가 일 년 내내 이 카니발을 준비한다는 것을 뜻한다.
  - · 카니발을 준비하는 그들의 정성은 일상에서 분리될 수 없는 생활 그 자체다.
  - · 삼바 카니발은 전 주민이 직접 준비하는 주민 주도형 축제의 완벽한 모델이 되고 있다.

- '다시 태어나라'
  - · 그 해에 막대한 돈을 들여 준비하던 행사 물품들은 카니발이 끝나면 일체의 아쉬움 없이 전량 폐기된다. 다음 해의 카니발을 위해 모든 것을 다시 새롭게 준비한다.
  - · 창조와 창조를 거듭하는 축제이기에 리우데자네이로 삼바 카니발이 성공하지 않을 수 없는 구조를 갖는다는 의미다.

(2) 개요

- 개최 일정과 장소
  - · 가톨릭 사회가 지키고 있는 사순절 시즌이 되기 전인 2월 말~3월 초
  - · 축제 기간이 되면 브라질 전역은 카니발 세계로 돌변
  - · 대표적인 카니발 도시
    - 리우데자네이로(Rio de Janeiro), 살바도르(Salvador), 상파울로(São Paulo)

- 삼바 카니발의 상징성
  - · 브라질 사람이라면 1년 동안 카니발을 준비하며 산다고 해도 과언이 아닐 정도로 브라질 국민의 삼바 카니발에 대한 애정과 관심이 지대하다.
  - · 정부는 카니발 유지와 이를 지원하는 사업을 국가 기간 사업으로 지정해서 국가 경제 활성화의 주요인으로 삼고 있다.
  - · 세계적인 축제가 된 이후 국내 굴지의 대기업들이 카니발에 거금의 후원금을 쾌척한다.

(3) 성장

- 삼바의 태동
  - · 1500년경 포르투갈의 페드루 알바르스 카브랄(Pedro Alvares Cabral)에 의해 남미 지

역이 신대륙으로 발견되면서 브라질은 포르투갈의 식민지로 전락한다.

· 브라질 원주민인 인디오들을 몰아낸 포르투갈은 비옥한 대지를 이용한 사탕수수
경작을 위해 아프리카에서 흑인들을 강제로 끌고 와서 노예로 삼아 노동력으로 활
용했다.

· 아프리카 출신 흑인 노예들은 자신들의 고향에서 즐겼던 춤과 노래인 '삼보'로 애
환을 달랬다. '삼바' 명칭은 이것에서 유래했다.

· 당시 백인들은 삼보를 '흑인의 춤' 혹은 '혼혈아의 춤'이라 했고, 멸시의 의미로써
흑인 노예들을 삼보라고 부르기도 했다.

· 흑인들은 대부분 아프리카 앙골라 지역 출신으로 고향에서의 토속신앙 의식 때 사
용했던 '셈바(Semba, 메셈바Mesemba로도 칭함)' 리듬을 삼보에 적용했고, 그로써 삼바
의 모태가 형성될 수 있었다.

■ 삼바 퍼레이드의 출현

· 노예들(흑인, 메스티조와 뮬레토 등 혼혈인)은 억압에의 설움을 일시적으로나마
잊고자 자신들만의 축제를 만들어서 즐겼다. 그들의 축제는 과다한 노출, 폭력이
난무하는 방식을 취했는데 그것을 '엥뜨루드(Entrudo)'라 불렀다.

  - 백인 지주들에 의한 노동 착취, 성폭력 등으로 시달리던 이들은 축제를 통해 그
  들의 애환을 역설적으로 표현하고자 했다.

  - 오늘날의 지나친 노출 의상은 이러한 배경을 가지고 있다. 즉, 성적 욕구의 표출
  이 아니라 성폭력으로부터 자유로워짐, 남녀 간의 성 차별과 동성애자에 대한
  편견 없애기를 보여주는 메시지다.

  - 이들의 엥뜨루드가 사회 문제로 부각되자 법령으로 금지된다(1854년).

· 이후 삼바를 모태로 하는 카니발 성격으로 전환해서 1900년경부터 시가행진 형태
로 발전한다.

■ 삼바 퍼레이드 모체 한쇼스(Ranchos) 등장

· 20세기 초 산업발전으로 경제적 안정을 누리기 시작한 하류층이 등장하면서 삼바
퍼레이드가 발전하는 계기를 맞는다.

· '한쇼스(같이 행진하는 무리)' 조직이 만들어지면서 퍼레이드에 엄격한 행렬 구성 원칙이 적용되기 시작했다.

삼바 학교에서의 춤, 드럼 연습　　　　　　　삼바 학교에서의 Float Car 제작

- 삼바 학교의 등장
  · 1928년 리우데자네이루의 흑인 빈민가인 '에스타시오데사(Está cio de Sá)'에 최초의 삼바 학교 설립 이후 1930년대부터 본격적으로 삼바 학교가 등장했다.
    - 일종의 동호인 단체의 성격인 비정규 학교다.
    - 삼바 교육만 전문으로 한다.
    - 학생들이 내는 일정한 회비와 시 정부 보조금 지원으로 운영한다.
    - 행사 때 경연을 통해 지원 폭 결정
    - 행사용 Float Car와 의상은 학생들이 자체적으로 준비한다.
  · 삼바 퍼레이드 발전에 기폭제 역할을 했다.
  · 현재 리우데자네이로에만 3백여 개의 삼바 학교가 존재한다.

- 행사에 참여하는 학생들의 의식
  · 행사에 사용했던 물품들은 전량 폐기 처분한다.
    - 내년의 주제에 맞춘 새로운 행사 용품 신규 제작(재창조 정신)
  · 참여에의 명예를 중시한다.

- 카니발의 정착
  · Salon Carnival을 고집하던 백인 상류층이 삼바 카니발에 참여하기 시작했다(1965년).

- 계층의 벽을 넘는 축제로 발전

- 상생화합(相生和合)의 장(場)으로 승화

(4) 운영 체계

■ 구성 요소

① 프레스치투(Prestito)

　· 화려하고 거대한 Float Car들이 참여하는 대규모 퍼레이드

　· High Light Day에 거행

② 코르소(Corso)

　· 아름답게 장식된 Float Car를 선정, 시상하는 자동차 장식 경연 퍼레이드

　· 매일 오후 시간대에 운영

　· 삼바 퍼레이드와는 별개 행사로 진행

③ 삼바(연주, 춤, 노래)

　· 연주: 4현의 작은 기타(까바낑유Cavaquinho)와 타악기의 강렬한 비트

　· 춤: 연주에 맞추어 추는 춤

　· 노래: 도시의 삶과 사랑 소재

④ 다양한 민속 공연과 삼바 춤 경연 대회

　· 거리 곳곳의 가설무대 운영

　· 유명 엔터테이너 비참여, 일반인들을 위한 행사로 제작

⑤ 삼바 퍼레이드

　· 리우 카니발의 핵심

　· 삼바 춤과 대형 Float Car, 타악기 밴드의 혼합 행렬

　· 삼바 학교의 경연 방식

⑥ 퍼레이드 의상

　· 참가자가 직접 디자인, 제작

　· 화려함과 독창성을 중요시 함

⑦ 가장 무도회(Salon Carnival)

   · 연회장 등에서 행하는 축제

   · VIP급 인사들의 별도 행사

   · 전 세계 유명 인사들 참여(초청)

■ 운영 방식

① 삼바 퍼레이드가 펼쳐지는 삼보드로모(Sambodromo) 거리

   · 삼바 퍼레이드의 시행 공간

   · 길이 약 800m, 폭 50m 정도

   · 좌우 관객석 최대 9만 명 수용

   · 객석 유료제(Sector별 차별화)

② 삼보드로모의 퍼레이드 운영 배치도

   · 무용수들의 퍼레이드는 그림 좌측 'Start' 지점에서 출발, 행진 개시한다.

   · 드럼 연주자들은 Sector 9번과 11번 사이 위치에서 연주한다.

③ 삼보드로모 Sector별 관람료

   · 확실한 수익 구조를 갖춘 것에 주목할 필요가 있다.

     - 최하 2십만~최고 5백만 원 정도의 관람료 책정

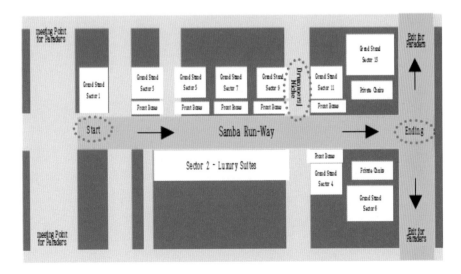

Grandstands

Front Boxes

Luxury Suites

Grandstands | Service Pack

Seating	Access Group	Feb 18th	Sunday	Febr 19th	Monday	Febr 20th	Champions	Febr 25th
Sector 2		$248.00	$248.00	$178.00
Sector 3		$208.00	$208.00	$158.00
Sector 4		$318.00	$318.00	$208.00
Sector 5		$278.00	$278.00	$188.00
Sector 6		$358.00	$358.00	$228.00
Sector 7		$308.00	$308.00	$198.00
Sector 9		$538.00	$538.00	$358.00
Sector 11		$228.00	$228.00	$158.00

Allocated Chairs | Service Pack

Seating	Access Group	Feb 18th	Sunday	Febr 19th	Monday	Febr 20th	Champions	Febr 25th
Sector 13		$148.00	$148.00	$108.00

Front Boxes | Service Pack

Seating	Access Group	Feb 18th	Sunday	Febr 19th	Monday	Febr 20th	Champions	Febr 25th
Sector 3 A/B	$348.00	$1,278.00	$1,278.00	$498.00
Sector 3 C/D	$278.00	$918.00	$918.00	$418.00
Sector 4 A/B	$398.00	$1,628.00	$1,628.00	$618.00
Sector 4 C/D	$318.00	$1,188.00	$1,188.00	$318.00
Sector 5 A/B	$348.00	$1,418.00	$1,418.00	$538.00
Sector 5 C/D	$278.00	$1,028.00	$1,028.00	$448.00
Sector 6 A/B	$398.00	$1,758.00	$1,758.00	$678.00
Sector 6 C/D	$318.00	$1,298.00	$1,298.00	$368.00
Sector 7 A/B	$348.00	$1,528.00	$1,528.00	$588.00
Sector 7 C/D	$278.00	$1,128.00	$1,128.00	$496.00
Sector 9 A/B	$348.00	$1,648.00	$1,648.00	$618.00
Sector 9 C/D	$278.00	$1,228.00	$1,228.00	$538.00
Sector 11 A/B	$348.00	$1,278.00	$1,278.00	$498.00
Sector 11 C/D	$278.00	$1,008.00	$1,008.00	$438.00

Luxury Suites | Service Pack

Seating	Access Group	Feb 18th	Sunday	Febr 19th	Monday	Febr 20th	Champions	Febr 25th
Sector 2 - 11	$1,898.00	$4,208.00	$4,208.00	$2,558.00

④ 삼바 학교의 퍼레이드 참여 방식

· 총 3개 그룹으로 구분

- 1그룹: 2천~4천 명 정도로 구성된 대규모 학교

- 2그룹: 1천~2천 명 정도로 구성된 중규모 학교

- 3그룹: 그 이하 인원의 소규모 학교

· 1그룹(2분화해서 운영)

- 1선발: 삼보드로모에서 첫째 날 참가

- 2선발: 삼보드로모에서 둘째 날~셋째 날 참가

· 하위 2개 그룹

- 삼보드로모의 공연에는 참가하지 않고, 리우 블랑꼬(Rio Blanco) 퍼레이드 참가

⑤ 운영 시간

　· 운영 시간대

　　- 밤 9시 시작해서 다음날 아침 6시 경에 완료한다.

　· 참가 그룹당 퍼레이드 소요 시간(Duration)

　　- 각 60~80분씩

　· 휴식 및 정비

　　- 1개 그룹 퍼레이드 완료 후 10~20분 정도는 청소 등 거리 정비를 한다.

　　- 이 시간에 다음 퍼레이드 그룹이 준비, 대기한다.

　· 퍼레이드 개막

　　- 5~10분간에 걸친 화려한 불꽃놀이 쇼를 진행한다.

개막 불꽃놀이

⑥ 행렬 구성

　· 여러 개의 '알라(Ala, 소그룹)'로 하나의 큰 그룹을 구성하는 방식이다.

　· 알라와 알라 사이에는 개별 무용수들이 포진해서 관람 재미를 더해준다.

　　- 같은 디자인의 의상 차림인 개별 무용수들이 자신의 기량을 펼치며 행진한다.

행렬의 리더인 남자 무용수와 그룹을 표시하는 깃발을 든 여자 무용수

　　- 행렬 중앙에는 중세 유럽 귀족 의상을 갖춘 남녀 한 쌍(그룹 대표)이 우아한 스텝으로 행진한다.

　　- 여자는 자기가 속한 그룹의 깃발을 들고 행진한다.

　　- 남자는 행렬의 리더 역할을 수행한다.

⑦ 퍼레이드 평가 요소

　· 그룹 별 60~80분 소요 시간 준수

· 그 해에 주어진 주제 표현력

· 표현 내용의 독창성

· 생동감 넘치는 춤

· 선환(旋環) 이동 동작

　　- 무용수들은 이리저리 회전하면서 전진

　　해야 한다.

· 의상의 디자인 수준과 화려함

· 이동 시의 극적 변화감

　　- 때로는 천천히, 때로는 빠르게 이동하는 연출로 극적인 변화를 보여주어야 한다.

· 밀집 상태에서의 '큰 하나'처럼 보이기

　　- 무용수들의 움직임이 일사1분란, 마치 하나의 덩어리처럼 보이는 효과가 있어

　　야 한다.

· 행렬 구성의 호화로움

⑧ 삼바 퍼레이드의 특징

· 극단적인 상업화 전략 구사

　　- 충분한 볼거리 제공

　　- 관광객 집중 유치

　　- 수익 창출

　　- 화려하고 다양한 Float Car 운영

· 카니발 적 카오스 분위기를 연출하는 타악 밴드 바테리아(Bateria)의 현란한 드럼

　연주

· 아름다운 무용수들

　　- 최소 8백~최대 4천 명 정도

■ 수익성

· 관광객 유입 약 100만 명(외국인 약 60만 명)

· 총 2조 원의 경제 파급 효과 창출

· 총 40만 명 이상의 고용 효과 창출

· 리우데자네이로 시 1년 재정 충당에 지대한 영향을 미친다.

(5) 성공 전략

■ 삼바 학교에 대한 지속 육성 및 경쟁 시스템 도입
  · 축제 성장 동력 장착

■ 주최 측의 적극적인 상업화 전략 구사
  · 축제를 통한 새로운 부의 가치 창출

■ 라틴 전통문화, 흑인 노예문화, 가톨릭문화의 조화
  · 상호 인정과 공존을 통해 문화 간 충돌 없는 평화적 행사의 바탕이 된다.

■ 볼거리 충만의 탁월한 구성 요소
  · 스펙타클화 전략의 롤 모델이 되고 있다.

■ 인권 평등 메시지 강조
  · 남녀 간, 종족 간 차별을 극복하자는 메시지로 세계인들의 편견 없는 환영을 받고
    있다.

2

영국 에든버러
밀리터리 따뚜

축제는 살아 움직이는 생물이다.
절대 표백제 바른 전시 박제물로 만들지 마라.

(1) 성공 Key Word

> 공간을 재미있게 만들어라!

- '공간을 재미있게 만들어라'
  - 밀리터리 따뚜는 에든버러 고성(古城) 앞 공간을 활용해서 전 세계 군악대를 초청, 연주 퍼레이드를 시연하는 성격의 축제다. 대개 퍼레이드, 즉 거리축제라고 하면 한 번 눈앞에서 스쳐 지나가는 것으로 끝나고 마는 그런 행태를 보인다. 그러나 에든버러 밀리터리 따뚜의 퍼레이드는 강력한 퍼포먼스를 선보임은 물론이요 한정된 공간(거리)을 최대한 활용한다. 마치 공간의 영혼까지 탈탈 털어먹겠다는 식으로 온 공간을 헤집고 다니면서 관객에게 최대한의 볼거리를 제공한다. 그러니 한 순간의 잔영만 남기는 우리네 거리 축제와는 체질 자체가 다르다. 같은 거리 공간인데도 그런 차이가 있기에 에든버러 밀리터리 따뚜는 행사 기간 한 달 동안(8월)에만 약 450만 명의 관광객이 찾고 약 1억 파운드의 수입을 보장받는 세계적 축제 에든버러 축제 프로그램들 중에서 효자 종목이 되어 있다.

(2) 개요

■ Tattoo의 유래

· 17~18세기경 베네룩스 3국(벨기에, 네덜란드, 룩셈부르크) 중 네덜란드 지방에 전쟁을 수행하러 파견되어 나가 있던 영국군은 매일 밤 10시가 되면 귀대를 해야 했고, 이들의 무사 귀환을 위해 밤 9시부터 고적대가 연주를 하면서 시내를 행진했 다. 고적대의 연주 행진이 시작되면 그때부터 통금이 시작되기에 시내 모든 술집 은 문을 닫아야 했다. 그러면 술집 주인들은 실내 손님들에게 이렇게 외쳤다. "Doe den tap toe(두덴탑투, 이제 술병 뚜껑들 닫으셔! *Turn off the taps)." 이 '탑투'에서 오 늘날의 '따뚜'가 생겨났다고 한다.

■ 행사 운영 기간
· 에든버러 축제 기간(8월) 중 3주간 운영한다.

(3) 성장

■ 전쟁의 피폐함 속에서 핀 축제 꽃
· 2차 대전 종료 후 전 유럽은 피폐 속에서 힘들게 재기해야 했다. 유럽 국가 중에서
도 영국은 가장 극심한 타격을 받은 나라였고 국민의 사기도 저하되어 있을 수밖
에 없었다.

■ 에든버러 축제 탄생
· 1947년, 스코틀랜드 에든버러 시 정부는 전쟁 후유증에 시달리는 지역 경제를 살
리고 무기력증에 빠진 주민들을 위로해 보자는 생각으로 각종 클래식 공연예술로
꾸미는 에든버러 축제를 발상했다. 이때 점잖은 클래식 공연예술로는 'Cheer up' 분
위기가 부족하지 않을까 해서 뭔가 역동적인 성격의 볼거리가 있어야 하겠다는 판
단으로 결정한 것이 바로 군악대(2차 대전 동안 지겹도록 보면서 군악대의 공연성
을 갈파한 것이다.) 퍼레이드였다. 그리고는 2백여 년 전 유럽 대륙 땅에서 영국군
이 행진했던 것을 떠올리면서 '밀리터리 따뚜'라는 명칭하에 초기 8개 팀 초청으로
첫 행사를 치른 결과 예상외의 큰 호응을 얻게 되었다.

■ 에든버러 축제의 대표 프로그램으로 정착
· 에든버러 축제의 성장과 더불어 밀리터리 따뚜는 축제의 대표 프로그램으로 자리
를 잡게 되어 오늘에 이른다.
· 현재는 전 세계 군악대들을 엄선 초청하는데, 전체 출연 인원수를 보면 약 1천 명
정도가 된다고 할 정도로 각국에서 참가하기를 희망하고 있다.

■ 전 세계 따뚜 축제의 효시

· 에든버러 밀리터리 따뚜는 훗날 캐나다의 노바스코샤(Nova Scotia) 따뚜, 스위스 바젤(Basel) 따뚜, 한국 원주 따뚜(현재 폐지) 등에 영향을 주었다.

■ 수익성

· 해마다 공연 전 전석(全席) 예약 매진을 기록한다.

· 매년 20만 명 관람객을 유치한다.

(4) 운영 체계

■ 군악대 행진 퍼레이드 개념

· 스코틀랜드 군악대와 초청받은 각 나라 군악대들의 군악 연주 퍼레이드로 꾸미되 경연대회는 아니다.

· 다양한 이벤트를 병행함으로써 관람의 재미를 배가한다.

- 행진 중 깜짝 퍼포먼스로 폭소 유발

- 스턴트, 댄스, 상황극 등 특별 이벤트 가미

: 150명의 댄서, 20여 마리의 말(馬), 20대의 오토바이 등장 및 스턴트 쇼 등

· 출연진 구성

- 스코틀랜드 하이랜드 부대(핵심 출연진)

: 민속 의상 킬트(Kilt) 착용, 백파이프 연주와 행진

- 정규 출연진

: 영국 기마대(드럼 퍼레이드), 영국 여왕 기마대, 왕립 탱크부대, 영국 왕립 공군악대

- 해외 다수 초청국 군악대

: 2003년 한국 군악대 최초 참가

■ 공간 활용 전략

· 고성(古城)의 아름다움을 배경으로 하는 지형지물 활용 전략이 우수하다.

· 공연 공간을 최대한 활용한다.

■ 객석 운영

· 고성 정문을 호리존트로 삼고 정문 앞 거리 공간에 3면 구조의 객석을 마련한다.

· 각 Sector별로 관람료를 차등 책정해서 운영한다.

    - 최하 4만~최고 18만 원

(5) 성공 전략

■ 재미있는 퍼포먼스 운영

· 깜짝 볼거리 제공

· '근엄함'의 대명사인 '군인' 이미지를 깨뜨리는 '파격미'의 재미 만끽 유도

■ 제한 공간 운영

· 객석 설치, 제한된 공간에서의 행진 운영으로 충분한 관람, 집중적 관람 보장

· 행렬의 모든 내용, 행진의 전 과정 감상 가능

3

일본 다카라즈카
가극단

축제에 공연예술 단체를 소개하는 이유는
이 공연단체가 지니는 특성이
축제가 추구할 성공 전략과 잘 부합되기 때문이다.
이들의 공연보다도 이들이 얼마나 경제적이고 창조적인
운영 전략을 구사하고 있는지, 특히 다카라즈카 가극단
운영 성공 전략은 시사성이 크기에 잘 살펴볼 필요가 있다.

(1) 성공 Key Word

> 특화시켜라!

■ '특화시켜라'

· 다카라즈카 가극단은 자기들만의 치열한 생존과 성장을 위한 전략으로 다른 단체
  에서는 감히 엄두도 못 낼 획기적인 특화 전략을 구사하고 있다.

(2) 개요

- **탄생**
  - 1905년 러일전쟁 이후 서양문물이 쏟아져 들어오던 당시, 일본 도쿄의 미쓰코시 백화점에서 양장 차림으로 서양 음악을 연주하는 '소년음악대'의 인기가 높은 것에 착안한 한큐 전철 창시자 고바야시 이치조(小林一三)는 "도쿄가 남자라면 오사카는 여자다!"라는 기치를 내세우고는 출연진 전원이 여자이되 서양과 동양적 요소를 혼합한 뮤지컬 공연단체를 만들었다. 그것이 곧 1914년의 다카라즈카 가극단 탄생의 서곡이었다.
  - 처음 '다카라즈카 창가대'를 거쳐 '다카라즈카 소녀가극 양성회'라는 명칭으로 시작, 1924년 한큐 전철의 종착역인 다카라즈카시 온천휴양지에 대형극장을 짓게 되면서 순탄한 길을 걸으며 1934년에는 도쿄에도 전용극장을 세우게 된다.
  - 이후 1938년부터 시작한 해외 순회공연은 현재까지 전 세계 120여 개 도시에 이를 정도로 다카라즈카 가극단은 세계적인 공연예술단체로 격찬을 받고 있다.
  - 현재의 '다카라즈카 가극단(寶塚歌劇團)' 명칭은 1940년에 만들어졌다.

- **특징**
  - 출연진 전원이 여자다. 남자 역할까지 여자가 맡는다.
  - 공연 형태의 2분화
    - 1부: 동서고금의 유명 로맨스 작품 창극화 드라마 제공
    - 2부: 화려한 레뷔(Revue) 공연 엔터테인먼트 제공
      ※ 다카라즈카는 한국의 '국극' 탄생에 결정적 영향을 끼친다. 광복 후 1948년 여성들로만 창극을 만들어 공연하는 '여성국악동호회'가 일본 유학생 출신인 김주전과 박석희에 의해 탄생한다. 1949년 이탈리아 오페라 작품 〈투란도트〉를 각색한 〈햇님달님〉으로 대단한 성공을 거둔 이후 여성국극은 임춘앵이라는 당대 최고의 스타를 내세우면서 대단한 인기를 얻게 되지만, 1960년대 들어서면서부터 설화 위주의 진부한 레퍼토리 공연과 후진양성 실패, 공연단체들의 경쟁적 난립, 대중화에의 실패 등 이유로 몰락하고 만다.

(3) 성장

■ 전통에서 출발
- 기존의 전통 공연 양식인 가부끼(歌舞伎, 17세기에 시작된 전통 연극), 노(能, 14세기에 시작된 음악이 있는 무용극), 분라꾸(文樂, 18세기에 시작한 인형극) 등과 다른 면모를 갖추기 위해 20세기 초부터 일본에서 인기를 모은 '신파극(新派劇)'을 단체의 정체성으로 삼아 출발한다.
- 물론 가부끼, 노, 분라꾸 등의 영향을 무시할 수 없기에 뮤지컬 양식을 수용했다.
  - ※ 여기에서 그들의 "전통에서 출발한다."라는 정신을 확인할 수 있다. 재차 말하지만, 새로운 것은 하늘에서 갑자기 뚝 떨어지지 않는다. 기존의 것을 재창조하거나 서로 다른 것들을 융합할 때 탄생하는 것이다. 이것이 바로 퍼플 전략의 핵심이다.

■ 성공적인 레뷰 공연 도입
- 1927년 일본 최초의 레뷰(Revue)공연 〈몽·파리〉 초연으로 이목을 받는다.
  - ※ 레뷰 공연이라는 것은 '노래와 춤+시사 풍자극'이라는 혼합 형태의 공연 양식으로서 이즈음 파리를 중심으로 서양에서 대유행하던 무대 예술이었다.
- 1930년 정통 프랑스 풍 양식을 도입, 〈파리·제트〉로 레뷰 양식을 완성하면서 선풍적인 인기를 끌게 된다.
- 2차 세계대전 기간 중에는 활동이 위축되어 1944년 3월 다카라즈카 대극장과 도쿄 극장을 폐쇄한다.
  - – 지방 위문 공연으로 겨우 명맥 유지
- 1953년 NHK 도쿄 방송국 개국과, TV 전국 보급 및 매스컴의 혹평으로 한때 위기에 봉착한다.
- 1955년 미(美) 군정에 접수되었던 두 곳의 극장을 돌려받아 본격적인 공연 활동을 재개한다.
- 1974년 '이케다 리요코' 원작 만화의 〈베르사이유의 장미〉 공연에서 대성공을 거둔다.
  - – 140만 명의 경이적인 관객 동원으로 재기의 발판 다지기에 성공
- 1980년대 경제대국 문화대국으로서의 풍요 시대를 통해 발전에 가속을 붙인다.
  - – 각종 예술제에서의 활발한 수상 등

(3) 운영 체계

■ 연기자 구성

· 400여 명의 연기자 전원이 여성

  - 다카라지엔느라는 명칭으로 불린다(파리지엔느에서 따옴).

  - 여성 역할: 여자 역 무스메야쿠(娘役)

  - 남성 역할: 남자 역 오토코야꾸(男役)

    ※ 아름답게 생긴 외모와 왕자풍의 몸짓 등의 연기는 언제나 여성 관객들의 탄성을 자아낸다.

■ 전문 연기자 배출 프로그램 운영

· 1919년 다카라즈카 음악 학교 설립

  - 입학자격은 중학교 졸업 이상의 만 열여덟 살까지의 미혼 여성으로서 키 170cm 이상에 신체 건강하고 미모를 갖추어야 한다. 매년 40명의 정원을 뽑는다. 입학 경쟁률은 40대 1에 육박, 도쿄 대학교 입학 경쟁률과 어깨를 나란히 할 정도로 명문학교로서의 입지를 갖추고 있다.

· 2년 간 서양 무용, 일본 무용, 성악, 연기, 예절 교육(5조+1개 전과) 시행

  - 하나구미(花組) / 약 70명

    : 무용 전문 교습

    : 레뷔 공연에서의 화려한 무용 담당

    : 레뷔 무용 뿐 아니라 전통 무용에서도 고도의 기술을 보여주는 오토코야쿠 배출

  - 쓰끼구미(月組) / 약 70명

    : 도시적이고 밝은 분위기의 역할 수행

    : 유머러스한 대사로 관객 호응 유도

    : 톱스타 오토코야꾸(다카라즈카의 꽃) 배출

  - 유끼구미(雪組) / 약 70명

    : 일본 전통의 화(和) 분위기 중요

    : 전통 배역 담당

: 늠름하고 신비롭게 보이는 오토코야쿠 배출

- 호시구미(星組) / 약 70명

: 성인 분위기의 화려한 스타 배출

: 비련의 사극(史劇) 작품 담당

- 소라구미(宇組) / 약 70명

: 젊은 스타들로 구성

: 'Fantasy' '풍부한 스토리'의 해피엔딩 추구

- 전과(傳科) / 약 30명

: 다섯 구미 모든 곳에 출연 가능

: 한 가지씩 재주에 숙련된 학생들로 구성

– 박현경, 중앙대학교 대학원(2003년)「다카라즈카에 관한 연구」

· 졸업 후 단체에 입단하면 연구과 1학년이 된다.

- 신인(연구과 1~7학년까지)들은 공연 중 1일만 대역을 수행하도록 해서 실력을 평가받는다.

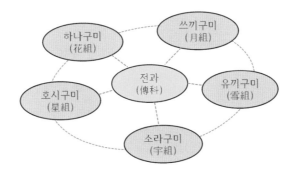

- 전용 극장 보유
  - 2천 석 규모의 자체 전용 극장
    - 도쿄, 다카라즈카 소재
  - 복합 공간 형태로 운영
    - 교통(전철역 종점)+상가+식당+사진관+문화+기타 편의시설

다카라즈카 시 소재 전용 극장 전경

극장 내부

캐릭터 샵

주인공 분장 사진촬영실

레뷔 의상 판매 샵

■ 수익성
  · 연간 2백만 명 관람객 유치

(4) 제작 체계

■ 공연 의상, 소품, 세트 자체 제작
  · 한 번 공연마다 40~50번의 무대 전환, 200벌의 의상과 100여벌의 구두, 수십 개의 소도구 투입
  · 의상소품 제작실, 무대 디자인실, 대도구 제작실, 창고 등 운영

■ 본 공연 운영
  · 연간 1~2편 제작(편당 30~45일간 공연)
    - 다카라즈카 대극장과 도쿄 다카라즈카 극장에서만 공연
    - 다카라즈카 대극장 공연 후 도쿄 다카라즈카 극장에서 공연
    - 작품이 대성공을 거두어도 연장 공연을 하지 않는다.
  · 2000년 이래 하나구미~호시구미~유끼구미~소라구미~쓰끼구미 순으로 공연
    - 전과(傳科) 소속 연기자들도 참여한다.
  · 해당 구미의 톱스타에 맞춘 신작과 해외 유명 뮤지컬, 과거의 히트작 재연

■ 지방 공연 운영
  · 본 공연과 본 공연 사이 기간 전국 순회공연 실행
  · 본 외 지정 극장 운영
    - 시어터 드라마시티, 우메다 예술극장(오사카)
    - 하카타 극장(후쿠오카)
    - 주니치 극장(나고야)
    - 닛세이 극장(도쿄 유라쿠초)

(5) 성공 전략

- 특화 전략 구사
  - 대중성 추구
    - "관객에게 마술을 걸기 위해 1부는 드라마가 있는 가극으로 팬들의 마음을 사로
      잡고, 2부는 엔터테인먼트로 무대의 완성을 표현한다."
    - 고바야시 고이치 회장
    - 기존의 공연 양식 유지
    - 관객이 원하는 것 제공
    - 동서고금 유명 작품 수용, 대중 편향 표방
      : 일본 유명 작품
        ※ 고전 작품 〈겐지 이야기(源氏物語)〉, 〈추신구라(忠臣藏)〉 등
        ※ 인기 만화 〈베르사이유의 장미〉
      : 해외 유명 작품
        ※ 〈오클라호마!〉, 〈양산박〉, 〈웨스트사이드 스토리〉, 〈바람과 함께 사라지다〉, 〈엘리자베
        스〉, 〈태왕사신기〉 등
  - 동서양 공연 스타일의 성공적 조화
  - 화려한 의상과 분장
    - 중년 여성 관객층의 욕구를 충족해 준다.
    - 로맨스와 화려함에 대한 꿈을 품게 해준다.
  - 비밀주의
    - 연기자 전원을 미혼 상태로 유지한다.
    - 건전한 이미지를 제고하도록 한다.
    - 외부 연기자는 출연할 수 없다(순혈주의).
    - 단원의 외부 공연 및 TV 프로그램 출연은 금지한다.
  - 전속제
    - 연기자, 오케스트라, 스탭 전원 대상
    - 한큐 전철의 '창작유희 사업본부 가극사업부'가 전속 관리 사업 담당

: 한큐 전철의 직할 조직으로 관리

: 가극단원을 한큐 전철 그룹의 사원 대우로 고용하는 형태

· 시대를 앞서가는 용기

- 일상적인 신파극의 수준을 뛰어넘는 볼거리 장착으로 기존에 볼 수 없던 공연 양식을 개발했다.

· 여성의 남성 역할 연기에 대한 호기심 유발

■ 전통의 재창조

· 전통 공연 양식을 기반으로 하는 뮤지컬 방식 고수로 이질감 상쇄

■ 체계적인 제작 체계 운영

· 전속 단원제로 인건비 절감

- 연기자, 오케스트라, Staff 등

· 공연용 물품 자체 제작으로 제작비 절감

- 무대 세트, 소품, 대도구, 의상 등

■ 수익의 다각화

· 극장 내 편의시설 운영

- 캐릭터 샵, 주인공 분장 사진촬영실, 레뷔 의상 판매 샵, 기념품 판매점, 초콜릿 샵, 식당, 우체국 등

· 전철 노선 운영

- 관람객들의 극장 방문을 위한 교통편 확보로 접근성이 편리하다.

· 전용 극장의 100% 가동률 유지

· 전용 방송국 'Takarazuka Sky Stage' 운영

· 공연 비디오, CD, DVD, 사진, 자료집 판매

■ 철저한 마케팅 전략 구사

· 팬클럽 관리

- 300여 개 팬클럽에 대한 아낌없는 투자로 매 공연마다 기본 관객을 확보한다.

- 팬클럽의 전폭적인 지원으로 매 공연마다 관객의 95%가 여성으로 채워진다.

- 스타급 오토코야쿠 경우 팬클럽을 통해 최대 1만 명의 관객을 동원할 수 있다.

· 작품성보다는 관객의 욕구 중시

· 관객의 욕구를 충족시켜줄 작품 제작

· 단기적 매출보다는 장기적 이윤 목표

· 새로운 작품, 미래 성장을 위한 장기적인 계획 수립

· 시장 성격을 관객 위주로 설정, 제작사는 저압적 자세 견지

· Four C 전략

- Cost

: 비싼 입장료로 관객 차별화

- Core-Benefit

: 우월감, 사치 분위기, 일탈의 기쁨 만끽

: 작품 1편당 제작비 평균 30억 원 투자로 최고의 공연물 제공

: 한번 공연에 무대 전환을 40~50번 정도 시행, 무대 공연의 화려함 제공

: '비싼 공연 관람'이라는 자부심을 느끼게 해준다.

: 별천지 공간으로 꾸민 다카라즈카 극장

※ 귀족 사교장 분위기를 갖춘 로코코 풍 극장 시설과 고품위 서비스로 관람객으로 하여금 스스로 '귀족' 기분을 만끽할 수 있도록 한다.

- Convenience

: 시기적 지역적 공연 운영 안배로, 관람 편리성 제공

- Communication

: 광고 홍보의 극대화

■ 정책적 고유성 유지

· 1995년부터 문화의 지방분권화 추진

※ 일본 정부는 1995년부터 문화청을 중심으로 '지방자치분권추진법'을 통해 문화의 지방분권화를 추진하고 있다. 오사카 시정부는 도쿄 문화와 차별이 되는 '문화수도 오사카'를 표방하면서 지역 전승 문화의 계승발전 취지로 다카라즈카 가극단을 적극적으로 지원하고 있다.

4

중국
인상시리즈

인상시리즈는 현대문명으로부터의 도피다. 그리고 가장 중국적이다.
중국적인 것으로 세계인의 마음을 사로잡았다.
우리에게도 세계인의 마음을 사로잡을 한국적인 것, 분명히 있으니 찾아보라.

(1) 성공 Key Word

> 지형지물을 활용하라!

- '지형지물을 활용하라'
  - 몇 가지 최소화된 세트를 투입하는 것 외에는 자연의 지형지물을 최대한 이용해서 공연 운영
  - 인위적 세트 설치의 최소화

(2) 개요

- 탄생
  - 중국의 민족 구성
    - 한족(95%) 포함, 56개의 다민족
    - 소수 민족들의 고유 전통 문화는 어렵게 명맥 유지
  - 전통 문화의 맥 단절
    - 역사 이래 수많은 나라가 흥망을 거듭하면서 후손들이 물려받은 관광 자원이 풍

부한 나라 중국은 세계적인 관광 대국이 되어 있지만, 1966~1976년 동안의 문화대혁명 영향(봉건 잔재 타파)으로 그들 전통 문화의 흔적이 상당히 소실되었다.

- 20세기 말 덩샤오핑의 개방정책으로 경제 부흥의 길로 접어들고 자본주의 시장논리가 수용되면서 21세기가 시작된 이후 인민들의 생활도 부유해졌다(소강상태小康狀態, 먹고사는 문제가 부족한 지경을 벗어나 어느 정도 안정된 상태).

- 먹고사는 문제에서 벗어난 인민들이 부패한 공산당 정부를 곱지 않은 시선으로 바라보면서 높아만 가는 인민들의 대 정부 불만이 증가하게 된다. 이에 인민 불만 무마용으로 여흥 문화와 관광 자원 개발의 필요성을 느낀 정부는 대표적인 관광지역들을 주목했고 그곳에 관광용 공연예술 작품을 만들어 상설 운영하는 계획을 세운다.

· 걸출한 예술인 등장

  - 장이머우(張藝謀) 감독

    ※ 주요 작품: 붉은 수수밭(紅高粱), 귀주이야기(秋菊打官司), 홍등(紅燈), 영웅(英雄) 등

    ※ 1988년 베를린영화제 금곰상, 1992년 베니스영화제 황금사자상, 1994년 칸영화제 심사위원 대상 수상

    ※ 중국 제5세대 감독군 중 1인

    ※ 2008년 타임지가 선정한 100인에 포함

왕차오거, 장이머우, 판위에
※이들을 두고 '철삼각(鐵三角)'이라 부른다.

  - 장이머우의 영화 인생과 예술관

    : 문화대혁명 이후 베이징 영화전문학교 입학

    : 중국 제5세대 감독 군(群)으로 성장

    : 역사적으로 어려운 시기를 거치면서, 중국의 현실 인식

    : 리얼리티를 바탕으로 농촌과 인민들을 역사적 사실과 연관, 상징적으로 표현

    : 빛과 색채, 몽타주 등의 시각 효과 부각

    : 2000년도 이후 굉장한 볼거리 위주의 웅장한 영상미 추구 시작

      ※ 장이머우 감독은 원래 영화촬영기사 출신으로서 장면 구도에 대한 탁월한 감각을 보유하고 있었기에 인상시리즈에서 구사한 야외 실경(實景) 전략이 가능할 수 있었을 것으로 보인다.

· 정부는 장이머우를 유명 관광지 공연예술작품 제작에의 총감독으로 위촉했고, 장이머우는 자신의 든든한 지원자로 당시 각종 대형 문화행사에서 명성을 떨치고 있던 왕차오거(王潮歌, 구성 연출 담당), 판위에(樊跃, 시스템 및 효과 담당)와 함께 제작에 임해 지구상 최대 야외 실경 공연물인 '인상(印象)시리즈'가 탄생한다.

인상 류산지에(劉三姐)
※ 구이린(桂林) 강과 협곡

인상 리장(麗江)
※ 윈난(雲南)성의 차마고도

인상 시후(西湖)
※ 항주(抗州)의 시후 호수

인상 하이난(海南)
※ 유명 관광지 하이난

인상 따홍파오(大紅袍)
※ 푸젠(福建)성 우이(武夷)산 차밭

〈인상 푸투오(普陀)〉
※ 절강(折工)성 동해 저우산(舟山) 군도의 불교 명승지 푸투오섬을 내세웠으나 실제 공연은 근처 주자젠(朱家尖)에서 시행한다.

〈인상 우롱(武隆)〉

※ 충칭(重京) 우롱(초원, 계곡, 동굴 등)
※ 가장 최근에 제작된 작품이다.

■ 특징

· 지형지물(야외 실경)을 최대한 이용한다.

- 흐르는 강물과 절경을 보이는 협곡

- 눈 덮인 설산과 차마고도(茶馬古道)의 신비로움

- 어둠에 물드는 하늘과 호수

- 환상적인 섬과 해변

- 중국을 대표하는 드넓은 차밭

- 험준한 절벽과 삼림 그리고 폭포수

· 소수 민족의 고단한 삶과 애틋한 설화를 스토리텔링 소재로 삼는다.

· 차와 불교 등 중국의 전통 문화를 분명히 강조한다.

· 엄청난 볼거리로서의 영상미를 추구한다.

■ 수익성

· 현재 총 일곱 편의 인상시리즈 운영

· 상설 운영으로 연간 천만 명 이상 관람객 유치

· 입장 수입 연간 3천억 원 이상 규모

· 숙식업계 파급 수천억 원대 규모

· 현지 출연진의 부(富) 창출 효과

- 하층민→중산층

(3) 인상시리즈별 내용

■ 인상 류산지에
  · 류씨 집안 셋째 딸의 애절한 사랑을 다룬다.

■ 인상 리장
  · 험준한 차마고도에 인생을 바치던 윈난성 설산 고도 리장(麗江) 마을의 소수민족
    나시족(納西族, 납서족)의 슬픈 이야기를 다룬다.

■ 인상 시후
  · 양산백과 축영대의 이루지 못한 슬픈 러브스토리를 다룬다.

■ 인상 하이난
  · 세계적인 휴양지 하이난에서만 가능한 '현대와 원시, 대자연이 조화된 휴한(休閑,
    일체 세상일을 떠나 취하는 휴식)'의 정서를 표현한다.
    ※ 물속에 잠겨있던 무대가 상승, 공연을 보여주는 장관 연출

■ 인상 따홍파오
  · 중국이 자랑하는 세계 최고의 우롱차인 우이산의 암차(武夷岩茶), 따홍파오를 소개
    하는 문화 탐방 프로젝트 성격을 지닌다.
  · 대형 다관(茶館, 찻집) 무대, 회전하는 2천 석짜리 객석, 원거리 산 속에 숨겨진 15
    개의 대형스크린, 우이산 두 개 정상 봉우리의 사랑 전설을 들려준다.

■ 인상 푸투오
  · 부처와 인간의 관계를 풀어가면서 마음의 평화를 느끼게 해 준다.
  · 공연이 진행되는 동안 360도 회전하는 2천 석짜리 객석 운영이 특징이다.

■ 인상 우롱
  · 옛날 계곡에서 배를 물에서 땅으로 끌어 올리는 인부들의 노동과 그들이 부르던
    노동요를 주 내용으로 삼는다.

(4) 성공 전략

■ 지역 정체성 강조

· "가장 중요한 것은 현지 문화와의 결합이다. 어떤 변형도 지역문화의 뿌리에 기반을 두어야 한다." - 장이머우 감독

· '오직 그곳에서만 만날 수 있는, 그곳만의 공연'

· 그 지역의 과거로 가는 시간 여행 즐기기

■ 현지 주민 적극 활용

· 지역의 전통과 문화는 그 지역 사람들의 일상이기에 그들만이 올곧게 표현해 낼 수 있다. 고유문화에 묻혀 살아 온, 자연스러운 감정의 자연스러운 표출이 가능하다.

· 부족한 연기력은 훈련을 통해 해결

■ 선택과 집중

· 중국 내 극소수 민족의 존재감 선택

· 그 지역의 절경, 독특한 전통에 집중

· 전 세계 그 어느 곳에도 없는 무대와 스토리 발굴

· 연출가의 기획력과 창의력 필요

■ 발상의 전환

· 실경(實景) 무대 적용

 - 호수, 강, 바닷가, 차밭, 설산, 계곡 등

· 스펙타클화 전략

 - 대용량의 조명 장치, 대규모 출연진 동원, 엄청난 양의 개인별 의상과 소품, 수백 채의 건물 세트, 초대형 특수 장비 운영 등

· 운영의 묘

 - 빠르고 느림의 속도감, 강렬함과 부드러움의 조화, 여백의 미를 살리는 균형감 등

- 뛰어난 연출력
  - · 빛과 소리와 색의 황홀한 향연
  - · 색채미와 화면 구도, 구성, 빛의 구사 등에 있어서 탁월한 감각 발휘
    - 무대디자인, 의상, 소품, 대소도구, 조명효과 배가
  - · 입체적 영상미 창출
    - 라이브 3D 영화를 보고 있는 듯한 느낌

- 집단 제작 시스템 적용
  - · 외부 스탭들과 임무 분담으로 최대의 능력 조합
    - 철삼각 체제(장이머우, 왕차오거, 판위에)
    - 영상미+구성+기술 연출력 강화
  - · 굳건한 유대를 통한 지속적인 작품 개발 추진

5

캐나다
태양의 서커스

이른바 Blue Ocean 전략은 여전히 유효하다.
아무리 지금은 Purple Ocean 전략 시대라 하더라도
Blue Ocean 전략을 외면하면
외발로 두 발을 쫓아갈 수 없는 것처럼 절대 앞서갈 수 없다.

(1) 성공 Key Word

> 새로운 시장을 만들어라!

- '새로운 시장을 만들어라'
  - 어려운 환경에 처한 기존 시장에서 서로 도토리 키 재기 식으로 고군분투하는 방식을 접고, 누구도 생각 못 한 새로운 경제성을 갖춘 시장을 개척해야 한다.

(2) 개요

- 탄생
  - 1980년대 들어서면서부터 각종 미디어(영화, TV, 컴퓨터 게임 등) 발달로 인해 사양 산업에 봉착한 서커스 시장
  - 배쌩뽈(Baie-Saint-Paul)이라는 퀘벡 주(州)의 작은 마을에서 활동하던 길거리 극단 '하이힐 클럽(High Heel Club)'은 생존을 위해 1984년 새로운 계획을 구상, 정부로부터 1백 5십만 달러를 지원받아 12명의 단원으로 재출발

· 태양의 서커스 창시자 기 랄리베르(Guy Laliberte)의 모토

 - "우리에게 복제는 없다. 창의성만이 우리를 나아가게 한다."

 - "항상 색다른 무엇인가를 결합시키려는 노력이 우리의 성공비결이라고 믿는다."

■ 특징

· 차별화 전략 적용

 - 동물 쇼, 광대 쇼 등 기존 서커스 공연의 상투적 요소를 철저히 배제하고 새로운 가치 창조와 비용 절감을 동시에 추구

 - 색다른 양식 개발, 단원 감축, 관리비 절감

 - 여러 콩트의 조합에서 탈피, '어른들을 위한 이야기가 있는 공연'이라는 스토리 텔링 기법 도입

 - 음악과 곡예를 자연스럽게 이야기 속에 녹이기

· 차별화 전략의 귀착점

 - 태양의 서커스만의 Blue Ocean 전략 수립

  : 기존의 식상함 탈피+예술성 가미

  : 가치 혁신 시도

  : 무용, 곡예, 오페라, 음악, 코미디에 테크노로지 적용

 - 'Art Circus의 탄생'

(3) Red ocean과 Blue Ocean의 개념 정리

■ 개념 비교

Red Ocean 전략	Blue Ocean 전략
기존 시장 공간 안에서 경쟁	경쟁자가 없는 새 시장 공간 창출
경쟁에서 이겨야 살아남는다	경쟁이 필요 없다(독점)
기존 수요시장 공략	새 수요창출 및 시장 장악
가치 혁신 & 비용 절감 중 택일	가치 혁신과 비용 절감 동시 추구
차별화나 저비용 중 택일하여 운영 체계에 적용	차별화와 저비용을 동시에 추구하도록 운영 체계 정렬

■ 차별화와 비용절감의 도식 이해

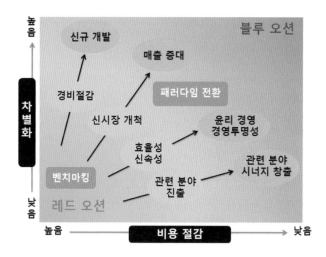

· 치열한 경쟁이 벌어지고 있는 혈투의 세계 Red Ocean을 면밀히 관찰하라.

　- 타 지역 축제 벤치마크

· 현재의 문제점을 직시하라.

　- 예산 효용성 및 운영상의 투명성 관련, 호응도 관련, 수익성 관련 등

· 관찰과 문제점 점검으로 현안이 정리되면 과감하게 정비하라.

　- 호응도 미흡한 프로그램 폐쇄, 불필요한 낭비성 예산 항목 삭감

　　※ 한국의 지방 소도시 축제의 경우 대표적인 예산 낭비 항목 대상은 과도한 식권 남발과
　　과다한 출연료를 지불해야 하는 인기연예인 초청 등이다.

　- 새로운 시장을 향해 승부수를 던져라.

　- 재정비를 통해 목표를 세웠으면 좌고우면하지 말고 매진하라.

　- 운영 체계에의 효율성과 신속성을 갖추어라.

　　: 거버넌스 시스템 정립 등

　- 연계 분야와 협력, 시너지 창출 전략을 구사하라.

　　※ 관광 인프라와 연계하는 축제 운영 등

· 정비를 통해 기존의 틀에서 벗어나는 새로운 패러다임으로 변신하라.

- 태양의 서커스가 설정한 가치 혁신의 대상
  - 연극적 구성
    - 스토리텔링 기법 적용
  - 표현 전달 방식
    - 첨단 무대장치, 첨단 미디어, 끊임없는 훈련을 통해 이루어내는 곡예 등
    - 예술성이라는 범주 안에서 표현하기
  - 디자인과 기술
    - 최고의 디자인 적용, 최고의 기술 적용
    - 이 분야는 비용 절감이 아닌 집중 투자 개념으로 추진한다.
  - 공연장 운영
    - 지저분하기만 했던 서커스 공연장(야외 대형 천막) 대신 실내 전용 극장 활용과 투어용 야외 특별 천막(그랑 샤피토, Grand Chapiteau) 제작 운영
    - 공연장에 각종 편의 공간(기념품 매점, 휴게실 등) 구비

- 태양의 서커스가 채택한 Action Frame
① Eliminate(제거하라)
  - 업계에서 당연한 것으로 받아들이는 요소들 중 제거할 요소는 무엇인가?
    - 스타곡예사, 동물묘기 쇼, 구내매점, 멀티 쇼 무대, 유치한 의상
② Reduce(감소시켜라)
  - 업계의 관행을 줄여야 할 요소는 무엇인가?
    - 광대 공연(재미와 유머), 스릴과 위험
③ Raise(증가시켜라)
  - 업계에서 두각을 나타낼 수 있는 요소는 무엇인가?
    - 독특한 양식의 중앙 집중형 무대, 의상 디자인, 조명과 의상의 앙상블, 스토리텔링 구성 방식
④ Create(창조하라)
  - 업계가 아직 한 번도 공연에 사용하지 않은 것 중 창조해야 할 요소는 무엇인가?

– 테마, 스토리텔링, 극적 구성, 다양한 공연 소재, 최적의 관람 환경, 첨단 미디어 장치, 예술적 표현(음악, 무용, 아크로바틱 등)

(4) 운영 체계

■ 글로벌 엔터테인먼트 기업으로 정착
  · 40여 개 나라 출신의 5천 명 직원
  · 2천여 명의 단원(이상 2014년도 현재)

■ 전 세계 인재 발굴 팀 가동 20여 개의 공연 프로그램 제작 운영
  · 순회 공연(Touring Show)
    – 빅탑(Big Top) 공연
      : 천막형 유랑공연 형태

- 무대(Arena) 공연
  : 실내형 극장공연 형태
- 빅탑 공연용 레퍼토리는 제작 15년
  후 무대 공연으로 전환
· 상설 공연(Resident Show)
  - 라스베이거스, 마카오, 도쿄 등지의
    장기 정착형 공연
    ※ 최근(2013년도) 신규 작품으로 마이클 잭슨을 소재로 하는 'The One' 개발, 라스베이
    거스 초특급 호텔에서 장기 공연 중이다.
· 계절 공연(Seasonal Show)
  - 특정 시즌을 위한 별도 공연

그랑 샤피토(Grand Chapiteau)

■ 수익성
  · 매년 7백만 명 관객, 1조 원 매출 기록
  · 라스베이거스의 경우 5개 공연장에서 각각의 프로그램 동시 상설 공연 운영
    - 각 공연장 2천 석 내외 규모
    - 매회 전석 매진(입장료 약 70~150 US달러)
    - 연간 1천억 원 매출 보장

(5) 성공 전략

■ 창작 요소들의 예술적 혁신
  · 현대 공연의 대중적 흥미 요소 확보
  · 예술적 완성도 확보

■ 가치 혁신
  · 예술성과 경제성의 균형 갖추기에 성공

Zoom Out

2장

대표적 국가 브랜드 급
콘텐츠 재고

우리에게도 세계적인 명품 축제로 거듭날 수 있는 자산이 있다.

지금의 문제점을 개선하고 새로 일으켜 세울

대표적인 축제 인자들을 소개한다.

1

어가행차 재연
거리축제

옛 왕조 문화의 위용을 단적으로 감상할 수 있는 것 중의 하나가 바로 어가행차다.

특히 조선왕조의 어가행차는 기록대로만 재연할 수 있다면 가히 세계적인 콘텐츠가 될 수 있다.

물론 그 옛날의 어가행차는 축제가 아니었다. 단지 국사(國事)일 뿐이었다.

그러나 그 어가행차를 오늘날에 재연하는 데에는 얼마든지 축제적 성격을 부여할 수 있다.

그런데도 정비되지 않은 가장행렬 수준으로 어설픈 '봉건시대의 잔재'로만 비춰지고 있는 것이

우리 어가행차의 슬픈 자화상이다.

보고 즐기는 재미가 없기에 '행렬 전시물' 수준에만 머무르고 있는 것이 우리 어가행차의 슬픈 현실이다.

영혼 없이 흐느적거리기만 하는 그 어가행차에

이제 힘찬 숨결을 불어넣어 주어 펄펄 뛰는 활어가 되도록 해보자.

(1) 개요

■ 군왕 행차 시의 호위 행렬

· 군왕 행차에는 고대 중국에서부터 절차와 격식이 시행되었다. 그것을 노부(鹵簿)
라 한다. 노(鹵)는 큰 방패를 뜻하고 부(簿)는 군대와 위병이 갑옷과 방패를 갖추어
어가를 호위하는 것을 뜻한다.

· 왕이 궁을 떠나 행차할 때는 왕의 호위 기능 외에도 왕과 왕실 권위를 강조해야 하
는 특별한 행렬 구성이 필요했다. 행렬은 호위 병력(무기), 왕의 위엄을 내세울 의
물(儀物), 취타(군악), 배행 관리, 대소도구(어가와 말, 의자, 기타) 등으로 구성된
다. 행렬의 법식과 규모는 행차의 목적에 따라 크게 다음과 같이 구분했다.

- 대가(大駕)

: 사직제(社稷祭)나 종묘제(宗廟祭)에 행차할 때의 법식을 갖춘 행렬로 규모가

가장 크다.

- 법가(法駕)

: 대가(大駕)보다 한 단계 낮은 법식을 갖춘 행렬로, 조선시대에는 문소전(文昭殿)에서의 제향, 선농단(先農壇)에서의 선농제(先農祭), 성균관(成均館)에서의 문선왕제(文宣王祭), 성균관에서의 대사례(大射禮)와 관사례(觀射禮), 무과전시(武科殿試)를 위해 거동할 때 적용했다.

- 소가(小駕)

: 가장 작은 규모의 법식을 갖춘 행렬로, 왕이 능행(陵行)할 때나 성문(城門) 밖으로 행행(行幸)할 때 사용됐다.

■ 왕 행차의 축제성

· '왕 행차'는 원래 축제성을 전제로 하지 않았다. 단지 왕이 환궁할 때에 맞춰서 교방가요 등 공연과 연도 백성들을 위해 산악백희가 행해짐으로써 왕의 권위를 드높이고 태평성대를 기리는 '공연'이 있었으나 임진, 병자 전란 후 폐지되었기에 그 이후로는 그나마 존재했던 왕 행차에서의 축제성은 찾을 수 없게 되었다.

(2) 탄생

■ 1986년 서울 아시안게임 경축 행사의 일환으로 첫 등장

· 서울 아시안게임 개최를 축하하기 위해 치러진 '상감마마 어가행차(御駕行次) 행렬 재연행사'가 전통 재연 방식 거리축제의 첫 모델이었다.

■ 1988년 서울 올림픽에서의 이미지 어필

· 올림픽게임 개막식에 포함된 '어가행차'가 가장 한국적인 이미지로 부각되어 전 세계인에게 강렬한 인상을 심어주었다.

· 서울시는 어가행차를 서울시 대표 축제 및 거리축제의 모델로 육성하고자 올림픽 이후에도 시행했으나 제작상의 난제에 부딪혀 지속시키지 못했다.

(3) 현황

■ '어가행차'를 모방한 지역 거리 축제 속속 등장
  · 전주 풍남제 전라감사 행차, 문경 경상감사 교인식(交印式), 상주 경상감사행차, 해미읍성 충청병마절도사 행차, 진주 김시민 장군 진주대첩 행차, 고양 권율장군 승전행차, 여수 진해 등의 충무공 승전행차 등

■ 역사적 인물을 중심으로 하는 '조선시대 전통 행차' 재연(再演) 위주
  · 삼국시대의 어가 행차에 관련해서는 전해지는 문헌 기록이 없다. 다만 벽화 등 기록화의 단편적 내용으로 부분적인 추정만 할 수 있다.
  · 고려시대의 기록은 현종조(재위 1009~1031년) 때 거란 침공으로 유실되었다가 의종조(재위 1146~1170년) 때 노부와 백관 등의 관복제도가 정비되었으나 깃발, 의물, 무기 등 의장에 대해 고증상 어려움이 있어서 현대에 와서 재연하는 데에는 한계가 있다.
  · 조선왕조는 세계 최고의 기록물『국조오례의(國朝五禮儀)』와『의궤(儀軌)』를 전하고 있기에 조선시대의 자료 고증에는 큰 어려움이 없다.

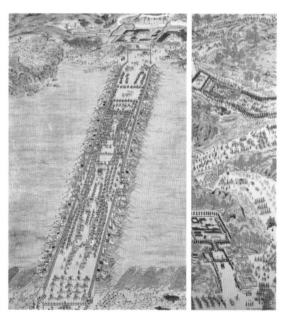

정조 원행을묘정리의궤

4) 행렬 구성에 필요한 의장(儀仗)

■ 의장(儀仗)
 · 오방기와 육정기, 의장기, 무기, 대소도구 등의 의물을 통칭하는 용어
　① 오방기(五方旗)는 왕, 왕세자, 감사(관찰사) 행차 시에 기본적으로 사용되던 기
　　로써 다섯 방위를 뜻한다. 황룡기(黃龍旗, 중앙), 청룡기(靑龍旗, 동), 주작기(朱
　　雀旗, 남), 백호기(白虎旗, 서), 현무기(玄武旗, 북)로 구성된다. 군대(전군, 우군,
　　좌군, 후군, 중앙군) 지휘권을 상징한다. 군기(軍旗)로서 무(武)를 상징하고 깃
　　봉이 창으로 되어있다.

| 현무기 | 청룡기 | 주작기 | 백호기 | 황룡기 |

　② 육정기(六丁旗)는 왕 행차 중 가장 규모가 큰 대가(大駕) 노부에만 등장한다.
　　12간지(자축인묘진사오미신유술해) 중 丑(소, 정축기), 卯(토끼, 정묘기), 巳(뱀,
　　정사기), 酉(닭, 정유기), 未(양, 정미기), 亥(돼지, 정해기)를 취해 문관을 상징한
　　다. 충성스러운 문신(文臣)들이 왕을 추종한다는 뜻이다. 깃봉은 문(文)을 상징
　　하는 붓으로 되어있다.

| 정축기 | 정묘기 | 정사기 | 정미기 | 정유기 | 정해기 |

③ 의장기(儀仗旗)는 왕 행차 목적에 따라, 즉 대가·법가·소가 등에 따라 구성상 차등을 두었다. 세상에 전해지는 좋은 의미와 상징들을 모아 놓은 것으로 왕의 권위를 높인다는 뜻이다. 고종이 황제로 즉위한 후에는 의장 법식이 황제에 준하도록 바뀌었다.

- 깃발류
  : 홍문대기(紅門大旗), 후전대기(後殿大旗), 군왕천세기(君王千歲旗), 천하태평기(天下泰平旗), 금자기(金字旗), 고자기(鼓字旗), 영자기(令字旗), 백택기(白澤旗), 벽봉기(辟鳳旗), 삼각기(三角旗), 각단기(角端旗), 용마기(龍馬旗), 현학기(玄鶴旗), 백학기(白鶴旗), 가귀선인기(駕龜仙人旗) 등이 있다. (*이상 대가 기준)

- 의물류(기구와 무기)
  : 독(纛), 절(節), 월(鉞), 선(扇), 산(傘), 홍개(紅蓋), 청개(靑蓋), 금등자(金鐙子), 은등자(銀鐙子), 금작자(金斫子), 은작자(銀斫子), 가서봉(哥舒捧), 수정장(水晶杖), 금장도(金粧刀), 은장도(銀粧刀), 금횡과(金橫瓜), 은횡과(銀橫瓜), 금립과(金立瓜), 은립과(銀立瓜), 표골타자(豹骨朶子), 웅골타자(熊骨朶子), 청룡당(靑龍幢), 주작당(朱雀幢), 백호당(白虎幢), 현무당(玄武幢) 등으로 이루어진다. (*이상 대가 기준)

〈깃발류〉

▶ 홍문대기: 적색 바탕에 청룡을 그린다.

▶ 후전대기: 흑색 바탕에 거북, 뱀, 구름을 그린다.

▶ 군왕천세기: 백색 바탕에 원을 그리고 그 안에 '군왕천세(君王千歲)'를 적는다.

▶ 천하태평기: 백색 바탕에 원을 그리고 그 안에 '천하태평(天下泰平)'을 적는다.

▶ 금자기: 적색 바탕에 '금(金)'을 적는다.

▶ 고자기: 주황색 바탕에 '고(鼓)'를 적는다.

▶ 영자기: 군령(軍令)을 전할 때 쓰이는 깃발로 청색 삼각기에 적색의 '영(令)'자를 적은 것과, 적색(赤色) 사각기에 흑색 '영(令)'자를 적은 것이 있다.

▶ 백택기: 백택(白澤)은 세상 실정을 두루 통달하다는 상상 속의 동물로 성군(聖君)의 치세를 상징한다. 백색 바탕에 백택을 그린다.

▶ 용마기: 백색 바탕에 용마(龍馬)와 구름을 그린다.

▶ 벽봉기: 황색 바탕에 청색 봉(鳳)을 그린다.

▶ 삼각기: 백색 바탕에 뿔이 세 개(삼각)인 말을 그린다.

▶ 각단기: 백색 바탕에 돼지처럼 생겼으나 코 위에 뿔이 있고 사람의 말을 알아들으며 하루에 1천 8백 리를 달린다는 말인 각단(角端)과 구름을 그린다.

▶ 현학기: 학은 길상(吉祥)을 상징한다. 백색 바탕에 검은 학(玄鶴)과 구름을 그린다.

▶ 백학기: 백색 바탕에 흰 학(白鶴)과 구름을 그린다.

▶ 가귀선인기: 백색 바탕에 신선을 그린다.

흥문대기	후전대기	군왕천세기	천하태평기	금자기
고자기	영자기	백택기	용마기	벽봉기
삼각기	각단기	현학기	백학기	가귀선인기

〈기구와 무기류〉

▶ 독: 군대 상징. '둑' 혹은 '뚝'으로도 발음한다.

　※ '둑'은 한민족의 전쟁 신 '치우천황' 머리를 본 따서 만든 것이라고 한다. 조선시대에는 군대를 사열하거나 출병할 때 '살곶이 섬'이라는 곳에서 '둑제(纛祭)'를 거행했다. 조선시대의 '살곶이 섬'은 오늘날의 서울시 성동구 뚝섬이다. 뚝섬의 명칭이 여기에서 유래되었다고 한다. 뚝섬에서 군대 사열과 출병식을 치른 것은 뚝섬 인근인 현 왕십리 지역에 군인들이 많이 거주했기 때문일 것이다.

▶ 절: 임무부여 상징. 정절(旌節)과 모절(旄節)로 구분한다.

▶ 월: 생사여탈권 상징. 금월부(金鉞斧)와 은월부(銀鉞斧)로 구분한다.

▶ 선: 부채. 작선(雀扇)과 청선(靑扇)과 용선(龍扇)으로 구분한다.

▶ 산: 양산. 홍양산(紅陽傘)과 청양산(靑陽傘)으로 구분한다.

▶ 개: 둥근 덮개를 씌우고 겉면에 용을 그렸다. 홍개(紅蓋)와 청개(靑蓋)로 구분한다.

▶ 등자: 말에 올라앉아 발을 끼워 중심을 잡을 수 있게 해주는 마구(馬具). 금등자 (金鐙子)와 은등자(銀鐙子)로 구분한다.

▶ 작자: 양날을 갖춘 도끼. 금작자(金斫子)와 은작자(銀斫子)로 구분한다.

▶ 가서봉: 장방형으로 모난 널판을 나무 봉 끝에 붙이고 비단 자루를 씌운 형태다.

▶ 수정장: 나무 봉 끝에 나무 정주(구슬)를 걸고 도금한 철사를 불꽃 모양으로 정 주 주위를 감싸도록 만든 형태다.

▶ 장도: 의장용 칼. 금장도(金粧刀)와 은장도(銀粧刀)로 구분한다.

▶ 횡과: 참외 모양으로 나무를 깎아 옆으로 누인 형태로 만든다. 금횡과(金橫瓜) 와 은횡과(銀橫瓜)로 구분한다.

▶ 립과: 참외를 세운 모양. 금립과(金立瓜)와 은립과(銀立瓜)로 구분한다.

▶ 골타자: 짐승 가죽으로 만든 둥근 덮개 형태. 곰가죽으로 만든 웅골타자(熊骨朶 子)와 표범가죽으로 만든 표골타자(豹骨朶子)로 구분한다.

▶ 청룡당: 청색 비단에 용을 그렸다.

▶ 주작당: 청룡당과 같은 형태로 주작을 그렸다.

▶ 백호당: 청룡당과 같은 형태로 백호를 그렸다.

▶ 현무당: 청룡당과 같은 형태로 현무를 그렸다.

은횡과(銀橫瓜)　　은장도(銀粧刀)　　청룡당(靑龍幢)　　수정장(水晶杖)　　표골타자(豹骨朶子)

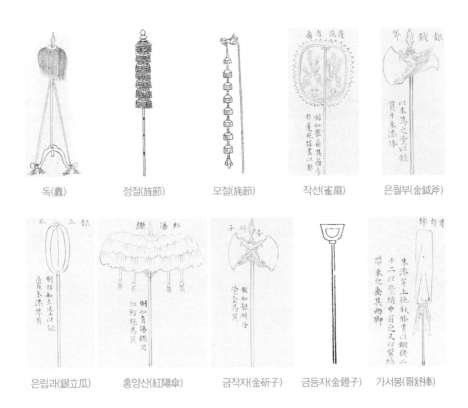

| 독(纛) | 정절(旌節) | 모절(旄節) | 작선(雀扇) | 은월부(金鉞斧) |

| 은립과(銀立瓜) | 홍양산(紅陽傘) | 금작자(金斫子) | 금등자(金鐙子) | 가서봉(哥舒捧) |

④ 대소도구는 말, 연(輦), 남녀(藍輿), 은교의(銀交椅, 의자), 각답(脚踏, 의자 밑 발판), 은우(銀盂, 물그릇), 은관자(銀灌子, 물그릇 받치는 쟁반), 고(鼓), 은마궤(銀馬机, 의장용 상床), 고명보(誥命寶, 왕의 도장), 대보(大寶, 왕의 도장), 시명보(施命寶, 왕의 도장), 유서보(諭書寶, 왕의 도장), 소신보(昭信寶, 왕의 도장) 등이 있다. (*이상 대가 기준)

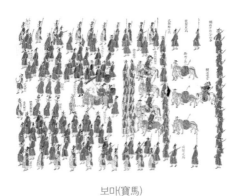

보마(寶馬)
※ 화전(華氈)으로 등을 덮고 그 위에 왕의 도장을 담은 함(函)을 실었다.

고

은마궤

연
※ 주로 궁 외부 행차 시에 타는 가마로 덮개가 있다.

남여
※ 궁 내부 이동 시 타는 가마. 고관 (高官) 행차에도
쓰였다. 덮개가 없다.

은교의

은우

은관자

(5) 여가 행차의 법식

■ 『국조오례의(國朝五禮儀)』노부(鹵簿) 법식에 준거

· 시대별 용도별로는 차이가 있다.

· 조선 후기에는 편성 내용(군대 직제, 의장 위치 등)도 다소 변화한다.

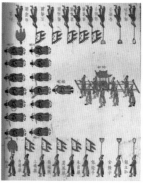

정조 원행을묘정리의궤

헌종 영정모사도감의궤

순종 왕세자책례도감의궤

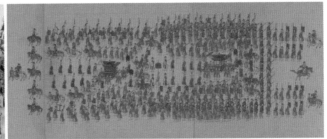

대한제국동가도

〈국조오례의 대가(大駕) 법식에 맞춘 편성 내역(행렬 순서대로 기술)〉

- · 승정원 부승지(承政院 副承旨)

- · 한성부 판윤(漢城府 判尹)

- · 예조판서(禮曹判書)

- · 호조판서(戶曹判書)

- · 대사헌(大司憲)

- · 병조판서(兵曹判書)

- · 시위군(侍衛軍) 8대(隊)

  - − 1대(隊): 50명(갑옷, 투구)

    ※ 장검 2명 좌우

    백기 1개 중앙

    독(纛) 1개 중앙

    고(鼓) 1개 좌

    금(金) 1개 우

    호군 혹은 진무(鎭撫, 군사업무실무자) 1명(제복, 무기) 중앙

    군사(창) 좌우

    ※ 이하 다른 대(隊)들도 이에 준한다.

    ※ 이하 중군은 백기 대신 홍기를, 좌군은 백기 대신 청기를 든다.

    ※ 군사와 시종관들은 모두 말을 탄다.

  - − 2대 군사 무기: 장검

  - − 3대 군사 무기: 궁시

  - − 4~8대 군사 무기: 장검 또는 궁시(혼용)

- 도성위(都城衛) 40대
- 각수(角手, 나각 부는 자. 제복, 무기) 4명 좌우 2열(2명 중각, 2명 소각)
- 우군절제사(右軍節制師) 1명(갑옷, 투구) 중앙(진무, 2명 배행)
- 총통위(總統衛) 300명(갑옷, 투구)
- 우군 8대
  - 제1대 호용위(虎勇衛) 2대

    제2대 호분위(虎賁衛) 2대

    제3대 호익위(虎翼衛) 2대

    제4대 호아위(虎牙衛) 2대
- 중군(中軍) 4대
  - 제1대 충무위(忠武衛) 2대

    제2대 충좌위(忠佐衛) 2대
- 홍문대기 2개 행렬 중앙 위치에서 좌우
- 홍개 2개 행렬 중앙 위치에서 좌우
- 주작기 1개, 청룡기 1개 좌
- 백호기 1개, 현무기 1개 우
- 황룡기 1개 중앙
- 금 1개, 고 1개 행렬 중앙 위치에서 전후
- 육정기 좌우 2열
- 백택기 2개 좌우
- 고명보 1개
  - 화전(華氈, 그림을 수놓은 모전毛氈)으로 덮은 보마(寶馬)의 등 위에 싣는다. 서
    리(書吏) 혹은 조예(皂隷) 2명이 이끈다. 10명이 길을 인도한다.
- 대보 1개
- 시명보 1개
- 유서보 1개
- 소신보 1개
- 상서소윤(尙瑞少尹, 관원) 1명

· 승(丞, 관원) 2명

· 주부(注簿, 관원) 2명

· 직장(直長, 관원) 2명

· 녹사(錄事, 관원) 2명

· 삼각기 2개 좌우

· 각단기 2개 좌우

· 용마기 2개 좌우

· 천하태평기 1개

· 현학기 1개 좌

· 백학기 1개 우

· 각수 6명 중앙 좌우 2열(선도 2인 대각/2인 중각/2인 소각)

· 입장마(立仗馬, 의전용 말) 2필(안장 갖춤) 중앙 좌우

· 표골타자 6개 좌우 2열

· 금 1개, 고 1개 행렬 중앙 위치에서 전후

· 입장마 2필 행렬 중앙 위치에서 전후

· 웅골타자 6개 좌우 2열

· 영자기 2개 좌우

· 가귀선인기 2개 행렬 중앙 위치에서 좌우

· 고자기 1개 좌

· 금자기 1개 우

· 입장마 2개 행렬 중앙 위치에서 전후

· 가서봉 10개 좌우 2열

· 벽봉기 2개 행렬 중앙 위치에서 좌우

· 입장마 2개 행렬 중앙 위치에서 전후

· 금등 10개 좌우 2열

· 군왕천세기 1개

· 입장마 2필 행렬 중앙 위치에서 전후

· 은장도 2개 좌우

· 은교의 1개

· 각답 1개

· 금장도 2개 좌우

· 주작당 1개 좌

· 청룡당 1개 좌

· 백호당 1개 우

· 현무당 1개 우

· 은관자 1개

· 은우 1개

· 입장마 2필 행렬 중앙 위치에서 전후

· 은작자 1개~금작자 1개 좌우

· 은작자 1개~금작자 1개 좌우

· 은작자 1개~금작자 1개 좌우

· 은작자 1개~금작자 1개 좌우

· 주칠교의 1개

· 각답 1개

· 청양산 2개 행렬 중앙 위치에서 좌우

· 소여 1대(멜꾼 30명)

· 모절 4개 좌우 2열

· 소연 1대(멜꾼 40명)

· 은월부 1개~금월부 1개 좌우

· 은월부 1개~금월부 1개 좌우

· 은월부 1개~금월부 1개 좌우

· 은월부 1개~금월부 1개 좌우

· 금 1개, 고 1개 행렬 중앙 위치에서 전후

· 어마(御馬) 2필 행렬 중앙 위치에서 좌우

· 사복관(司僕官) 2명(검)

· 봉선 8개 좌우 2열

· 청개 2개 행렬 중앙 위치에서 좌우

· 작선 10개 좌우 2열

· 홍개 2개 행렬 중앙 위치에서 좌우

· 용선 2개 좌우

· 사금(司禁, 군사) 16명(제복, 주장) (*주장은 무기류다)

· 총통위 300명(제복, 무기, 별시위 바깥쪽)

· 별시위(別侍衛) 1,000명(제복, 무기, 의장 바깥쪽)

· 시신(侍臣) 좌우

· 내직별감(內職別監) 80명~사준별감 80명 좌우(시신 후위)

· 전부고취(前部鼓吹, 전방 위치의 악대)

· 충의위(忠義衛) 200명(제복, 무기, 별시위 안쪽)

· 충순위(忠順衛) 600명(제복, 무기, 별시위 안쪽)

· 내금위(內禁衛) 100명(제복, 무기, 충의위 충순위 안쪽)

· 보갑사(保甲士) 100명(제복, 편곤, 내금위 안쪽)

· 대호군(大護軍) 2명(운검 雲劍) 행렬 중앙 위치에서 좌우

· 수정자 1개, 금월부 1개 행렬 중앙 위치에서 좌우

· 중금(中禁, 왕 시중) 24명 좌우 2열

· 소천시(所遷侍, 왕 시중) 12명

· 별감 40명 좌우 2열(중금 바깥쪽)

· 홍양산 1개(충의위 30명 수행)

· 은마궤 1개

· 어연(御輦) 1대(멜꾼 60명)

· 청선 2개 중앙 좌우(보갑사 후위)

· 내금위 절제사 2명, 충의위 충순위 별시위 절제사 각 1명, 중추(中樞) 4명(이상 투구, 갑옷, 검. 중추는 운검 봉행) 행렬 중앙 위치에서 횡렬

· 상호군(上護軍, 왕의 갑옷 봉행) 2명, 대호군 2명(왕의 지팡이 봉행), 호군(護軍) 8명(궁시 弓矢), 사복관(司僕官) 6명(이상 투구, 갑옷, 검) 행렬 중앙 위치에서 횡렬

· 내시, 상의, 내의관(內醫官)은 별시위 절제사 후위

- 사금 4명(제복, 주장, 군사 바깥 쪽)

- 현무기 1개

- 후전대기 2개 행렬 중앙 위치에서 좌우

- 내직별감 6명 횡렬

- 후부고취(後部鼓吹, 후방 위치의 악대)

- 중군 제3대 중 의흥위(義興衛) 2대

- 도진무, 중군절제사(제복, 무기)

- 진무 2명

- 각수 4명

- 승지(承旨) 6명

- 주서(主書) 2명

- 사관(史官) 1명

- 예조정랑(禮曹正郎) 1명, 병조정랑(兵曹正郎) 1명

- 중군 제4대 중 웅무위(雄武衛) 2대

- 종친(宗親, 조복朝服), 문무백관(文武百官, 조복)

- 감찰(監察) 2명 좌우

- 의금부(義禁府) 진무 2명 좌우

- 좌군(左軍) 8대

  - 제1대 용무위(龍武衛) 2대

    제2대 용양위(龍讓衛) 2대

    제3대 용기위(龍驥衛) 2대

    제4대 용분위(勇賁衛) 2대

- 각수 4명

- 좌군절제사(진무 2명 배행)

- 도성위(都城衛) 40대

- 시위군 8대

> ※ 국조오례의 의궤 기록에 보이는 대가 편성 인원은 무려 7,000명 정도였고 정조대왕의 을묘원행(수원화성행차) 때는 3천여 명의 인원이 동원되었다. 어가행차의 법식은 시대별로 상황별로 차이가 있기에 어느 때 어느 행렬이 원형이 될 수는 없다.

(6) 문제점

■ 축소 제작

· 예산 문제, 행사용품 확보 문제 등의 이유로 과거의 규모를 따라가지 못하고 있다.

  - 행렬 규모의 지나친 축소

  - 대규모 인원 동원에의 난제

  - 말(馬), 가마(輦), 의상, 장신구 등 확보에의 난제

    ※ 말의 경우 키 큰 북방계 호마(胡馬)는 행렬 운영에 적합하지 않다. 걸핏하면 놀래서 행렬 형태를 무너뜨리기 일쑤고 발목도 약해 아스팔트 도로에서는 자칫 발목 부상을 당할 수도 있다. 대개 사극 출연용 말(조랑말 종류)을 써야 한다.

■ 부정확한 고증

· 행렬 구성 내용 왜곡

  - 재미 요소 확보를 위한다는 이유로 고증에 보이지 않고 또 의미에 부합하지도 않는 상황극을 만들어서 운영하는 경우도 있다.

〈검토 사례〉

  - 수원화성문화제의 능행차(정조대왕의 화성행차) 재연행사에는 몇 년 째 '자객 공방'이라는 퍼포먼스가 삽입 운영되고 있다. 내용인즉, 행차 중 정조를 암살하기 위해 나타난 자객들을 장용영 군인들이 출중한 무예로 제압한다는 무예 시연이다. 새로운 국가 건설의 상징인 화성을 향해 가는 희망 넘치는 행차, 만백성과의 여민동락(與民同樂)을 향유하는 행차에 뜬금없이 '음흉한 자객'들을 깜짝 출현시키는 설정은 아무리 생각해도 행차의 주제나 개념과는 조화되기 힘들다. 행차 관전 재미를 올려 보겠다는 취지는 이해하나 보여주기식 해프닝일 뿐인지라 정조의 정치 이념과 능행차의 본 의미를 놓침으로써 철학 부재라는 비판이 따를 수 있다. 실재하지 않는 상황을 만들어내는 것도 지킬 선이 있는 것이다.

■ 의장(儀仗)의 의미 실종

· 임무 부여권을 상징하는 절(節)과 군대 지휘권을 상징하는 오방기(五方旗), 생사여탈권을 상징하는 월(鉞)은 왕 외에 왕세자와 지방 감사까지 의장으로 쓸 수 있지만

육정기(六丁旗)는 문신을 상징하기에 왕 외에는 일체 사용 금지다. 감사 행차 시 군신(軍神)을 상징하는 독(纛)은 상황에 따라 운영 여부가 결정된다.

· 그런데도 예를 들어 일개 지역을 방위하는 장군 행차 재연에 오방기에 육정기에 절과 월을 아무 생각 없이 투입 운영한다. 장군 행차에는 군기(軍旗) 위주로 행차 대오를 꾸려야지 다른 것은 차치하더라도 특히 함부로 육정기를 썼다가는 '왕이 되고 싶어 하는 반역 무도'가 된다. 의장은 단순한 '장식물'이 아니다.

〈검토 사례〉

– 대한민국 최고 관광지인 경북 문경시의 문경새재에 가보면 제1관문 성벽에 군기는 한두 개 꽂혀있는 반면 오방기와 더불어 육정기가 보란 듯이 꽂혀 있다. 그로써 문경새재 공원은 보란 듯이 역도(逆徒)의 근거지가 되고 있다.

■ 공간 활용도 저하

· 거리 공간에 대한 인식이 부족하다. 공연 공간이 아니라 행진 통로로만 생각한다.

■ 보장할 수 없는 관객 확보

· 길고 긴 행렬의 전 구간에 관람객이 골고루 모이는 것을 기대하기 힘들다. 행진하다보면 관람객보다 행렬 출연진이 더 많아 보이는 구간이 수시로 나타난다.

· 특히 지역 소도시에서 시행하는 전통 재연 거리축제의 큰 문제 중 하나다. 그런데도 거리축제 시행을 고집한다.

■ 관람 집중도 저하

· 행차 구경에 재미가 없다보니 수박 핥기 식의 관전으로 그친다.

■ 고증에 없는 전통 행렬 재연 행사들의 등장

· 덕수궁 왕궁 수문장 교대의식의 '수문장 행렬'

· 지방 각지에서 고증을 벗어난 아류(亞流) 행사 남발

■ '봉건시대를 그리워하는 성격의 행렬' 성격으로 한정

· 우리나라 사람들처럼 왕을 좋아하는 민족도 세계적으로 드물 것이다 싶을 정도로 전국 각지에서 '왕 행차' 재연 거리축제를 벌인다. 역사적 사실이 있고 없고, 역사적 의미가 있고 없고를 떠나 저 멀리서 '스쳐지나갔다'라는 전설만 있어도 억지 춘향 식으로 '왕 행차'를 꾸미고야 만다.

> ※ 서산 해미읍성축제에는 몇 년 전부터 '태종대왕 행차 행렬'을 시행하고 있다. 기록에 의하면 태종이 왕 즉위하기 한참 전인 젊은 시절, 수행원들과 함께 지방에 내려갔다가 해미읍 인근 지역을 지나다가 그곳에서 유숙하면서 당시 기승을 부리던 왜구 침범에 따른 피해를 막기 위해서는 해미읍에 군대를 배치할 필요가 있다는 것을 인식하고는 훗날 왕이 되고 나서 해미읍성을 짓도록 했는데, 그것을 가지고 마치 태종이 해미에까지 행차한 것인 양 왕 행차를 꾸미고 있다.

> ※ 대전 유성온천축제에는 태조대왕 행차 재연 거리축제를 시행하고 있고, 충북 초정약수축제에는 세종대왕 행차 재연 거리축제가 시행되고 있다. 아무리 실제로 왕들이 행차한 적이 있다 해도 꼭 왕의 발걸음이 있었음을 강조해야 '지역 상품'이 위대해 보이는 것인지에 대해서는 생각해 볼 문제다. 마치 먹자거리에서 너나없이 다투어 내거는 'TV에 나온 ○○ 원조집' 식당 간판들을 보는 것처럼 추레해 보일 뿐이다.

(7) 개선 방안

■ '재미'를 갖춘 행사로 제작
· '시종일관 근엄함'은 벗어버려야 할 두텁기만 한 겨울 외투다.
· 축제 개념과 맞지도 않는 억지 해프닝이나 학예회 수준의 깜짝 쇼 대신 각 행렬 단위별 특성을 살리는 퍼포먼스를 개발, 행진하면서 시연하거나 전체 행렬을 정지시킨 후 동시다발적으로 시연하는 방식을 쓸 수 있다. 그러면 거리가 훌륭한 무대가 되어 행렬 출연진도 연도 관람객도 신명을 즐길 수 있다.
· 연도에 미리 나와서 행렬을 기다리고 있는 관람객들에게 기다림에의 지루함도 달래 줄 겸, 행렬 통과 시 축하 분위기도 고조시킬 겸 행렬과 별개로 행진 코스의 주요 Post마다 소규모 단위 공연을 운영하는 것도 좋은 방법이 될 수 있다. 이른 바 점경(點景)이다.
· 왕을 프로모션 요소로 활용하는 것도 있을 수 있지만, 왕만 강조하는 행차에서 왕

은 '박제된 전시물'이 될 뿐이다. 그 시대 백성들의 모습이나 특별한 상황을 강조하는 설정에 방점을 찍어서 그야말로 군주와 백성이 함께 여민동락하는, 그래서 태평성대로 보이는, 그런 살아있는 유쾌한 퍼레이드로 성격을 변화시켜라. 그러면 왕도 살릴 수 있고 축제 감상도 즐거워진다. 거리축제에도 스토리텔링이 필요하다.

■ 고증 내용의 최대한 준수
· 예산을 충분히 책정해서 행렬 규모를 갖추어라.
  - 과거의 기록에 준해서 원형 그대로를 '복각(Copy)'해 낼 수는 결코 없다. 또 그렇게까지 하는 것은 단발성 행사에 과다하게 예산을 지출하는 악수가 될 수 있다. 그러나 가급적 주어진 범위 안에서 최선을 다해 최대한의 고증 내용 반영 결과를 내도록 하라.
  - 출연진이 최소 5백 명 이상은 되어야 그나마 행렬 편성에의 틀을 잡을 수 있다.
  - 대도구(가마, 말 등)와 의물은 빈약하지 않게 투입 운영해라.
  - 예산이 적으면 적을수록 어가행차는 초라한 가장행렬 수준으로 추락하게 된다.
    : 대행업체로서는 예산이 적거나 줄어들면 일차적으로 행렬 출연진 수를 줄인다. 그 다음 순서로 선택하는 방법이 바로 싸구려 의상과 의장, 무기, 장식물 등을 쓰는 것이다. 말도 제대로 양껏 쓰지 못하니 때로는 갑옷 입은 장수들도 패잔병인양 걸어서 행진하도록 한다. 연기자 조합원들을 출연시키려면 예산 문제가 따르니 별 수 없이 지역 소재 학교 학생들이나 인근 군부대 병력을 동원하게 된다. 그렇게 동원된 학생과 군 병력은 행사에 애착을 갖지 않는다. 그러다 보니 행렬은 왜소해지고 전체적인 그림은 오합지졸 행렬이 되고 만다.
· 연습비를 별도로 책정해서 충분한 연습을 통해 제작 완성도를 높여라.
· 행렬 구성력을 강화하라.
  - 풍물놀이패의 무차별 투입은 지양하라. 풍물 연주 행렬로 오해 받는다.
  - 시민 단체 등이 행렬 후미에 붙어 단순히 손 흔들며 행진해 나가는 식의 무성의한 참여는 지양하라.
  - 고증 내용 중에서 취사선택, 필요한 부분 위주로 행렬을 적절하게 편성하면 된다.

■ 출연진의 프로 의식 필요

· 가장 행렬 수준을 극복하려면 출연진의 축제 완성도에 대한 소명 의식이 중요하다.

· 행렬 출연에 학생이나 군인들을 동원하는 방식은 지양하라. 책임감, 프로 의식을 기대하기 힘들고 행렬 중 자세나 행동거지, 표정 등을 보면 오합지졸이 따로 없다. 아울러 연기자 조합원을 예산 지출해가면서 출연시키는 방법도 이제는 지양해야 한다.

· 지역 주민이 행렬에 직접 참여하는 방식을 운영하라.

 – 공모 등을 통해 주민들의 적극적인 참여를 유도해서 축제를 만들면 주민들 스스로 신명을 가지고 축제에 임할 수 있으며, 그것이 진정한 '주민이 주인공이 되는' 축제가 될 수 있다.

〈참조 사례〉

 : 일본 대부분의 마쯔리에는 자위대 병력이나 학생들이 동원되지 않는다. 오로지 지역 상인과 주민들이 참여해서 행렬을 꾸미고 즐긴다. 관람객은 주로 외래 관광객이다. 그래서 마쯔리가 있을 때면 그 지역 경제가 한 차례 신나게 출렁거리는 것이다.

■ 비(非) 왕조 문화권 지역의 자제

· 왕조 문화는 수도권 문화였다. 왕조별로 당시의 수도권이었던 지역(서울, 수원, 화성, 부여, 공주, 경주, 철원 등)에서 시행하는 것은 명분이 되지만 그 외 지역이었던 곳에서 한두 번 온천탕에 몸 담그러 왔던 것을 가지고 왕 행차를 꾸미는 식의 제작 관행은 자제할 필요가 있다. 왕 행차는 조자룡 헌 창이 아니다.

2

전주
대사습놀이

'새 술은 새 부대에 담아야 한다.'
스승과 제자 간에 금품이 횡행하는
국악계의 그릇된 관행을 고치기 전에는
하늘이 무너져도 대사습놀이에 새 생명을 불어넣을 수 없다.
이제는 초심의 마음으로 돌아가서 누구라도
용감하게 나타나 고양이 목에 방울을 달아야 한다.

(1) 개요

■ 조선시대 최고의 공연예술 경연대회
· 판소리를 비롯해서 한민족 전통연희 종목별로 기량을 펼치는 경연 행사

■ 특징
· 세계문화유산으로 지정받은 한민족 대표의 인류문화재로서 전 세계적으로 고유한 창법과 기교, 무대 표현상의 연희적 특징을 갖춘 판소리를 비롯해서 국악 종목별로 1년에 한번 자웅을 겨루는(마치 리우데자네이로 삼바 카니발 학교 학생들이 1년 단위로 경연을 벌이듯) 독특한 경연 방식의 축제다.
· 이곳에서 실력을 인정받아야 비로소 대가(大家)의 반열에 오를 수 있기에 예인들의 '꿈의 경연무대'로 추앙받고 있다.

(2) 탄생

■ 원래는 마상 궁술대회였던 대사습(大射褶)

· 조선 숙종조 때 전주에서는 해마다 동짓달이 되면 마상궁술대회를 시행했다. 원래 명칭도 많은 무인들이 모여 활쏘기를 습련했다는 뜻으로 대사습(大射褶)이었다. 판소리 시연, 백일장, 통인들의 물놀이가 함께 시행되었다.

■ 통인들에 의해 계승 발전

· 영조조에 들어서면서 전주의 전라감영 통인청(通引廳)과 전주부 통인청, 두 군데 통인들이 주도해서 전주의 다가정(지금의 천양정), 군의정, 진북정, 의방정 등의 정자에서 대사습 대회를 열었다.

(3) 성장

■ 판소리 공연에 민중 열광

· 행사가 치러질수록 백성들은 마상궁술대회보다는 판소리 공연에 폭발적인 호응을 보이기 시작했고 이에 두 통인청의 아전들과 지역 한량들이 경쟁적으로 전국의 명창들을 초빙, 판소리 공연을 벌였다.

■ 전국 명창들의 경연장

· 전주 대사습놀이가 이와 같이 변모하자 전국의 명창들은 이곳에서의 공연을 통해 자신을 부각시키려고 치열한 경쟁을 벌였고 그로써 명칭도 활쏘기 대회인 대사습(大射褶)에서 '소리공부' 뜻의 '사습(私褶)'이 들어간 '전주 대사습(大私褶)놀이'로 전환되어 조선이 멸망할 때까지 존속되었다.

· 일제 강점기 때 폐지되었다가 1974년 복원되어 전주대사습놀이 보존회 주관하에 현재까지 치러지고 있다.

(4) 운영 체계

■ 일반 공연

　· 주로 개막식, 기획 공연, 프린지 공연, 체험 프로그램 등으로 운영된다.

■ 경연

　· 성인부(2016년 기준)

　　- 판소리명창부, 명고수부, 농악부, 기악부, 무용부, 민요부, 가야금병창부, 판소리
　　　일반부, 시조부, 궁도부 등 10개 종목으로 진행한다.

　· 학생부(2016년 기준)

　　- 전주MBC 주관의 별도 행사로 치러진다.

　　- 판소리부, 농악부, 관악부, 현악부, 무용부, 민요부, 가야금병창부, 시조부, 어린
　　　이판소리부 등 9개 종목으로 진행한다.

　· 일반부와 학생부 공히 같은 방식으로 평가한다.

　　- 판소리: 공력 30%, 박자 30%, 가사 15%, 성음 10%, 발림 15%

　　- 농악: 구성 30%, 기교 30%, 의상 20%, 반응 10%, 율동 10%

　　- 기악: 박자 30%, 공력 40%, 성음 20%, 자세 10%

　　- 무용: 기능 50%, 내용 20%, 의상 10%, 음악 10%, 자세 10%

　　- 가야금병창: 박자 30%, 공력 30%, 성음 20%, 가사 10%, 자세 10%

　　- 시조: 공력 30%, 문법 20%, 박자 20%, 곡태 20%, 자세 10%

　　- 명고수: 한배 30%, 공력 25%, 강약 20%, 추임새 15%, 자세 10%

(5) 문제점

■ 일정상의 오류와 풍남제의 부속 프로그램으로 전락

　· 1959년 전주시의회에서 단옷날을 시민의 날로 정하고 단오놀이와 풍남문 등지에
　　서의 가장 행렬을 토대로 축제를 시행하도록 했다. 1968년 풍남문 중건 2백 주년

을 맞이한 의미로 시민의 날(단옷날) 전후에 치러지던 모든 행사를 통합해서 '풍남제' 명칭으로 통합 공식화했고, 1974년 복원된 대사습놀이가 이 풍남제의 부속 프로그램 성격으로 포함되고 말았다.

> ※ 풍남제의 기본 개념은 '맛과 멋'이다. 그중에서도 전주시가 은연중 내세우고자 했던 것은 '맛'이었다. 풍남제를 통해 '전주비빔밥' '콩나물국밥' '돌솥밥' 등 전주 토속음식의 관광 상품화를 기획했던 것이다. 그런 개념의 축제에 대사습놀이를 끼워 넣은 것 자체가 조화롭지 않은 것이다.
>
> ※ 원래 풍남제는 고려 중반부터 즐겼던 '단오물맞이'가 그 시원이 된다. 그와 함께 특별했던 것이 바로 난장(亂場)이었다. 단오물맞이가 시작되면 전주 인근 사람들이 전주부로 몰려들어 각종 음식과 단오놀이를 즐겼다.
>
> – 이규보 『동국이상국집』

■ 정체성 실종

· 풍남제에 귀속됨으로써 대사습놀이 본연의 독립적 정체성이 약해졌다. 대사습놀이를 풍남제에 포함한 것은 일제 강점기 이후 폐지되어 왔던 것을 활성화시킨다는 차원으로 봐야 할 것이나, 풍남제 기간 동안에 시행되다 보니 풍남제라는 큰 판 안에서 대사습놀이가 지니고 있는 지명도가 상대적으로 약해지면서 고유 이미지마저 증발한 것이다.

· 대사습놀이를 부속 프로그램으로 보유했던 모(母) 축제 풍남제가 축제 생명력을 잃은 채 방황하던 끝에 2011년 시의회에서 폐지 조례안이 통과됨에 따라 역사 속으로 사라졌다. 그 후 대사습놀이가 걸은 갱생의 길은 그림 같은 초원길이 아니라 가시밭과 자갈밭이었다.

■ 심사제도의 불공정성

· 대사습놀이가 대가(大家)의 반열에 오르는 첩경으로서 각광을 받다보니 소수 심사위원으로 운영하는 심사 과정에서 불공정한 방법이 횡행하게 되었다.

· 대략 70년대부터 국악계에서는 일부 지도자들이 제자들로부터 금품 향응 받는 것을 당연시하는 풍토가 일어나기 시작했고 이런 현상이 차츰 토양화 되면서 각종 경연대회 심사 과정에까지 유사 현상이 비일비재해졌다. 대사습놀이도 예외가 되

지 않았고, 출전자들의 입상에 대한 강박관념과 심사 위원으로 위촉되는 원로 및 국악 전문가들의 권력이 비뚤어진 방식으로 결합, 폐단이 생겨난 것이다.

> ※ 국악계는 계보를 중시한다. 따라서 자기 제자가 출전하는 대회에 심사위원으로 위촉되면 당연히 제자에게 가점을 줄 수밖에 없고, 일부겠지만 또 이것을 조건으로 해서 해당 제자는 금품 향응을 행하는 것이 관례화 되었다.

· 일부 심사위원과 출전자 간의 거래로 인해 행사가 시작되기도 전에 '올해는 어느 누가 장원이 될 것이라더라.' 하는 얘기가 사전에 돌기에 실력은 있으나 '갖다 바칠' 돈이 없는 다른 출전자들은 아예 경연대회에 참가하지 않는다. 그로써 행사 격이 떨어짐과 함께 그들만의 집안 잔치로 추락하고 말았다.

· 이러한 폐단은 전주대사습놀이 보존회가 심사위원 구성에 대한 전권을 가진 것에 기인한다.

■ 전주대사습놀이 본연의 위상 추락

· 과거 풍남제 부속 프로그램화로 인한 정체성 실종, 끊임없는 경연 심사 폐단 등으로 인해 전주 대사습놀이의 위상은 여지없이 실추되고 말았다.

· 심사 폐단 문제는 급기야 2017년 행정자치부의 대통령상 훈격 수여 중단 결정을 초래하고 말았으니 전두환 정부 시절 어렵게 되찾은 대통령상을 또 다시 잃은 것이다. 대통령상이 폐지되면 일차로 국고 지원이 끊어진다. 물론 언젠가 좋은 시절이 찾아와 관의 재정 지원에 좌지우지되지 않는 것이 지역 축제의 궁극적 이상이요 꿈의 목표겠지만 급작스러운 정부 예산 지원 차단은 한창 의욕 넘치고 있던 지자체에게는 지금 당장에 있어서 현실적으로 상당한 부담이 될 수밖에 없다. 무엇보다도 대통령상 폐지가 주는 핵심적 손상은 바로 출전자들의 동기부여 약화라 할 수 있다.

(6) 개선 방안

- **전주대사습놀이 보존회의 기득권 내려놓기**
  - 그동안 대사습놀이는 보존회 전권으로 경연 심사진이 구성되고 공연 프로그램이 제작되었다. 공연 부분이야 품격의 높낮이만 따지면 될 것이나 세상을 분노케 한 심사위원 폐단 문제가 여기에서 발생한 것이다. 따라서 보존회의 입김이 개입될 수 없도록 하는 별도의 전문가 그룹(예를 들어 조직위원회나 제작단 등)을 조직해서 여기에다 심사위원 구성 포함, 행사 제작에 대한 전권을 부여해야 한다.
  - 전주대사습놀이는 보존회 것이라고 고집하면 안 된다. 전주대사습놀이는 지역 한량들과 시장 상인들이 십시일반 어렵사리 갹출한 돈으로 명인들을 불러 들여 전주부민 전체가 즐기는 잔치였다. 그랬던 과거의 원형도 있고 오늘날의 시점으로 봐도 전주대사습놀이는 엄연히 전주 시민의 것이지, 회원 수 고작 백 명을 헤아릴 뿐인 보존회만의 것이라는 욕심은 내려놓아야 한다. 스스로 순수한 지원 체계로 정체성을 걸러내어 행사 홍보와 경연 참가자 확보, 운영 지원 등의 후원 활동에만 진력한다면 보존회는 행사 성공에의 자양분이 될 것이고 나아가 만인으로부터 존경까지 받게 될 것이다.

- **심사방식의 체질 변환**
  - 최근 들어 그동안의 주관 측이었던 전주대사습놀이 보존회에서 심사제도 개선 관련해서 의지를 보이고 있으나 결국은 보존회 내부에서 심사위원들을 선정한다면 자칫 또 다시 폐단이 생기거나 외부로부터의 여전한 불신 시선을 초래할 수밖에 없다. 거듭 말하지만, 보존회는 전권을 내려놓아야 한다.
  - 전문가 위주의 심사단 구성 방식에 대수술을 가해야 한다.

〈참고 예〉
  ① 예선대회는 전문가 배제, 관객만 참여하는 완전개방형 심사방식 적용
   - 대사습놀이 초창기 당시처럼 관객의 호응만으로 판정하도록 한다.
     ※ 예를 들어 공연 완료 후 관객들이 꽃을 무대에 던져주는 등 현장 호응도를 가지고 판정

하는 방식으로 운영한다면 경연의 축제성과 극적 신명을 충분히 살릴 수 있을 것이다.

※ MBC TV 복면가왕에서의 관객 평가단은 단말기를 사용한다.

- 관객이 주인공 자격으로 심사하는 방식이라면 관객 중심의 축제라는 의미도 살 것이고, 또 그로써 일반인의 행사 참관도가 높아질 것이다.

② 전문 심사단 구성에의 공정성 확보

- 심사위원 후보를 추천하고 선정하는 조직을 신설하고 각각 분리해서 운영한다.

※ 2017년 전주대사습놀이에서는 다음과 같은 방식을 적용했다. 먼저 10명 정도의 '심사위원 추천위원회'를 구성해서 추천위원 1인당 2종목 이상, 각 종목별 5배수 정도의 후보들을 추천하도록 했다. 그렇게 해서 일반부 학생부 전 종목 1천 명 정도의 후보들을 인력풀로 확보했다(이는 향후에도 활용할 수 있는 데이터로 삼을 수 있다). 추천위원들이 집결해놓은 후보들을 놓고 이제는 5명 정도로 구성된 별도의 '심사위원 선정위원회'에서 최종 2~3배수로 압축했다. 그렇게 압축한 2~3배수 후보들을 놓고 대회 직전 공정한 방식으로 추첨해서 우선순위를 정하고 그 순서대로 일일이 전화 연락을 취해 참여가 가능한지 여부를 확인하는 방법으로 최종 심사위원을 정했다.

※ 최종 심사위원은 종목별로 5명 정도면 충분하다. 기존에는 7명으로 운영하면서 최고점과 최저점을 제외하는 절사평가방식을 적용했는데, 5명으로 운영하면 절사평가방식을 폐지해도 된다. 7명에서 5명으로 줄이면 예산(심사비) 절감효과도 생긴다.

- 한 번 심사위원으로 참여했으면 향후 2년간 참여는 반드시 배제한다.

- 심사위원으로 위촉되면 금품수수 행위 시 형사고발 등 법률(일명 김영란 법)을 준수할 것을 서약하도록 해서 불공정 행위 발생 여지를 최대한 차단한다.

③ 관객심사 참여 방식 도입

- 전문 심사단과 관객(청중평가단)의 혼합 심사단 구성

  : 전문 심사단 만점 ○○점+관객 심사단 만점 ○○점=총 ○○○점 만점

- 관객 심사단은 전문 심사단 인원수의 20배 내외 인원으로 구성한다.

  : 사전 인터넷 홈페이지 공모→홈페이지 접수→심사 및 추첨→선정

  : 가급적 전공 중인 학생 혹은 애호가 등을 대상으로 삼는 것이 좋다. '귀명창', '눈명인' 수준의 평가단이라는 명색을 갖출 수 있다.

  : 심사 참여 시 소정의 사례비 지급

※ 물론 이 방식의 단점이라면 '거래를 튼' 심사위원과 출전자가 자기네 인맥을 총동원해서 청중평가단을 장악할 수 있다. 그러나 신청자들을 세밀히 분석해 들어가면 최대한 걸러낼

수 있을 것이다.

- 관객 심사단 선정 후 심사에 대비한 사전 교육을 실시한다.

- 관객 심사단이 채점한 점수는 점수 작성용 단말기 작동 등으로 집계한 후 평균을 내어 채점 점수를 산출한다.

- 채점 점수는 현장에서 즉석 공개한다.

  : 전광판 등 영상장비 활용

④ 채점 방식 개선

- 예선 경우 90점부터 99점까지 채점, 본선 경우 95점부터 99점까지 채점과 같은 방식은 고칠 필요가 있다.

  ※ 95점~99점 채점 수치도 근거가 불분명하다. 다분히 허수 개념이 많이 개입되어 있다. 따라서 수치를 '실존적'으로 적용할 필요가 있다.

  ※ 2017년도 전주대사습놀이에서는 20점 만점제로 하고 11점~20점 사이 점수로 채점하도록 했다. 10점 이하 수치까지 허용하면 다음과 같은 상황이 생길 수 있다. 심사위원들의 점수들을 합해서 평균을 낼 때 소수점 한 두 자리 수치로 계산이 끝나기에 자칫 동일 점수가 나와서 순위 구분에 어려움이 따르게 된다. 최소 10점대 이상 점수가 나와야 소수점 이하 수치가 두세 자리까지 나올 수 있고 그렇게 되면 동일 점수 나올 확률이 대폭 줄어든다.

- 그동안 시행한 심사회피 제도를 폐지해야 한다. 심사회피 제도란, 출전자와의 관계가 자신의 제자 혹은 가족 및 친척일 경우 해당 심사위원은 그 출전자에게 채점하지 않도록 했다(만약 제자에게 좋은 점수를 주어서 장원이 되어도 나중에 확인되는 즉시 수상자격을 박탈). 그러나 다른 출전자들에게는 채점이 가능했고 그럴 경우에는 자신의 제자를 위해 다른 출전자들에게 최하점을 주곤 했다. 그래서 정작 실력 있는 출전자가 억울하게 불이익 받는 경우가 왕왕 발생하곤 했으니 이 역시 병폐였다. 만약 자신의 제자가 출전했다면 과감하게 심사위원직에서 물러나야 한다.

· 전문 심사단을 채점에서 완전히 배제하는 방안도 가능할 것이다. 즉, 전문 심사단은 정밀한 심사평(바디 구분, 가사 정확도, 공력 평가 등)만 하도록 하고, 채점은 대규모 관객에게 맡겨 대중성까지 갖춘 최고 예인을 선발함으로써 축제성(집단적, 초월적, 몰아)을 구현하자는 것이다.

당대 명인의 실력을 일반 관객으로부터 평가받는 것에 대한 불편함이 제기될 수 있으나, 전문 심사단을 채점에서 배제한 '오직 일반 관객 평가에 의한 선발'에 대한 인식 제고에 힘써 이 제도를 정착시킨다면 대사습놀이의 고유성이 확보되는 것이며 그로써 명인들도 장원으로 선발되는 것에 대해 충분히 자부심을 가질 수 있고 상훈의 품격도 얼마든지 세인의 인정을 받을 것이다.

· 개인주의적 스펙타클화를 추종하는 현대 축제 양상에는 분명 전통 축제가 지니고 있는 축제성에는 절대 미치지 못하는 '그 무엇'이 있다. 이를 테면 '집단 엑스터시'를 들 수 있는데 EDM Festival의 폭발적 인기가 바로 이것에 기인한다는 것을 유념할 필요가 있다.

> ※ 예를 들어, 5백~1천 명 정도의 대규모 관객 심사단 운영을 상상해 보라. 매 종목의 경연마다 현장에는 긴장과 환호, 관전 재미 등이 끊임없이 생산될 것이다. 세계적으로도 유래를 찾기 힘든 경연대회로 이목이 집중될 것이고 축제성 확보 및 정립 또한 가능해 지기에 세계적인 축제로 성장하는 데에 충분한 조건이 될 것이다. 이것은 대사습놀이가 원래 가지고 있던 '민중성'을 되살리는 길이 될 것이고, 그 민중성의 가치가 곧 전주 대사습놀이를 독보적인 축제로 거듭나게 할 것이다.

■ 원형 복원 재연

· 판소리 경연 부문과 그 외 종목들을 각각 구분해서 두 통인청에서 경쟁적으로 판을 벌였던 때의 원형을 복원하는 방안도 재검토할 필요가 있다.

■ 시대성 반영

· 대사습놀이의 중심 콘텐츠인 판소리의 저변확대를 위한 프로그램 전략이 있어야 한다. 즉, 축제의 대표 프로그램 강화 전략을 찾아야 한다는 뜻이다.

〈참고 예〉

① 대사습놀이 경연 전 종목을 활용하는 '컨템퍼러리 국악 뮤지컬' 제작 공연(상설)

- 가장 한국적 연희 종목들을 예술성 높은 공연예술로 재포장해서 경쟁력 갖춘 문화관광 상품으로 개발한다.

- 초보자나 젊은 층, 외국인 관광객들의 적극적인 참관을 유도할 수 있으며 대사

습놀이를 충분히 즐길 수 있는 매개체가 될 것이다.

> ※ 축제는 독특함을 찾아 헤매는 축제 매니아들의 표적이 되어야 살아남는다.

② 월드뮤직 페스티벌로 외연 확대

- 판소리는 World Music으로서의 세계적 입지를 갖추고 있는 독특한 연희 종목이기에 충분히 국제 교류 문화 아이템이 될 수 있다.
- 전 세계 국가의 고유 전승 음악을 초빙해서 월드뮤직 페스티벌로 운영한다면 국제 교류를 통한 글로벌 콘텐츠로서의 입지를 강화할 수 있을 것이다.
- 월드뮤직 페스티벌 개념은 전주세계소리축제(전라북도 주최)와 중복될 수도 있기에 차라리 두 행사를 연계(대사습놀이의 경연대회+세계소리축제의 월드뮤직 페스티벌)한다면 시너지 효과가 나올 수도 있을 것이다. 보존회와 관련된 문제를 끝내 해결하기 힘들다면 차제에 보존회를 원천 배제시킨 채 대사습놀이를 전주세계소리축제에 편입시켜 강력하고 전문적인 제작 체계로 구동하는 것도 거시적 관점으로 고려해 봄직하다. 이 경우 전주시가 대사습놀이의 주최 명의를 전라북도로 이양해야 하는 고민거리가 생기게 된다. 혹 공동주최 형태가 가능하다면 본격적으로 추진해 볼 만할 것이다.

③ 대사습놀이의 원형 보전

- 대사습놀이의 대표 종목인 판소리를 앞세워 '완창 판소리'와 같은 기획 공연을 운영함으로써 원형 유지에의 노력도 있어야 할 것이다.

> ※ '완창'의 의미를 두고 해석상 차이가 있을 수 있다. 대부분 한날 한 무대에서 창자(唱者) 홀로 스토리 전량을 부르는 것을 완창이라 칭한다. 1970년대에 박동진 명창이 최초로 시도한 이후 정착된 인식이다. 그러나 각 바탕의 원전 내용 양이 워낙 방대하기에 여러 날에 걸쳐 불러도 완창으로 봐야 할 것이다. 최근 들어서는 한 무대에서 스승과 제자가 한 바탕 분량을 연창(連唱)하기도 한다. 전통문화의 전승을 보여주는 좋은 장치이고 이 또한 완창으로 봐야 한다.

■ 관객 서비스 프로그램 보완

· 각 종목별 전년도 장원 수상자들이 행사 전 분위기 조성을 위해 전야제 무대를 마련하거나 해당 종목 본선 무대에서 축하 공연 출연진으로 참여함으로써 전통의 맥이 튼튼하게 유지됨을 만방에 알리고, 당해의 장원 수상자들이 Gala Show 성격으로

펼치는 사은(謝恩) 뒤풀이 공연을 대미 장식 특별 프로그램으로 운영한다면 축제적 신명을 확보할 수 있을 것이다.
- 그러나 당해 장원 수장자들로 꾸미는 월요일 저녁(본선대회 생방송 중계 완료 후)의 뒷풀이 공연은 자칫 집객률 저하로 인해 효과가 떨어질 수 있다.

■ 방송사 연계에 대한 재고 필요
- 방송사 연계에는 심각한 사안이 따른다. 열몇 개 종목(일반부+학생부)의 본선대회를 생방송으로 중계하다보니 출전자당 대략 10분 내외의 무대 발표 시간만 주게된다. 기악 연주나 무용은 그 정도 시간이라도 충분히 변별력을 확보할 수 있으나 판소리의 경우 10분 내외로는 변별력 확보가 어렵다. 이것이 방송사 연계에의 가장 큰 취약점이다. 분명코 판소리 종목의 본선 경합에서는 최소 1시간 정도는 실력 발휘를 하게 한 후 장원감을 선별해야 정통성을 확보할 수 있을 것이다.
- 대사습놀이의 하이라이트라 할 수 있는 일반부 본선 대회가 방송만을 위해 월요일에 치러지니 축제성마저 증발하고 있다. 방송사 연계는 '홍보 효과는 좋으나 변별력 저하, 축제성 포기 등의 문제 표출' 등 양날의 검이 되고 있다.
- 축제성을 위해서라면 당연히 방송사 생중계를 폐지하는 것이 바람직하다. 이제는 방송 매체만이 뉴스 전파에의 선도적 기능을 수행하는 시대는 아닐 뿐더러 어느종목에 누가 장원이 되었는가 하는 것에 대한 결과 알리기가 그토록 시급한 것도아니다. 방송 송출은 사후 녹화 방송으로 수용해도 무방하다.
- 방송사 연계의 폐해는 또 있다. 생방송 제작(본선만 중계함)을 위해서는 각 종목별 본선 진출자들이 확정되면 대단히 복잡한 작업 과정이 뒤따른다. 본선 출연 순서 정하기, 출전자들을 일일이 확인해서 신상에 관한 자막 제작하기, 본선 대비 리허설하기 등인데 만약 각 종목 예선을 오후 시간대에 시행하면 저녁이 다 되어서야 끝나고, 본선 진출자들을 저녁먹인 후 총 집합시켜 상기의 작업들을 시작하면 자칫 밤을 새워도 시간이 모자를 수 있다. 그렇게 되면 다음 날 아침부터 시행하는 본선 생방송(8시간 중계) 제작에 차질이 생기게 된다. 그래서 사전 점검 시간을 충분히 확보하기 위해 모든 종목의 예선을 일찌감치 오전 시간(10시)부터 시행하고 있는 것이다. 그렇다면 그 이른 오전 시간에, 일부 노년층 매니아들 외에 과연 얼마나

많이 다양한 관객들이 예선 경연장을 찾아줄까 하는 우려를 갖게 된다. 결국 지금의 대사습놀이 경연은 올곧이 방송만을 위해 운영되는 행사요 전주시민과 전국민이 즐기는 축제가 아닌 출전자들만의 피 말리는 경합마당 성격에만 머무르고 있다고 볼 수 있다.

■ 학생부 대회 폐지

· 학생부 대회는 전적으로 전주MBC가 주도해서 창설했다. 자라나는 국악 동량 발굴 및 육성, 국악 저변 확대 등 그 취지는 좋을 수 있으나 내면을 들여다보면 이 행사가 이미 대학교 입시용 행사로 전락되어 있음을 알 수 있다. 심지어 성인 참여의 일반부 대회 못지않은 심사 부정행위도 의심되는 바가 자못 크다. 국악 동량들로 하여금 어렸을 때부터 본의 아니게 적폐 행위에 물들게 하는 학생부 대회는 서둘러 폐지하는 것이 옳다. 학생부 대회가 없어져야 국악 동량들이 깨끗하게 자라날 수 있다.

3

강릉
단오제

세계무형문화재로 등재된 자랑스러운
민족의 큰 굿판이다. 그러나 부끄러운 부분이 제법 많다.

(1) 개요

■ 단옷날을 전후해서 펼쳐지는 강릉의 향토 제례 의식
  · 대관령 산신령과 남녀 수호신들에게 올리는 제사를 비롯해서 며칠간에 걸쳐 강릉
    단오굿을 시행한다.
  · 전통 음악과 관노가면극(官奴假面劇), 민속놀이 등 전승 연희 종목들이 시연된다.

■ 특징
  · 한민족 최고(最古) 역사를 간직한 민속이다.
  · 마을 수호신을 모시는 제사가 중심 행사다.
    – 대관령 산신: 김유신 장군(595~673년)
    – 남 국사성황신: 범일국사(810~889년, 조계종 시조)
    – 여 국사성황신: 강릉 정씨 처녀
      ※ 강릉에 딸을 둔 정씨 성을 가진 자가 살고 있었다. 하루는 꿈에 대관령국사 성황신(범
      일국사)이 나타나 자신의 딸과 혼례를 치르겠다고 했으나 이를 거절했다. 그러던 어느 날
      딸이 곱게 단장하고 마루에 앉아 있자 호랑이가 나타나 딸을 업고 사라졌다. 정씨가 국사
      성황당에 이르니 이미 딸은 서낭신과 혼례를 치르고 죽은 사람이 되어 성황신 옆에 서 있
      었다. 이때부터 사람들이 남녀국사 성황신으로 모시고 제사를 올렸다. 이것을 강릉단오제
      의 효시로 추정하고 있다. 정씨의 딸이 호랑이에게 업혀가서 성황신과 혼례를 치른 날이

음력 4월 15일이므로, 지금도 이 날이 되면 두 신을 함께 모셔 제사지낸다.

– 한국학중앙연구원 『한국민족문화대백과』

· 유교와 무속의 공존(共存)
  - 옛 기록에 의하면, "양반과 관속, 상민 등 수백 명이 참여해서 범일국사와 관련된 여러 성황당에서 함께 제사 거행, 수만 명의 구경꾼이 집결했다."
· 유일한 무언극(無言劇) 강릉관노가면극이 시연된다.
  - 몸짓과 춤으로만 극을 진행하는 대사 없는 유일한 무언극
  - 해학과 재미가 넘쳐나는 탁월한 극적 예술성 보유
· 공연예술의 진수를 보이는 강릉 단오굿이 시행된다.
  - 세습무 참여
    : 여무는 춤과 노래를, 남무는 무악 반주를 맡는다.
  - 뛰어난 예술성으로 판소리, 농악, 민속춤, 민속음악 등 전통 연희의 기반이 되었다.
· 전국 최대 규모의 난장을 운영한다.
  - 최대 500동까지 개설
  - 난장 규모의 방대화 이유
    : 태백산맥으로 가로막혀진 지리적 환경→강릉, 삼척, 동해 등의 영동 지방과 영서 지방 간 교류에 어려움→함경도 지방과 경상도 지방까지 연결되는 거래 장소로 강릉이 대표적인 곳이 되어 성장(5일장으로 확대)
  - 오늘날 난장의 주요 품목은 '이불'이다.
    : 전국 숙박업소 사람들이 몰려들어 각종 이불 세트를 구입해 간다.

(2) 탄생

■ 단오의 옛 명칭
  · 수릿날(높은 날, 신의 날의 뜻)

■ 문헌 기록
  · 『삼국지』 위지 동이전

- "강릉은 부족국가인 '동예(東濊)'의 옛 땅으로, 천제(天祭)를 거행하고, 남녀가 모여 술 마시며 함께 춤추는 '무천(舞天)'이라는 축제가 있다."
  · 『고려사』열전 왕순식 조
    - "고려 초 태조 왕건을 도운 대관령 신령에게 왕순식이 제사지냈다."
    - 이 기록을 볼 때 고려시대부터 대관령은 영동지역 신앙의 중심지였음을 알 수 있다.
  · 허균의 『성소부부고(惺所覆瓿藁)』
    - "1603년 단오를 맞이해서, 대관령 산신을 제사했다."
  · 조선시대의 강릉단오제는 관에서 주관하고 민중들이 참여한 읍치(邑治) 성황제 형태
    - 마을 수령을 중심으로 관아 이속(吏屬)들이 조직, 무속신앙을 믿는 민중들이 함께하던 관민 합동 축제의 원형이었다.
    - 읍치 성황제 형태는 현재 유일하게 강릉단오제에만 흔적이 남아있다.

(3) 성장

■ 일제강점기 1909년, 강릉시내에 있던 대성황사(大城隍祠, 대성황당) 철거
  · 관민 공동 행사였던 강릉단오제 내용이 심각하게 훼손당했다.
  · 일제강점기 동안 중앙시장 상인 중심으로 소규모로 명맥을 유지했다.
        ※ 현재 남대천 둔치에서 실행
  · 유교식 제사와 무당의 굿으로 대관령 산신, 대관령국사 남녀 성황신을 모시는 제의와 관노가면극놀이, 굿이 전승되고 있다.

■ 1967년 국가 중요무형문화재 제13호로 지정

■ 1975년부터 민간단체인 강릉단오제위원회 주관, 범국민적 축제로 정착

■ 2005년 11월, 유네스코 지정의 '인류구전 및 무형 유산걸작'으로 등재

(4) 운영 체계

■ 의식
  · 신주(神酒) 빚기, 대관령 산신제, 대관령 남녀국사 성황제, 영신제(迎神祭), 영신행
    차, 봉안제(奉安祭), 조전제(朝奠祭), 송신제(送神祭), 단오굿 등

■ 민속놀이
  · 오독떼기(강릉 지역 전승 민요), 관노가면극, 그네뛰기, 씨름, 농악 경연대회, 창포
    머리감기 등

■ 난장
  · 최대 500동 임시 점포 운영
    – 기존의 1,000여 개 상가 운집(170종 상품)

■ 수익성
  · 해마다 100만 명 방문
  · 약 500억 원 경제효과 창출

(5) 제작 체계

■ 일정 구분에 따른 의식과 놀이 시행
    ※ 신주 빚기를 시작으로 해서 음력 4월 1일을 초단오로 삼아 이후 며칠 간격으로 2단오~3
    단오~4단오~5단오~6단오~7단오~8단오로 구분해서 각종 의식과 놀이를 시행한다.

① 신주(信酒, 일명 조라) 담그기
  · 음력 3월 20일 칠사당(七事堂)에서 제사용 술 제조
    – 신주근양(神酒謹釀)이라고 한다.
  · 강릉 시민의 자발적 헌미(獻米)
  · 옛날에는 호장(戶長, 마을 촌장 개념으로 우두머리 아전, 단오제에서는 부사보다

상위 지위를 부여받음), 부사(府使), 수노(首奴, 우두머리 노비), 서낭맹(城隍盲, 우두머리 박수), 무녀가 목욕재계하고 술 단지를 봉해서 호장청의 하방(下房)에 두었다. 근래에는 제물을 준비하는 도가(都家)에서 술을 빚어 보관한다.

> ※ 강릉 주민들에게는 이러한 성스러운 참여 의식이 있기에 강릉단오제가 국내 현존 최고(最古)의 단오제로서 장구히 그 맥을 이어올 수 있었을 것이다.

② 초단오(初端午)

· 음력 4월 1일이 되면 사시(巳時, 오전 9~11시)에 큰성황당(큰서낭당)에 헌주(獻酒, 술을 올림)하고 굿을 치른다. 초헌은 호장, 아헌은 부사, 삼헌은 수노, 종헌은 서낭지기가 맡았다.

· 무당들이 〈산유가(山遊歌)〉를 부른다.

· 관노들은 〈태평가〉를 부른다.

· 미시(未時, 오후 1~3시)에 끝난다.

③ 2단오

· 음력 4월 8일, 석가탄신일이 되면 초단오 때와 동일한 내용으로 큰성황당에서 헌주하고 굿을 한다.

④ 3단오 전날

· 음력 4월 14일, 저녁에 남성황신을 모시러 대관령으로 행차한다.

· 옛날에는 행렬 선두에 16명의 악공(樂工)이 앞장섰고 그 뒤로 호장, 부사, 수노, 도사령(관아의 우두머리 심부름꾼), 남녀무격 50명~60명이 따랐다. 모두 말을 탔으며 수백 명의 마을사람들이 뒤를 따라 장관을 이루었다 한다.

· 행렬이 대관령 구산에 도착하면 그 지역 사람들이 밤참을 준비해서 일행을 대접한다.

· 산중턱 송정(松亭)에서 밤을 새우고 새벽에 닭이 울면 다시 행렬이 출발해서 대관령국사 (남)성황당에 도착한다.

⑤ 3단오

· 음력 4월 15일, (남)성황당과 성황당 동쪽의 대관령산신당에서 제사를 지낸다.

· 제사 후 근처의 칠성당과 우물에서는 용왕굿을 한다.

· 소지(燒紙)로 굿을 마친 후 전원 음복하고 갖고 간 물건들은 모두 버린다.

· 성황당 근처에서 무녀가 굿을 하고 주변의 나무들 중 한 그루가 신들린 것처럼 흔

들리면 신칼로 베어 신간목(神竿木)으로 삼는다.

· 신간목과 남성황신(범일국사) 신위를 앞세우고 하산해서 구산에 이르면(이때쯤이면 저녁시간) 강릉 주민들이 횃불을 들고 마중 나온다.

· 행렬 일행은 여성황신(정씨 처녀)의 생가(정씨가)에 잠시 들른 다음 여성황당에 가서 성황신 내외를 합사하는 영신제를 올린다.

　※ 영신제에 이어 남녀 성황신을 합방시키는 봉안제를 거행한다.

　※ 원래 영신제와 봉안제는 일제에 의해 철거된 대성황당에서 거행된 것이다. 즉, 남녀국사 성황신을 대성황당에 모셔야 하는 것을 대성황당이 없어졌기에 부득불 여성황당에 두 성황신을 모시고 영신제와 봉안제를 거행하고 있다.

　– 먼저 유교식으로 치른 후 굿이 이어지는 방식을 취한다. 유교와 무속이 공존하는 형태다.

　※ 동제에서도 이러한 형식을 취한다.

　※ 원래 영신제는 음력 4월 15일에만 치르는 것인데 대성황사가 없어진 이후 대성황사 제사 대신 이 영신제를 음력 5월 3일 한 번 더 치른다.

　※ 영신제를 치른 후 다음날인 음력 4월 16일부터 5월 6일 제사가 끝날 때까지 21일 동안, 매일 새벽이 되면 호장, 부사, 수노, 서낭지기, 무당은 국사 성황신에게 문안을 드렸고(조전제), 주민들은 직접 큰성황당에 가서 치성을 드리거나 단골무당을 시켜 치성을 드리고 소원을 빌었다. 상인들은 장사가 잘 되기를, 농가에서는 풍년이 들기를, 어부들은 풍어 이루기를 빌었다.

　※ 오늘날의 조전제는 음력 5월 4일부터 7일까지, 남대천 단오장의 가설 성황당에서 매일 아침 9시에 거행하는 것으로 대체하고 있다. 각 기관장과 사회단체장들이 제관으로 참여하면서 무속을 제외하고 유교식으로만 치른다.

신주 빚기

대관령산신제

영신제

영신행차

※신위와 화개를 모시고 행차한다.

조전제

씨름

창포 머리감기

이불 난장

관노가면극놀이

영신제

⑥ 4단오
· 음력 4월 27일, 무당들이 여성황당에서 굿을 치른다.

⑦ 5단오
· 음력 5월 1일, 화개(花蓋)를 만들고 관노들의 탈놀이와 단오굿이 본격적으로 시행
된다. 음력 5월 5일 단옷날까지 굿당에서 매일 무당들의 굿과 관노의 탈놀이가 계
속된다.

> ※ 화개는 '괫대'라고 부르기도 한다. 여성황당에 모셔진 신간목의 대용품이다. 옛날에는
> 부사청(府司廳)에서 만들었다. 영신제 이후 신간목을 여성황당에 모시게 되면 대용품인
> 괫대가 단오제 기간 동안 행해지는 각종 행사에 모셔진다. 화개 형태는, 대나무를 직경 6
> 척(1.8m) 정도로 마치 수레바퀴처럼 둥글게 휘도록 고정시켜서 긴 장대 위에 달아맨 후
> 대나무 원형 틀에다가 오색 천을 늘어뜨리게 만든다. 원래 화개는 높이가 30천(9m) 정도
> 였고 무게는 20kg 정도나 되었다고 한다.
> ※ 화개가 수레바퀴 모양을 취한 것은 단오의 다른 명칭인 '수릿날'과 관계가 있어 보인다.
> '수리'는 '높은 신'을 뜻하는 우리말로, 점차 '수레'로 음사되었기에 수레바퀴 형태를 취한
> 듯하다. 단옷날 먹는 떡 이름도 수리떡, 수레떡이라고 부르고 모양도 수레바퀴처럼 동그
> 랗다.

⑧ 영신행차
· 음력 5월 3일, 남녀 성황신 신위와 신간목을 앞세운 행렬이 강릉 시내를 한 바퀴 돌
아 남대천 단오장으로 행차한다.
· 행차가 단오장에 도착하는 것으로 단오행사는 절정에 이른다.

⑨ 6단오
· 음력 5월 4일, 단오굿과 관노가면극놀이를 행한다.

⑩ 7단오

- 음력 5월 5일(단옷날. 1년 중 양기가 가장 센 날)이 되면 대제(大祭)를 올린다. 대
관령에서 남성황신(범일국사)을 모실 때처럼 행렬을 꾸민다.
- 옛날에는 화개를 앞세우고 큰성황당을 출발해서 약국성황(藥局城隍)~소성황(素城
隍)~시장~전세청(田稅廳)~대동청(大同廳)~사창청(司倉廳) 등을 순회하면서 굿을
치른 후 화개는 여성황당에, 신간목은 큰성황당에 봉안했다.
- 단옷날에는 성황당 주변에 황토를 뿌리고 금줄을 쳐서 부정을 제거한다.
- 단오굿과 관노가면극놀이가 계속 시행된다.

⑪ 8단오

- 음력 5월 6일, 큰성황당의 뒤뜰에서 소제(燒祭)를 행한다(송신제).
  - 신간목과 화개를 비롯, 단오제를 위해 만든 모든 것을 불태운다.
- 남녀 성황신을 각각 여성황당과 대관령 (남)성황당으로 다시 모셔가는 봉송(奉送)
을 마치면 근 50일에 걸쳐 치르는 단오제가 끝나게 된다.

〈단오굿 진행 순서〉

① 부정굿

- 굿당을 깨끗이 하는 거리
- 무당이 무가를 부르고 신칼로 바가지의 물을 찍어 제장 주변에 뿌린다.

② 축원굿(영신제)

- 합사한 성황신 내외를 5월 3일 단오장(남대천 가설 성황당)에 모시는 거리
- 당년 단오제에 대관령국사 성황신 내외를 모신 과정을 창으로 풀어내고 성황신 내
외가 화합하고 재수와 복을 베풀어달라는 축원을 올린다.

③ 조상굿

- 조상신을 위하는 거리

④ 세존굿(당고마기)

- '시준굿' 또는 '중굿'이라고도 한다.
- 자손의 번성과 복을 가져다주는 삼신 당고마기(당금아기)를 위하는 굿이다.
- 무녀가 고깔을 쓰고 염주를 걸고 장삼을 입고 나와 장편 서사무가(敍事巫歌)인 〈당

고마기노래〉를 부른다.

⑤ 성주굿

· 집을 관장하는 성주신을 모시는 거리로 〈성주풀이〉를 가창한다.

· 무녀가 쾌자를 입고 갓을 쓰고 부채를 들고 나와 집을 짓는 과정, 세간을 장만하고 집치장을 해나가는 모습 등을 무가(巫歌)로 묘사한다. 유흥성을 살리기 위해 팔도 민요들을 중간중간에 부르기도 한다.

⑥ 군웅굿

· 무신(武神)에게 축액을 비는 거리

· 김유신을 비롯, 조자룡, 제갈량 등 뭇 장수와 오방신장 등을 청배무가(請陪巫歌)로 모셔 강릉의 안녕함과 질서를 기원한다.

⑦ 심청굿

· 인간의 눈병을 막아주고 눈이 밝아지기를 기원하는 거리

· 〈심청전〉 내용과 같은 서사무가가 장시간 구연된다.

⑧ 칠성굿

· 인간의 수명을 관장하는 칠성신을 위하는 거리

⑨ 지신굿

· 지신(地神)을 모시는 거리

· 자손과 가업이 번창할 것을 기원한다.

⑩ 손님굿

· 천연두 예방과 건강을 비는 거리

⑪ 제면굿(계면굿)

· 무당신인 '제면할머니'에 대한 거리

· 무조(巫祖)의 내력을 밝히는 서사무가가 구연된다. 단골들을 위한 굿이며 재담적 인 내용이 많다.

⑫ 꽃노래굿

· 여러 명의 무녀들이 제사상을 장식하였던 지화(紙花)를 들고 나와 윤무(輪舞)하며 온갖 꽃을 찬양하는 꽃노래를 부른다.

⑬ 등노래굿

· 제장에 달아놓은 큰 호개 등을 떼어 내어 무녀 여러 명이 들고 돌리면서 등노래를 부르며 춤을 춘다.

⑭ 대맞이굿(송신제)

· 5일간 단오장에 모셨던 국사 남녀성황신을 환송하는 거리

· 대관령에서 내려와 있는 동안 정성을 잘 받으셨는지 신의(神意)를 묻고 응답을 받는다.

   – 위패와 신간목을 앞으로 모셔내어 무당이 질문하면 신간목이 흔들리는 것으로 응답해 준다. 그러면 모두 안도하고 마을이 번영될 것임을 확신한다.

⑮ 환우굿(송신제)

· 마지막 거리로 남녀국사성황신이 단오장에서 본래 있던 곳으로 돌아가는 의식이다.

· 대관령에 올라가 깨끗한 장소를 골라 단오제에 사용된 신간목, 꽃, 호개등, 위패 등 모든 것을 불태운다.

· 모든 것이 다 탈 때까지 제관과 무녀, 일반인 등은 불길을 향해 계속 절을 한다.

· 근래에는 남대천 단오장 주변에서 하는 것으로 대체하고 있다.

    ※ 그 외에 화해굿, 청좌굿, 산신굿(산신령굿), 용신굿 등이 첨가되기도 한다.

    ※ 남녀 성황당에서의 굿은 부정굿~청좌굿~화해굿~축원굿의 거리만 행한다.

    ※ 단오굿은 원래는 규모가 컸으나 근래에는 체육대회, 궁술대회, 씨름대회, 민요경연대회, 농악대회, 백일장 등의 과유불급성 행사에 치중되면서 굿 예산액이 줄어들어 규모가 대폭 축소되었다.

(6) 문제점

■ 대성황당 상실

· 1909년 일제에 의해 강제 철거

· 대관령 산신과 남녀국사 성황신 중심의 축제로 전환

· 영신제 반복 거행(음력 4월 15일, 5월 3일)의 원인 제공

   – 원래 대성황당에 모셔진 신들은 모두 12신으로, 현재 강릉단오제의 중심 역할을 맡고 있는 대관령 산신이나 남녀국사 성황신과는 또 다른 신격으로서 더 높

은 자리에 있던 신이었다. 대성황당 제사는 큰 신을 봉안해서 제사를 받드는 조선시대 정통 형식인 관민이 함께 참여하는 읍치성황제였다. 지역 공동체 의식을 단단하게 하는 의미의 제사였기에 일제가 읍치 성황제로서의 의미를 없애려고 대성황당을 철거한 것이다.

> ※ 대성황당이 없어지기 전에는 음력 4월 1일과 8일에 신주를 바치고 굿을 행했다.
> ※ 대성황당 외 약국 성황당과 대창리 성황당도 없어졌다.

■ 행사 공간의 이동

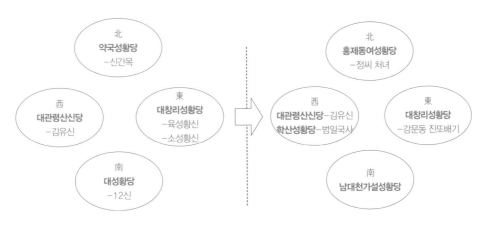

- 백영철 『관동민속학』 제12집

· 대성황당과 약국 성황당, 대창리 성황당이 없어진 후 단오제 운영 공간이 변했다.
· 원래는 강릉의 진산인 대관령을 중심으로, 신간목을 모시고 굿을 했다는 북쪽의 약국 성황사, 육성황신(肉城隍神, 성황신 중에서 유일하게 고기를 바치는 성황신으로 옛 동예의 창해역사를 이른다)과 소성황신(김시습)을 모신 동쪽의 대창리 성황당, 12신을 모신 남쪽의 대성황당, 김유신장군을 모신 서쪽의 대관령 산신당 순으로 제사가 치러졌다.
· 지금은 북쪽의 정씨 처녀를 모시는 홍제동 여성황당, 솟대를 모시고 굿을 벌이는 동쪽의 강문동 진또배기, 단오행사의 중심지가 되는 남쪽의 남대천, 김유신 장군을 모시는 서쪽의 대관령 산신당과 범일국사를 모시는 학산 성황당으로 바뀌었다.

■ 이동형 축제에서 고정형 축제로 성격 전환
　· 원형
　　- 대성황당~약국 성황당~대창리 성황당~제민원 성황당 및 시장~관청 등 거리 순회
　· 현행
　　- 남대천 둔치 중심의 행사로 전락
　　- 과거 일제의 감시와 통제 단속에 의해 중앙시장 상인들만의 행사로 명맥 유지

■ 행사 일정의 오류
　· 원형
　　- 음력 5월 1~6일
　· 현행
　　- 음력 5월 1~8일

■ '고정형 축제' 성격에 의해 방만하게 운영되는 공연행사
　· 70여 개 프로그램의 난무 현상
　· 현대적, 서구적, 무개념적 구성
　　- 비보이 공연, 비행기 축하 비행, 종묘제례악 등
　· 민속 프로그램 축소화
　· 정체성 유실
　　- 국내외 공연단체 대거 유치

■ 지나친 상업화
　· 무절제한 난장 운영

■ 집행조직 '강릉단오제위원회'의 문제
　· 조직의 관료화 및 이익 집단화
　· 폐쇄성 심각

- 강릉 시민 참여 배제
- 축제전문가, 역사학자, 종교학자, 신화학자, 사회과학자 등 전문가 그룹 차단
· 특정 부류 사람들의 강릉단오제화 현상
· 행사 제작에의 무책임성
· 수익성 확보를 위한 난장의 대형화 추구

(7) 개선 방안

■ 원형 복원과 한민족 고유 민속의 본질 회복
· 성황당 복원
- 대성황당, 약국 성황당, 대창리 성황당, 제민원 성황당
- 이동형 축제로 회귀
· 신위 재봉안
- 대성황당 12신, 대창리 성황당 2신
- 제례 복원
: 대성황사 12신위
▶ 전국의 주요 산악신(山岳神)
① 송악산지신, ② 태백대왕신, ③ 남산당제형태상지신, ④ 감악산대왕지신, ⑤ 김유신지신(대관령 산신)
▶ 지신(地神) 의미의 여신(女神)
⑥ 성황당덕자모지신, ⑦ 초당리부인지신, ⑧ 연화부인지신, ⑨ 서산 송계부인지신(추모의 친모 유화부인)
▶ 인격신(人格神)
⑩ 이사부지신, ⑪ 범일국사
▶ 성황신(城隍神)
⑫ 신무당성황신(단오와 씨름 관련, 홍석모 『동국세시기』)
: 대창리 성황사 2신위
▶ 육성황신(肉城隍神)
① 창해역사(장량과 함께 진시황을 시해하려다 실패한 동예 출신 역사力士)

▶ 소성황신(素城隍神)

② 김시습(조선의 생육신 중 1인)

- 임동권 한국민속학논고 『강릉단오제』

■ 불필요한 공연물 제거

· '강릉 돋보이기' 전략 강화

- 단오굿과 관노가면극놀이를 대표 프로그램으로 집중하는 것이 바람직하다.

- 강릉에서만 볼 수 있는 '강릉의 것'을 보여주어야 한다.

- 국내외 공연 단체들의 대량 유치를 자제해야 한다.

■ 강릉 단오제 본연의 강렬한 주제 부각

· '범일국사의 애휼 평화 사상'

· '연화부인과 무월랑의 인연→불교 사상'

· '이사부 장군의 국토 수호 사상'과 '벽사(僻邪) 기원(탈)'

· '창해역사의 인간사랑 정신'

· 굿의 치유 기능을 통한 '신인합일(神人合一) 사상' 등

■ 영신 행차 특화 전략 구사 검토

· 주민 참여의 행렬 경연 방식 도입

· 주민이 주인이 되는 진정한 지역 축제 면모 확립 가능

■ 난장 정리

· 과거 5일장 형태 복귀로 전통성 강화

· 지나친 상업성 자제를 통해 강릉단오제 본질 훼손 현상 차단

■ 집행 조직 개선

· 강릉 시민과 전문가 그룹 참여 폭 확대

· '강릉단오제위원회'의 문제의식 부족 시 새로운 조직 구성 필요

· '강릉단오제위원회'에 대한 예산 지원 중단 및 유네스코 지원 창구 관리

4

남사당
놀이

남사당놀이는 민중 연희 양식의 결정체라고 할 수 있다.
한반도 땅에서 자생한 것이 아니라 멀리로는
중앙아시아 지역 우즈베키스탄으로부터의 유입 흔적이 있기에
가히 인류학적 가치가 있는 것이고
그로써 세계무형유산으로 지정된 것이다.
한때는 한반도뿐 아니라 드넓은 만주 지역까지
명성을 날렸던 한류의 원조 남사당놀이.
캐나다에 태양의 서커스가 있다면 우리에게는 남사당놀이가 있다.
〈남사당놀이〉편은 민속학계 대부
심우성 선생의 『남사당패 연구』를 주로 인용, 참조했다.

(1) 개요

- '남사당패' 개념 이해
  - 조선조 후기에 등장한 천민 출신의 유랑 광대 집단
    - 전국 대상 유랑 연희활동 전개
    - 특별한 전승 지역 없음
  - 서민층 이하를 대상으로 연희 시연
    - 오로지 하층민(머슴, 백정 등)만 연희 대상으로 삼음
    - 양반의 허락이 있어야 가능
  - 사회 지배계층으로부터의 홀대와 배척
    - '패속패륜집단'(『조선왕조실록』)
    - 사회의 금기로 치부

- 남사당놀이의 문화사적 의미
  - 민중과 함께 호흡한 뛰어난 놀이성
  - 체계적으로 이루어진 놀이 구성
    - 전체 여섯 과장(종목)으로 구성된다.
  - 전국 각지의 민속 연희 포용
    - 유랑 집단이기에 전국을 떠돌아다니면서 그 지역에서 시행되는 연희 종목 중 우수한 것은 얼마든지 취할 수 있었다.
    - 범지역성으로 놀이의 성격이 어느 지방에만 국한되는 것이 아니다.
    - 특별한 날에 맞춰 행해야 하는 행사성이 없다.
  - 농촌, 산촌, 어촌의 서민들을 즐겁게 해 주는 동시에 탈춤과 인형극을 통해 억압받는 하층민과 남성 우월 사회에서 천대받는 여성들의 현실 풍자
  - 정치적 영향력이 없는 사람들을 대표해서 풍자로 현실 비판
  - 평등과 자유에 대한 의식을 일깨우는 데 중요한 역할 수행

- 특징
  - 특정한 지역성이 없다.
  - 남사당놀이패는 각지를 돌아다니면서 곳곳에서 행해지는 민속연희 중 좋은 것을 취해 자신들의 레퍼토리로 승화시켰다.
  - 세시나 어떤 큰 행사에 얽매이지 않는다.

(2) 탄생(생성 과정 추론)

- 역사적 기록 부족
  - 유랑 예인집단은 그 연원이나 역사적 형성 과정을 자세하게 알 수 없다. 관련 문헌이나 자료가 거의 없기 때문이다. 짧으나마 현존하는 과거 기록으로 대략 추측해 볼 뿐이다.
    - 조선 후기 실학자 한치윤의 『해동역사(海東繹史)』

: "괴뢰희(傀儡戲)는 그 근본이 대체로 신라의 놀이다."

　- 『고려사』 폐행전(嬖倖傳)

: 뛰어난 재주로 임금의 총애를 받은 59인의 천민 열거

　- 『고려사』 전영보전(全英甫傳)

: '광대(廣大)' 용어 처음 등장

　- 중국 원나라 초기의 『문헌통고(文獻通攷)』, 조선 중기 이수광의 『지봉유설(芝峯類設)』, 조선조 승려 명조 『허백당시집(虛白堂詩集)』

: 괴뢰목우희(傀儡木偶戲)와 광대에 관한 기록 게재

· '유랑 예인집단은 삼국시대부터 있었고, 고려와 조선을 거쳐 실존했던 것'으로 추론할 수 있다.

· 현행 남사당놀이와 같은 모습을 갖출 수 있었던 것은 고려 때 서역으로부터 서역계 유랑 예인들의 연희 전래로 인해 가능했을 것이라는 설(說)이 지배적이다.

(3) 복원 및 전승

■ 정확한 원형 복원 불가

· 1960년대 남사당놀이에 대한 본격적 연구가 시작되었으나 여전히 난제가 많다.

· 남사당패의 원형 맥 유실(1930년대)

· 1960년대 〈민속극회 남사당〉패를 재건했으나 생존 연희자들의 연로화 현상으로 구술 전승만 가능하고 기능 재연 및 복원은 사실상 불가능해졌다.

■ 전승

· 현재 서울무형문화재 전수회관의 '남사당놀이'와 '안성남사당놀이'에 의해 전승 중이다.

■ 국가 중요문화재 3호로 지정(1964년)

■ 세계 무형유산으로도 지정(2009년)

(4) 운영 체계

■ 연희 구성(6과장)
· 풍물
  - 농악 연주 놀이
· 버나
  - 쳇바퀴나 대접 등을 앵두나무 막대기로 돌리는 묘기
· 살판
  - 앞뒤로 뛰어넘는 땅재주(텀블링)
· 어름
  - 줄타기 곡예
· 덧뵈기
  - 탈을 쓰고 진행하는 연극
· 덜미
  - 인형극인 꼭두각시놀음

① 풍물('풍물놀이=풍물판굿')
· 남사당패의 풍물 가락
  - 웃다리(충청도 경기도 이북) 가락 중심으로 연주를 하나 이들의 가락은 웃다리
    가락의 정수로 보기에는 어려움이 따른다. 유랑 예인들인지라 지역 고착 패거리
    들에 비해 원형에서 솜씨는 다소 뒤떨어질 수밖에 없다.
· 연희적 요소 가미
  - 여러 대형의 진풀이 연주놀이, 새미(무동놀이), 채상(열두 발 상모돌리기) 등
· 진풀이(판굿) 놀이는 대부분 유실했다.
· 현행 전승 풍물놀이 순서
  - 인사굿~돌림벅구~소리판~겹돌림벅구~당산 벌림~벅구놀림(양상치기)~당산
    벅구놀림(허튼상치기)~당산돌림벅구~오방감기~오방풀기~무동놀림~벅구
    놀림(쌍줄백이)~사통백이~가새벌림~좌우치기~네줄백이~ 마당일채(쩍쩍이

굿)~밀치기벅구~상쇠놀이~징놀이~북놀이~장고놀이~따벅구~시나위연주~
무동서기~채상놀이(12발 상모놀이)

- 모든 놀이 과장에 양반탈을 쓴 광대가 등장하는데 이 역할이 매우 재미있다. 도
포 빼입고 정자관을 써서 분명히 '뼈대 있는 집안'의 양반이지만 매우 모자란 인
간으로 묘사된다. 양반 광대의 탈을 보면 입은 언청이요 눈은 사시로 그려진다.
행렬을 선도하는 것처럼 보이지만, 실은 잽이들에 의해 앞에 내세워진 채 밀려
가는 형상이다. 이것은 잽이들에게뿐 아니라 마을 사람들, 즉 민중에 의해 놀림
감이 되는 것을 표현한 것이다. 신체적으로 병신이며 똑똑하지 못한 관 쓴 양반
을 앞세워 마음껏 조롱하는 것으로 하층민들의 스트레스를 풀어주는 것이다.

② 버나 돌리기
· 놀이 성격

- 단순히 쳇바퀴나 대접을 돌리는 묘기
가 아니라, 버나잽이와 매호씨(어릿광
대) 사이에 재담과 노래를 주고받는
극성(劇性)을 보인다.
· "먹을 것도 없으니 대접이나 돌려보자"
- 곡식 담는 그릇이나 대접을 돌리는 것
으로, 당시 굶주림에 시달리던 서민들의 애환을 대변한다.

③ 살판
· 조선시대 당시 중국 사신을 위한 연희에서 산악백희 중 한 종목으로 땅재주가 시
연된 것을 훗날 남사당놀이의 연희 종목으로 흡수되었다.
· 조선 후기의 예인 집단 중에서 남사당패와 솟대쟁이패만 살판 기예를 시연했다.
· '살판' 명칭 유래
- "잘 하면 살판이요, 못하면 죽을 판!"
· 총 12가지 기예
- 가장 위험한 기예는 마지막 순서인 '살판'으로, 불이 들어있는 큰 화로나 수십
개 칼이 꽂혀있는 판을 두 손으로 잡은 상태에서 그대로 몸을 뒤로 뒤집어 허공
에서 한 바퀴 돈 후 다시 바로 서는 것으로 오늘날에는 이것을 시연하는 연희자

가 거의 없다.

· 살판의 의미

  - 땅재주는 '도약'을 보여주는 기예

  - 신선사상에서 비롯된 지배계층의 도락적 생활에 대해 민중의 시각으로 비판하기

  - '민중 스스로의 생동적 몸짓이며 능동적인 자기 발전의 박차'를 의미한다.

· 놀이 진행

  - 살판쇠와 매호씨 간의 재담이 병행된다.

④ 어름(줄타기)

· 신라 고려조의 궁중연희인 산악백희에 줄타기 기예에 대한 기록이 보인다.

  - 천여 년으로 추산되는 줄타기 기예 역사

  – 최남선『조선상식문답』

· 조선조 때 나례도감(궁중연회 담당관청)에 소속된 줄광대에 대한 기록에 의하면
  외국 사신에게 시연을 하거나 혹은 양반집 잔치에 불려 다녔다고 한다.

· 남사당놀이에서 시연되는 줄타기 기예는 순수한 민중취향으로 만들어졌다.

  - '남사당패 어름놀이'

· 놀이 진행

  - 줄에 오르기 전 줄 고사 시행

    : 술과 북어 등 주과포를 줄 앞 상 위
      에 차려놓고 고사창을 하면서 놀이
      가 잘 되기를 기원한다.

  - 줄을 세운 기둥과 줄에다가 고사 술을
    뿌리는 고시래를 행한다.

  - 중타령으로 시작해서 줄광대(어름산이)와 매호씨 간에 재담을 주고받으며 시연한다.

⑤ 덧뵈기(가면극, 탈놀이)

· 탈놀이에 대한 역사적 흔적

  - 신라 김이사부 장군이 우산국(울릉도)을 정복할 때 활용한 '사자(木偶獅子)', 신
    라 처용무, 고구려의 가면무, 백제의 기악(伎樂) 등

· 탈놀이의 발전 과정 추론

- 고대의 전쟁가면, 벽사가면, 수렵가면이 무용가면과 연극가면으로 발전했으리라는 것이 정설이다.
- 지배계층의 산악백희 중 하나인 가면극 놀이로 발전했다.
  : 고려와 조선을 거치면서 극적 색채가 강화되고 다양한 무용극이 집대성되면서 산대잡희나 산대도감극 등으로 발전, 지배계층의 비호를 받아 성행하게 되었다.
· 남사당패와 솟대쟁이패를 통한 민중 취향의 탈놀이로 분화 발전
· 남사당패 덧뵈기의 특징
  - 여타 가면무극의 큰 비중을 차지하는 '벽사의식'은 '비나리(고사창)'로 대체했다.
  - 지배 계층과 외래 종교에 대한 저항의식을 표출한다.
  - 가부장적 봉건체제에 대해 과감하게 비판한다.
  - 일정 지역에 한정적이지 않은 극 내용(전국구 지향)을 갖추고 있다.
    : 한양의 본산대놀이, 양주 별산대놀이, 해서지방 탈춤, 오광대 및 야류(野遊)의 내용을 이리저리 습합한 것으로 보인다.
  - 민중의 저항정신을 담은 사회극 성격을 보인다.
  - 권력에 기생한 〈산대도감〉계의 예인들은 철저하게 배제했다.
  - 덧뵈기 내용에 잠재한 사상이 민중의 의지와 부합됨으로써 여타 민속연희에 큰 영향을 끼쳤다.

〈현재 전승되고 있는 15개 종목의 탈놀이(가면극)〉

▶ 함경도: 북청사자놀음

▶ 황해도: 강령탈춤, 은율탈춤, 해주탈춤, 봉산탈춤

▶ 경기도: 송파산대놀이, 양주별산대놀이

▶ 강원도: 강릉관노가면극놀이, 안동하회별신굿탈놀이

▶ 경상도: 동래야류, 수영야류, 고성오광대, 통영오광대, 가산오광대
  ※ 낙동강 동쪽은 야류 명칭으로, 서쪽은 오광대 명칭으로 불린다.

안성 남사당놀이의 덧뵈기

▶ 전국구: 남사당놀이

※ 한양의 본산대놀이는 맥이 끊어졌으나 최근 복원 움직임이 있다.

⑥ 덜미(인형극)

· 인형극에 대한 역사적 흔적

– 인형극 장르인 '발탈'

: "신라 군영에서 군사들을 위로하기 위한 놀이었다.

– 발탈 연희자 박춘재, 꼭두각시놀음 예능보유자 남형우, 양도일의 증언

※ 발탈은 인형보다는 주로 재담꾼이 판을 이끌기 때문에 인형극보다는 재담극 성격이 더 강하다.

– "唐의 이적 장군이 고구려를 파한 후 고구려의 괴뢰(인형)를 당 황제에게 바쳤다."

– 고려 때 서역의 표류 예인 집단이 중국을 거쳐 고려에 들어와 서역계 인형극 전파

: 조선의 광대와 사당패에 연결된 것으로 추정된다.

: 조선 말 이전부터 연행된 것으로 보인다.

· "서역계의 오락인 폭죽, 인형극, 역기, 죽광대 등 백희가 (⋯조선에⋯) 성황했다."

– 송석하 『전승음악과 광대』

– 덜미와 서역 인형극과의 관계성은 모호하다.

– 조선이 시작되면서 덜미(꼭두각시놀음)가 매우 성행했다는 기록과 함께 남사당 패 덜미의 내용을 참조할 때 조선시대의 꼭두각시놀음류로 추론이 가능하다.

· 특징

– 박첨지 일가를 들어 가부장적 봉건가족 제도를 비판하고 있다.

– 뱀도 용도 아닌 상상의 동물 '이시미'를 통해 민중과 대립하는 대상을 분쇄한다.

– 벌거벗은 홍동지를 통해 지배층을 매도하고 우스갯거리로 전락시킨다.

– 마지막 거리에서 절을 헐어내는 내용은 외래 종교(불교)를 부정하는 것이다.

■ 조직 구성

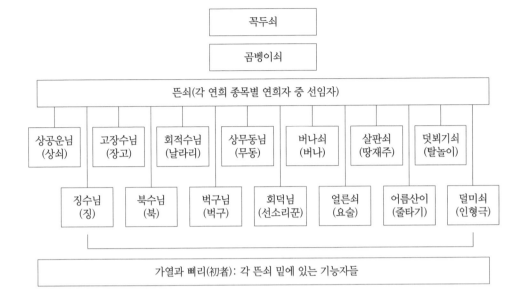

· 그 외 구성원에는 저승배(기능을 잃은 노인)와 나귀쇠(등짐꾼) 등이 있었다. 총 구성원은 대략 40~50명 규모였다.
· 삐리로 불리는 초짜들은 주로 빈촌의 어린아이를 사거나 고아, 가출아, 때로는 유괴한 아이들로 꾸민다. 이 삐리를 두고 남사당패거리 사이에서 쟁탈전이 벌어진다. 남자들로만 이루어진 남사당패에서 삐리가 여자 역할을 해야 했기 때문이다. 결론적으로 남사당패는 남색(男色)집단으로 동성애를 행했다. 또 삐리들은 예쁘장하게 생긴 어린 아이들이기에 남사당패는 동네 머슴이나 한량들에게 이들을 내주고 화대를 받는 것으로 수입을 챙기곤 했다. 이런 행위 때문에 남사당패를 패속패륜집단으로 매도한 것이다.

■ 놀이 시행 과정
· 마을이 내려다보이는 고개에 당도한 남사당패는 우선 농사일이 한창인 마을논의 두레 깃발이 있는지 확인한다.
· 두레 깃발이 있으면 영기를 흔들며 고개 마루에서 풍물 연주를 해서 남사당놀이패가 왔음을 알린다.

- 마을 주민들이 합의해서 남사당놀이 시연 가부를 결정하는데 지주나 마을 원로의 허락을 받아야 했다.
- 허락이 떨어지면 주민들은 두레 깃발을 흔들어서 마을 진입 허락을 알린다.
- 남사당패가 드디어 길군악을 울리며 마을로 진입해서 본격적으로 놀이판을 벌인다.

　　※ 두레 깃발이 없을 경우, 즉 논에 주민들이 보이지 않을 때는 곰벵이가 직접 마을로 들어가서 마을 원로에게 간청해서 허락을 받아낸다. 허락을 받게 되면 곰벵이는 동료들에게 뛰어가며 "곰벵이 텄다!"를 목이 터져라 외치고, 초조하게 기다리던 패거리들은 하루 벌이가 생김에 기뻐서 악기를 두들기고 불어대는 소리가 더 커졌다.

곰벵이가 터짐에 길군악을 울리며 마을로 향하는 남사당놀이패

- 허가(곰벵이) 받는 확률은 30% 이내
  - 마을 원로(지주, 양반 등)의 배척

: '상놈들만의 축제' 금지

　　- 소작인들의 불만 무마용이 필요할 때면 겨우 허락해 준다.
- 남사당패가 마을로 들어서면 영기와 농기를 마을 주민들이 들고 행진하게 한다.
  - 남사당패와 마을 주민(소작인, 머슴 등 하층민)간 일체감 공유의 의미
- 오후에는 논일을 하는 주민들을 위해 풍물연주로 힘을 북돋아 준다.

- 한편으로는 저녁시간 이후 놀이를 전개할 놀이판을 준비한다.
· 논일이 끝나면 저녁 식사 후 풍물을 치며 마을을 돌아다니면 주민들이 기다렸다는
  듯이 놀이판으로 몰려든다.
· 연행 순서
  - 길군악(행렬 놀이)~풍물연주놀이~버나(대접 돌리기)~살판(땅재주)~어름(줄
    타기)~덧뵈기(탈놀음)~덜미(꼭두각시놀음, 인형극)
· 날이 어두워지면 솜방망이불이나 관솔불을 밝힌 채 밤이 새도록 논다.
· 놀이의 잘되고 못됨은 남사당패와 주민들 간에 '하나가 되어 신명을 내며 어울렸는
  지'의 여부로 판단한다. 이를 통해 남사당놀이의 진정한 민중성을 알 수 있다.

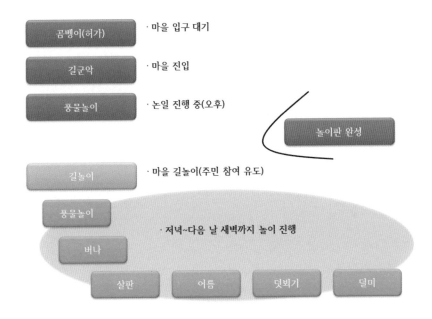

■ 놀이판 구성

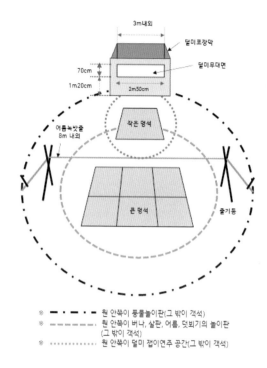

■ 남사당놀이의 활동 성향

· 활동 기간

- 성수기: 파종철(5월)~추수철(8월)

- 비수기: 겨울

· 남사당패의 겨울

- '가열'과 '삐리'의 기예 교육

- 기아 해결을 위해 때로 각자 흩어져 걸립 행각으로 연명

〈유사 예인 집단〉

① 사당패

· 모갑(某甲)의 휘하에 사당과 거사(居士)로만 꾸며진다.

· 인원수는 제약이 없다.

· 연희종목은 춤과 노래에 국한해서 시연했다.

· 일정 사찰과 관계를 맺고 절에서 그려준 부적을 팔면서 '불사(佛事)' 돕는 것을 내세운다.

· 주 수입원은 매음(賣淫)

· 거사(居士)는 연희 기능은 없고 다만 여사당의 기둥서방으로 매음 화대를 착복했다.

② 걸립패

· 화주(化主)가 우두머리로 삼아 보통 5패로 구성한다.

　　－ 비나리(고사꾼, 승려 혹은 승려 출신)

　　－ 잽이(10명 내외의 풍물잽이)

　　－ 산이(2~3명, 버나 혹은 요술 연희자)

　　－ 탁발(2~3명, 얻은 곡식을 지고 다니는 남자)

　　－ 보살(1~2명, 젊은 여자. 화주나 비나리와 부부관계)

· 약 15명 내외의 인원으로 구성된다.

· 불사(佛事)를 내세우면서 마을 집집마다 '집걷이'를 행한다.

· 연희 종목

　　－ 비나리(고사창), 버나, 얼른(요술), 풍물연주

· 연희 순서

　　－ 풍물연주~기예(버나, 얼른)~터굿~샘굿~조왕굿~성주굿

· 주 수입원은 성주굿(비나리) 때 집주인이 고사 상에 올려놓는 곡식이나 금품이다.

③ 솟대쟁이패

· 연희 종목

　　－ 놀이판 가운데 긴 장대를 세우고 꼭대기로부터 양 옆으로 두 가닥씩 네 가닥의 줄을 늘여놓은 채 줄 위에서 갖가지 재주를 부리는 곡예

· 사설이나 재담보다는 곡예에 치중한 집단으로 오늘날의 서커스로 이해하면 된다.

· 솟대쟁이패에 대한 기록은 매우 부족하고 명맥도 끊어졌다.

④ 초란이패

· 군노나 관노 출신들로 구성된다.

· 연희 종목

    - 풍물연주, 얼른(요술), 죽방울 치기, 초란이굿(탈놀이)

    - 초란이굿은 이들의 가장 우수한 연희로 중부지방의 산대놀이와 경상도 지방의 오광대놀이가 합쳐진 놀이다.

· 사람들로부터 푸대접받게 되면 행패를 부리곤 해서 민중과는 가까운 사이가 아니었다.

⑤ 굿중패

· 남사당패와 솟대쟁이패에서 기예 출중한 연희자 출신 15명 내외로 구성

· 연희 종목

    - 기예 위주

· 굿중패가 지나간 자리는 남사당패나 솟대쟁이패가 들르지도 않고 피했을 정도로 기예가 출중했다고 한다.

· 이들도 사찰과 관계를 맺고 재주를 팔았다.

· 훗날 남사당패에 흡수되면서 명맥이 끊어졌다.

초란이패

사당패

굿중패

솟대쟁이패

(5) 남사당놀이의 축제성

- 다양한 연희 종목 보유
- 완벽한 구성 체계
- 민중 정신
  - 민중과 함께 애환을 나누었던 정신은 현대를 사는 우리에게 여전히 큰 의미가 될 수 있다.
  - 부패한 권력과 이익집단의 횡포라는 시대적 부조리 현상 타파 주장
  - 민중 편에서 민중의 애환을 대변했던 남사당놀이의 저항 정신

- 축제 콘텐츠로서의 가능성
  - 민족 연희 고유의 원형과 특징을 지니고 있는 남사당놀이를 재정적으로 정책적으로 지원하고 시의에 맞는 스토리텔링 방식 기법으로 재창조해낸다면 세계적인 '태양의 서커스'의 기예 공연물 못지않은 축제 콘텐츠의 롤 모델이 될 수 있을 것이다.

    ※ 일본 오사카 시정부의 다카라즈카 가극단 지원 정책에서 볼 수 있듯이 행정적 지원이 든든하면 문화는 발전하게 되어 있는 것이다.

〈남사당놀이패 기록 사진〉

〈일제 강점기 당시〉

※남사당놀이 무동 시연 모습. 일본인이 촬영한 사진으로 연희 제목을 '견승곡보(肩乘曲步)'로 기록해 놓은 것이 특이하다.

1920년대

1930년대

1950년대

1970년대

1980년대

일본 삿포로 눈축제

일본 도쿠시마 아와오도리(阿波おどり) 축제

Zoom Out

3장

한민족 전통문화의 원형에서 찾아보는 축제 인자

───

한국 사람이 한국 사람의 전통문화가 어떻고

그 시원(始原)과 전승(傳承)이 어떻게 전개되었는지,

또한 그 본 모습이 어떤지를 모르면 말이 안 된다.

과거는 현재를 일깨워주는 기상 음악이고

미래를 비춰 보여주는 명경(明鏡)이다.

1

한민족 전통문화의
양상

오늘의 문화에는 어제의 흔적이 있기 마련이다.
어제의 출발점을 외면하는 문화는 전통성과 품위를 상실하게 된다.
과거의 의미를 현재에 되살려 내일에의 든든한 지표로 삼는
지혜가 발휘될 때 진정한 문화로서의 가치를 향유할 수 있게 된다.

(1) 전통의 개념

■ 공동체 내에서 전승되는 집단적 가치
  · 집단 공동체 내에서 형성되고 축적되어 온 사상, 관습, 행동, 기술의 양식을 통칭한
   다. 즉, 전래하는 사고와 행동의 제 방식을 이른다.

■ 전통을 이루는 형식
  · 고전
    - 원래 의미를 잃은 채(혹은 변형된 채) 형태만 전해지는 것
     〈예〉 궁중 무용(정재, 呈才)으로 전승되고 있는 처용무는 벽사(辟邪) 의미가 증
      발했다.
  · 민속
    - 의미와 형태가 함께 전해지는 것
     〈예〉 살풀이춤과 굿은 민간에서 현재까지 전승되고 있다.
  · 컨템퍼러리
    - 전통 양식(고전, 민속)의 문화에 현재 시점의 시대성을 가미해서 재구성하는 표
     현 양식을 뜻한다.

(2) 한민족의 특징적 문화

■ 농경문화
  · 대륙에서 한반도로 유입된 여러 씨족과 부족은 이미 신석기 시대(BC 4~5천 년경) 때부터 수렵 생활과 부분적인 정착 농경(원시 농경) 생활의 흔적을 보인다.
    - 고(古) 아시아족인 즐문토기족(櫛文土器族)
      : 신석기 시대의 대표적 유물인 빗살무늬토기(즐문토기)는 정착 농경 생활에서의 곡식 보관 도구였다.
  · 이후 청동기 시대(BC 1천 년경) 무문토기족(無文土器族, 예맥족, 황하 이북과 요동 일대 분포)이 한반도로 유입되면서 즐문토기족은 시베리아 동북부로 이동하게 되고, 알타이족의 한 지파였던 무문토기족이 본격적인 벼 경작 등 보다 발전된 농경 문화를 기반으로 해서 한민족 형성의 구심체가 된다.
  · 유목이동문화(약탈, 수렵)에서 농경문화(정착, 생산)로의 전환은 곧 공동체 형성 및 확대 발전(씨족단위→부족단위→국가단위)을 의미한다.

■ 유교문화
  · 유교의 한반도 정착
    - 고려 4대 광종조 때 중국 후주에서 귀화한 쌍철의 아들 쌍기의 건의로 과거제가 시행되면서 본격적으로 한반도에 유교가 정착되기 시작한다.
    - 이로 인해 무관보다 문관이 더 우대받는 풍토가 점차 형성되다가 16대 왕 의종 조 때 문관들의 멸시를 참지 못한 무신 정중부가 쿠데타를 일어나게 되고(1170년) 이후 최씨 정권이 몰락하기까지(1248년) 무신정권 시대가 이어지게 된다.
  · 유교는 이미 삼국시대 때부터 한반도에 유입되어 관제 정비와 통치 이념정립(충효 사상), 인재육성(화랑의 세속오계, 事君以忠 事親以孝 交友以信 臨戰無退 殺生有擇)에 적극 활용되었다. 삼국의 유학을 발전시키는 데에 영향을 끼친 학자이자 정치 가로서 고구려에는 역사서『신집』을 저술한 태학박사 이문진, 백제에는『서기』를 남긴 박사 고흥, 신라에는『국사』를 편찬한 거칠부를 비롯, 설총(이두 창안), 최치 원(『계원필경』, 「討黃巢檄文」), 강수(외교가, 문장가) 등이 유명하다.

· 삼국 중 신라에서 유교가 더 발전된 것은 정계 진출에 제한을 받은 6두품 출신들이 대거 당으로 건너가 유학을 했기 때문이다. 이들은 훗날 신라를 등지고 고려 건국에 지대한 공헌을 했고, 고려왕조 동안 지배계층으로서의 굳건한 지위를 누리게 된다.

· 고려의 대표적인 유학자로는 최승로(성종 때「시무28조」), 김부식(『삼국사기』), 백이정, 이제현, 이승휴(『제왕운기』), 안향(한국 성리학의 시조), 이색, 정몽주, 문익점, 정도전, 조준 등이 있다.

· 고려의 집권층은 불교에 편향되었고 민간층의 일상생활 문화도 불교의 영향에서 크게 벗어나지 못했기에 고려 시대의 유교는 신진 사대부층만의 학문으로서의 범주에 머무를 뿐이었다.

· 조선은 성리학 정신을 토대로 이상적인 국가를 세우겠다는 정도전의 주도로 세워진 나라다. 그런 만큼 조선 왕조 기간은 유교가 매우 발달한 시기다.

  – 성리학 개념

    : 본연(本然)의 성품을 발현하기 위해 사물에 대한 이치를 참고하지 않으면 안 된다는 설을 주장하는 학파. 일체의 윤리, 도덕법칙을 인간의 본성에 근거한 것으로 보고, 윤리와 도덕의 입장의 절대성과 존엄성을 확보하려는 사상이다. 주자는 격(格)을 이른다(至)는 뜻으로 해석해서 모든 사물의 이치를 끝까지 파고들어 가면 앎에 이른다(致知)고 하는, 이른바 성즉리설(性卽理說)을 확립했고, 왕양명은 사람의 참다운 양지(良知)를 얻기 위해서는 사람의 마음을 어둡게 하는 물욕(物欲)을 물리쳐야 한다고 주장, 격을 물리친다는 뜻으로 풀이한 심즉리설(心卽理說)을 확립했다. 즉, 주자의 격물치지가 지식 위주인 것에 반해 왕양명은 도덕적 실천을 중시하고 있어 오늘날 주자학을 이학(理學)이라 하고, 양명학을 심학(心學)이라고도 한다.

· 조선은 유교를 높이고 불교를 철저히 탄압하는 숭유억불 정책을 시행함으로써 한민족의 생활 체계를 철저히 유교화하는 데에 성공을 거두었다.

· 조선의 성리학은 4단7정론(퇴계 이황), 이(理)와 기(氣) 양면으로부터의 고찰 등 치열한 사상 전개를 통해 대륙의 성리학보다 진일보 발전된 면모를 보이기까지 했다. 이후 성리학은 국내외적으로 변화(1644년 명나라 멸망)하는 17~18세기 현실

의 실상을 외면하면서부터 정체하게 되었고, 명말청초 때 대륙에서 발현한 고증학의 영향을 받아 19세기에 이르러 북학, 즉 실학이 출현해서 사회 전반에 지대한 영향을 끼치게 된다.

※ 동국 18현(賢): 홍유후 설총, 문창후 최치원, 문성공 안향, 문충공 정몽주, 문경공 김굉필, 문헌공 정여창, 문정공 조광조, 문원공 이언적, 문순공 이황, 문정공 김인후, 문성공 이이, 문간공 성혼, 문원공 김장생, 문렬공 조헌, 문경공 김집, 문정공 송시열, 문정공 송준길, 문순공 박세채

■ 불교문화

· 삼국시대에 중국을 거쳐 전래된 불교는 삼국의 국가적 환경에 맞추어 정착되면서 주로 지배층에 의해 선도되었다고 볼 수 있다.

· 백제의 불교문화는 신라와 왜에까지 그 영향을 미칠 정도로 매우 발달했다. 고려시대에 이르러 국교가 되면서 민간신앙으로서의 기반을 닦으며 융성했으나 왕조 말기 불교의 지나친 현실 참여 및 퇴폐적 행각 등으로 인해 사대부들로부터 배척을 받는다. 결국 조선왕조가 성립되고 집권층의 숭유배불 정책으로 인해 철저히 탄압받게 된다. 그러나 토착화된 한반도의 불교는 민간 신앙으로서의 굳건한 기반을 닦으며 법화경을 중심으로 발전한 천태종과 사회참여를 지향하는 태고종, 참선구도를 지향하는 조계종 등의 거대 종파를 형성하며 발전을 거듭, 오늘에 이른다.

· 조선의 피지배층은 지배층의 수탈에 반발, 불교에서 전래된 미륵(彌勒) 사상을 앞세워 현세개혁을 주장하기도 하지만 지배층의 철저한 탄압을 받는다.

■ 샤머니즘(무속)문화

· 선사시대의 제사장(巫堂)은 신과 인간의 중간 존재인 영매(靈媒)로서 신적 존재에 버금가는 지위를 누렸다. 그러한 지위를 바탕으로 부족을 이끄는 지도자가 되어 공동체를 다스렸다(정교일치, 政敎一致). 그러나 국가의 틀이 갖춰지기 시작하면서 정치적 기반이 무너진 제사장(무당)은 단지 종교 행위의 대행자로서의 범주에 국한되었다(정교분리, 政敎分離). 이후 불교와 유교라는 외래문화가 한반도의 중심 문화로 정착하면서 무속은 하층민의 기층 신앙 형태로 전락해서 유지된다.

· 조선 왕실에서 국사당을 세워 무속 형태의 제사 제도를 유지하기도 한 것은 신탁

(信託)의 기능을 앞세운 민족 고유의 무속 신앙 문화를 완전히 배척하지 않았다는 방증이기도 하다. 따라서 외형적으로는 유교문화와 불교문화와 병존했다고도 볼 수 있다.

(3) 정리

■ 농경문화 기반 위 무속과 불교, 유교문화의 편재
  · 한민족의 전통 문화는 농경문화를 기반 위에서 굿(무속)→불교→유교문화의 과정을 보인다. 이것은 오랜 기간 동안 어느 하나의 성향이나 형태가 중심이 되어 여타 문화를 수용해서 오늘에 이른 것이 아니라, 시대의 변화에 따라 지배 계층의 의지가 그때그때마다의 중심 문화를 설정했던 것으로 보인다.

  그러나 이때의 중심 문화라는 것은 집권과 통치를 위한 명분 혹은 체계로 활용된 것이지 그 중심 문화가 피지배 계층의 일상에도 절대적인 영향을 끼친 것은 아니다. 따라서 여러 성향과 형태의 문화들이 각각의 존립 이유에 의해 상호 간 병존 관계를 유지하며 전체적으로 조화를 이루었고, 이것은 한민족의 일상생활에 지대한 영향을 끼쳤다고 볼 수 있다.

  ※ "일반적으로 한국인들은 사회적으로는 유교도이고, 철학적으로는 불교도이며, 고난을 당할 때에는 영혼숭배자다." – 구한말 미국인 선교사, 고종의 특사 헐버트(Homer B. Hulbert)

2

한민족 축제의
역사

옛적 이 땅 이 민족에게 축제가 있으라 하니 축제가 있었다.
그 축제라 함은 국가 제의요 무속(굿)이었다.

(1) 제천의식(祭天儀式)으로서의 국가 제의(祭儀)

- **제천의식의 기본 속성**
  - 자연, 즉 하늘을 숭배하고 제사하는 고대의 종교 의식
    - 이집트, 멕시코, 중국에 고대의 제사의식 형태가 존재했고 우리나라에서도 일찍이 고조선 때부터 제천의식을 행했다는 기록이 전해진다. 강화도 마니산 참성단(塹星壇)에서의 제사가 바로 그것이다.
    - 부여의 영고(迎鼓), 고구려의 동맹(東盟), 예맥의 무천(舞天), 삼한의 소도(蘇塗), 백제의 교천(郊天), 신라의 가배(嘉排), 고려의 팔관회(八關會), 조선의 단오(端午)와 추석(秋夕) 및 원구단천제(圜丘壇天祭)도 제천 의식으로 볼 수 있다.
  - 상고시대 부족국가의 제정일치(祭政一致)의 본보기
    - 모든 의식은 부족 전체의 행사로서 농공(農功)의 소원을 기원하고 그 수확에 감사하는 것이었다. 이러한 의식은 힘든 농사일과 휴식의 관계 속에서 형성된 농경사회의 풍속이었다. 또 이것은 하늘에 대한 제사이기도 하면서 의식을 통해 공동체 의식을 강화하는 방편이기도 했다.
    - 고대 사회에서 가장 중요하고 규모 있게 치러진 의식이었던 추수감사제에는 상고시대 부족들의 종교관과 예술관이 담겨 있기에 한민족 축제의 시원(始原)을 여기에서 찾아 볼 수 있다.

■ 고대국가의 제천의식

① 부여의 영고(迎鼓)

· 매년 12월에 행했던 제천의식으로 왕이 제사장이 되어 의식을 주관했다. 추수가 끝나는 10월이 아니라 12월(지금의 연말~정초)에 행해진 배경은 수렵 사회의 전통을 이었기 때문인 듯하다. 의식에는 각종 노래와 춤이 행해졌는데, 이는 사냥과 농경 등의 중요한 생산 활동을 모두 부족원의 공동 노동으로 행했기에 풍작을 기원하는 종교 의식이면서도 부족사회의 전통을 잇는 축제였던 것이다. 범국가적인 행사라 해서 '국중대회(國中大會)'라고 불렸다. '왕(부족연합의 수장)의 친제(親祭)', '의식과 놀이의 결합'의 형식은 지역단위로의 분화 확산 형태인 동제(洞祭)에서도 유지되었으며 오늘날까지도 이 형태가 전승되고 있다.

　　※ 영고(迎鼓)의 '북(鼓)'을 '밝' '밝다'의 한자 음훈 표기로 본다면 '밝음을 맞이하다'='밝은 해(오름)를 맞이하다'라는 해석이 가능하다. 12월은 겨울이라는 어둠이 끝나고 1월의 봄빛을 준비하는 시기이니 영고 축제를 12월에 개최한 배경을 알 수 있겠다.

　　※ 영고(迎鼓)를 한문 문법대로 풀이할 경우 '맞이하는 북', '~을 맞이하기 위해 두드리는 북'이 될 것인데, 축제를 시작하면서 북을 두드려 신을 맞이한다는 해석도 가능하다.

② 고구려의 동맹(東盟)

· 매년 10월에 열리던 제사로 동명(東明)이라고도 불렸다. 모든 부족이 나라의 동쪽에 위치한 국동대혈(國東大穴)에 모여 수신(隨神, 섬기는 신)을 모셔 제사를 지냈다. 이때 나무로 만든 수신(木隨神)을 강가에 마련된 신의 자리(神席)에 모시고 제사를 치렀다고 한다. 제사의 내용은 풍성한 수확에 감사하는 뜻으로 시조인 추모와 추모의 어머니(하백), 여러 귀신, 사직신(토지신과 곡식신), 영성(靈性)을 받드는 것이었고, 국정이 논의되기도 했다.

　　※ 고구려는 강력한 왕권국가가 아니라 소노부, 계루부, 절노부(혹은 연나부), 순노부, 관노부 등 5부족 연합 체제였기에 고구려왕은 5부 족장들과 국정을 논의했다. 5부족 중에서 막리지(莫離支, 높은 곳에 있는 자. '왕'을 뜻하는 우리 말 '마루치'의 한자 음사 표기)가 5부족을 이끌어 태왕(고구려 왕)을 모신 것으로 이해할 수 있다.

－ 이규보의 『동국이상국집』 동명왕편에 추모왕이 큰 나무 아래에서 유화 부인이 보낸 새로부터 씨앗을 받았다고 한 것으로 보아 목수신을 모시는 의식, 곧 신목(神木) 신앙의 한 형태로 볼 수 있다. 신목 신앙의 형태는 삼한의 소도(蘇塗)와도

연결되는 것으로 볼 수 있다.

※ 국동대혈 어귀에는 약 20m x 30m 규모의 평평한 대(臺)가 있는데 이곳에서 수신(隨神)을 모셨다.

③ 예맥의 무천(舞天)

· 매년 10월에 행해진 제천의식으로 추수감사제 성격의 제사로 보인다. 촉(蜀)의 진수(陳壽, 233~297년)가 촉 멸망 후 저술한 『삼국지(三國志)』 위지(魏志) 동이전(東夷傳)에 "항상 10월에는 하늘에 제사 지내고, 밤낮으로 술을 마시며 노래하고 춤추는데, 이를 무천이라 한다."라는 기록이 있을 뿐 자세한 내용은 전해지지 않는다. 다만, 무천(舞天)의 어의를 풀어볼 때 '하늘(태양)의 운행 법칙에 대한 서약과 감사를 표하는 의식'으로 이해할 수 있는데, 이것은 드넓은 남만주 일대(한반도 북부 포함)에 발흥했던 예맥민족이 농경 생활을 중시한 흔적으로 보인다.

④ 삼한의 소도(蘇塗)

· 마한(馬韓)을 중심으로 한 삼한에서는 매년 1~2차에 걸쳐 국읍(國邑)에서 각기 한 사람을 뽑아 천군(天君)으로 삼아 신에 대한 제사를 주관하게 하고, 또 이들 모든 나라에 각기 별읍(別邑)이 있어 이를 소도라 하였다. 긴 장대에 방울과 북을 달아 놓고 귀신을 섬겼는데 질병과 재앙이 없기를 빌었다.

· '소도'라는 명칭은 제사가 행해지는 장소에 세우는 솟대(立木)의 음역이라는 설이 일반적이고, 높은 터(高墟)의 음역인 솟터에서 유래하였다는 설도 있다.

– 오늘날 나무로 만든 새(오리) 형상을 장대 끝에 올려놓은 솟대의 풍습은 소도에서 비롯되었다고 한다.

※ '오리'는 하늘을 날고 땅을 걸으며 물 위를 헤엄치기에 세상 어디에든 못 가는 곳이 없으므로 가히 신의 메신저로서의 상징이 부여될 수 있을 것이다.

⑤ 마한과 변한의 계음(契飮)

· 훗날 백제로 통합되는 마한과 변한에는 이미 계음(契飮)이라고 불리는 제천 의식이 있었다고 하는데, 자세한 내용은 전해지지 않는다. 다만 개천 의식의 일환으로 함께 모여 특별한 의미의 술을 마시며 일체감을 공유하는 행사였으리라 추정된다.

⑥ 백제의 교천(郊天)

· 매년 네 번 하늘에 제사를 올렸다는 기록이 전해지는데 이를 교천(郊天)이라고 한

다. 자세한 내용은 전해지지 않는다. 다만 백제는 부여와 고구려 일파에 의해 형성된 나라인 만큼 부여의 제천의식인 영고의 형태와 고구려의 신목신앙을 추종해서 삼한의 소도를 계승했을 것으로 추정된다.

· 교천(郊天)의 뜻은 '나라 밖의 하늘'이라는 뜻이므로 백제라는 나라가 하늘과 직결되어 있음을 의미한다고 볼 때, 이 의식이 대단히 중시되었음을 알 수 있다.

- 진수『삼국지』위지 동이전, 범엽『후한서』, 방현령『진서』, 신채호『조선상고사』등

⑦ 고려의 원구제(圓丘祭)

· 원구제는 황천상제(皇天上帝)를 받들어 국가의 안녕을 기원하는 제사로, 『고려사』에 성종조 2년(983년) "왕이 원구단(圓丘壇)에서 기곡제(祈穀祭)를 올리고, 몸소 적전(籍田)을 경작했다."라는 기록이 전해진다. 이는 고려가 황제국으로서 하늘에 제사를 치른다는 의미로 당시 천자국인 중국과 대등한 관계를 지니고 있음을 뜻한다.

  - 배향(配享)은 원구의 맨 위층에 천황 상제위(上帝位)를 두고, 지황 지위(祗位), 대명위(大明位), 야명위(夜明位), 북두칠성 5성(五星) 28수(宿)의 성신위(星辰位, 별자리)와 운사(雲師), 우사(雨師), 풍백(風伯), 뇌사(雷師), 5악 5진(五岳五鎭, 실재 해당하는 산천이 어느 곳임을 정한 것은 아니고 명목상의 신위로만 모심), 4해 4독(四海四瀆, 역시 명목상의 신위였다가 조선 말기에 와서 4독이 정해짐. 東 상주의 낙동강, 西 평양의 패강, 南 한양의 한강, 北 영흥의 용흥강), 명산대천(名山大川, 명목상의 신위), 성황사토위(城隍司土位) 등을 둔다.

    ※ 원구단(圓丘壇)은 원구단(圜丘壇)이라고도 하는데, 예로부터 '천원지방(天圓地方)'이라 해서 하늘에 제사 지내는 단은 둥글게, 땅에 제사 지내는 단은 모나게 쌓았기 때문이다.

⑧ 조선의 원구단천제(圓丘壇天祭)

· 조선 초기의 원구제는 기우제(祈雨祭) 성격이 강했다. 태조 3년(1394년)에 제후국의 예에 준해서 조선의 동방신인 청제(靑帝)에 제를 올리기 위한 원단이 설치되었고, 세종 원년(1419년)에 실시된 원구제(圜丘祭)도 오랫동안 계속되던 가뭄을 극복하기 위해 일시적으로 시행했다.

  - 조선 초기부터 억제된(제후국이라는 이유) 제천의식은 세조조 2년(1456년) 일시적으로 제도화되었고, 고려의 원구단을 참작해서 그 다음 해에 원구단을 신설했으나, 이 원구단 제사도 세조조 10년(1464년)에 실시된 것을 마지막으로 중

단되었다. 이후 고종조에 이르러 1897년 8월 14일 '광무(光武)'라는 연호가 세워지면서 조선이 황제국이 되었고, 이에 10월 12일에 고종 황제가 황실 종친과 문무백관을 거느리고 경운궁에서 남별궁에 새로 지은 원구단에 나아가 하늘에 대해 제사하고 황제위에 나아감을 고했다.

- 황현『매천야록』,『대한제국 원구단의궤』,
이욱『대한제국기 환구제에 관한 연구』종교연구 등

(2) 민속신앙으로서의 무속

일각에서는 무속(巫俗)이라는 명칭 대신
무교(巫教)라는 명칭을 써야 한다고 주장하지만
굿을 종교적 울타리에만 가두기에는 그 저촉 범위가 매우 광대하다.
무속은 제의 기능만 수행한 것이 아니라
민간의 일상 생활양식에 골고루 스며들었기에 곧 풍습(風習)이었다.
혹자는 속(俗)을 '속되다' 하며 경멸의 눈길을 보내기도 하는데,
그런 사람도 '속(俗)'에 살고 있지
무슨 천도복숭아 따먹는 신선 세계에 사는 것은 결코 아니다.
'속(束)'은 저급하다는 뜻이 아니다.
편재, 널리 퍼져 있다는 뜻이다. 속(束)은 속됨으로써 소중하다.
우리의 숨결로 살아 꿈틀대는, 역동적인 문화현상의 함축적인 표현이다.

■ 무속의 이해
· 예로부터 우리 민족은 하늘을 우러르며 제사를 올림으로써 천신의 자손, 즉 천손족(天孫族)임을 대내외에 표방하였다. 천손족으로서 하늘에 제사를 올리는 5월의 풍년 기원 축제와 10월의 수확 감사 축제를 통해 모두가 큰 하나(大同)가 된다는 공동체 의식을 크게 함양하였던 것이다. 이렇듯 하늘에 올리는 제사, 천제는 우리민족의 일상 문화의 기반이 되었고 농경문화의 정착과 함께 농사 일정에 맞추어 다양한 세시 행사 형성에도 영향을 끼쳤다.

- 원시종교로 출발한 굿은 오늘날까지 민간 저변에 널리 퍼져있을 정도로 그 생명력이 장구하다. 물론 외래문화의 한반도 유입에 의해 민족 고유 신앙으로서의 위상이 격하되면서 사회적으로 공인을 받지 못한 채 음성적으로 행해지고 있으나 인간의 기원(祈願) 욕구에 원초적으로 부합하는 굿의 기능은 우리 민족이 행했던 모든 축제의 이념적 틀 형성에 적지 않은 연관성을 지니고 있다. 따라서 우리 민족 전통 축제의 본질과 정신은 자연의 덕을 기리고자 하늘에 제사를 올렸던 제천의식과 각종 세시 풍속, 그리고 공동체의 안녕과 발전을 기원하는 굿에서 그 원형과 의미를 찾아볼 수 있다고 할 것이다.
- 이 세상의 모든 문화 발전의 과정은, '받아들이기(Acceptance, 내부 전승 혹은 해외로부터의 수입)'→'모방하기(Patchwork)'→'하나의 원형으로 정착(Settlement)하기'의 형태를 취할 수밖에 없다. 즉, 어느 날 갑자기 돌발적으로 생겨나는 전혀 새로운 문화는 존재하지 않는다.

■ 무속의 속성
- 무속, 굿이란 무당(샤먼)이 제주(祭主)가 되어 원시 종교적 관념에 의해 주재하는 새신(賽神, 굿을 치르는 것) 의식을 총칭하는 것으로 원래 초자연적 존재와 직접적으로 소통하는 무당을 중심으로 하는 주술이나 종교를 이른다.
- 무당이 모든 의식을 관장하며 의식에는 춤과 노래, 기원, 공수(무당이 신이 들린 상태에서 신의 말을 하는 것), 점복 등의 행위가 따른다.
- 신에게 바쳐진 술과 음식은 의식이 끝난 후 의식에 참여한 모든 사람이 공히 먹는데(飮福), 이것은 곧 신인합일(神人合一)에의 요체를 의미한다. 이 음복 행위는 집안에서 치르는 각종 제사에도 행해지는데 이때는 조상과 후손, 나아가 종문 일가의 합일을 의미한다.

■ 한국 무속의 유래
- 한민족의 무속은 가장 고전적이고 전형적인 형태를 유지하고 있는 시베리아 지역에서 생겨난 북방아시아 계통의 샤머니즘 종파에 속한다. 한국 무속의 기원은 분명하지 않지만, 아주 오랜 고대사회 때부터 한민족의 주요한 신앙형태였다는 점만

은 분명하다.

· 국조 단군이 무당이라는 설도 있으나, 무속이 문헌상에 분명히 나타나는 것은 삼국 시대로서, 신라 2대왕 남해차차웅(南解次次雄)은 왕호(王號)이자 무칭(巫稱)을 의미한다.

  - "차차웅은 무당이라는 뜻의 방언이다."
  - "차차웅을 자충(慈充)이라고도 하는데, 이는 무(巫)를 의미하는 신라 방언이다."
  - '중'이라는 명칭은 '자충'에서 파생했다고 한다.

- 김대문『화랑세기』, 김부식『삼국사기』등

■ 한국 무속의 발달

· 불교와 유교 등 외래문화가 유입되기 이전에는 민족 종교로서 사회적으로 큰 영향력을 행사했다. 불교를 국교로 삼은 고려조에는 불교의 영향에 의해 무불습합(巫佛襲合)을 추구함으로서 불교에 의해 일상 문화의 중심권에서 벗어나지만 기우제나 팔관회 등과 같은 국가 제사에 무격(巫覡, 무당)이 제사를 집전할 정도로 그 맥은 유지되었다. 유교가 모든 생활규범과 실천윤리를 지배한 조선조에 이르러서는 팔천(八賤, 여덟 부류의 천민)으로 억압받았지만 왕실과 지식 지배층의 내방(內房)에서 행해졌을 정도로 민족의 기층 신앙이 되어 살아남았다.

· 한국의 무속은 오랜 세월을 거치면서 오늘날까지 대다수 민중 속에서 크게 변질됨이 없이 존속되어 왔다. 무당의 형태는 지역에 따라 다소의 차이를 보이는데, 남부지역은 혈통을 따라 대대로 무당의 사제권이 학습을 통해 계승되는 세습무(世襲巫)가 지배적인 데 비해, 한반도 중부와 북부 지역은 신(神)의 영력(靈力)에 의해 무당이 되는 강신무(降神巫)가 지배적이었다고 하나 근래에 들어서는 그러한 지역 구분이 없어지고 있다. 남부지역의 세습무도 근래 들어서면서 거의 사라져 가고 있는 것으로 보인다. 이는 강신무보다 종합예술적 성향이 강한 세습무의 증발로 인해 전통 굿 문화의 맥이 점차적으로 끊어져 감을 뜻한다. 안타까운 현상이다.

■ 무당의 명칭

· 굿을 주재하며 신과 인간을 이어주는 매개자인 무당은 여자일 경우 만신, 남자일

경우는 박수라고 부른다.

· 전라도에서는 당골(또는 단골)로 불리는 세습무당으로 굿이 연행되는데, 당골은 당(단)을 모시는 고을이라는 말이다. 이 말의 어원을 살펴보면 하늘 혹은 하늘의 신을 의미하는 북방아시아 몽골의 언어인 '텡그리', 고대 조선의 임금을 칭하던 '단군'과도 연관이 있어 보인다.

· 무당의 巫자는 위의 천상과 아래의 지상의 사이를 잇는 기둥(우주목)의 양 옆에서 두 사람(무당)이 춤추고 있는 것을 형상화한 글자라고 주로 해석된다.

■ 굿의 목적

· 무속, 즉 굿의 주요 목적은, 질병 치유 및 예방을 위한 치병(治病), 일신상의 복을 기원하는 초복(招福), 죽은 자의 혼을 부르는 초혼(招魂), 집안을 돌보아주는 여러 신령에게 가정의 평안을 축원하는 안택(安宅), 가뭄 때 비 내림을 바라는 기우(祈雨), 억울하거나 불행하게 죽은 자의 혼을 위로하는 진령(鎭靈), 재액을 물리치는 제재(除災), 무당이 봄이나 가을에 자신의 몸주를 기리는 천신(薦神), 악귀를 쫓아내는 축귀(逐鬼) 등에 있다.

■ 굿의 종류

· 마을굿 등 특수한 경우를 제외하고 대부분 집안에서 행하며, 행해지는 시기로 춘제(春祭)와 추제(秋祭), 그밖에 임시제(臨時祭) 등으로 구분한다. 추제 중 대표적인 것은 횡수를 막기 위한 청수맞이굿(橫數防)이고, 추제는 대표적인 가제(家祭)의 형태를 띤다. 추제의 명칭은 지방에 따라 달라 안택굿(安宅祭), 가신도(家神禱), 철기도(祈禱), 지신굿(地神祭), 지신도(地神禱), 터고사, 대감굿, 대감놀이, 상산(上山)놀이, 성주맞이, 천궁맞이굿(天宮迎祭), 상굿(床祭) 등으로 불린다. 시기도 지방에 따라 다소 다르다.

· 임시제는 그때그때의 형편에 따라 임시로 하는 굿으로, 크게 나누어 임신, 출산, 혼인, 환갑 등 길사(吉事)에 행하는 것과, 질병, 사망, 관재(官災)등 흉사(凶事)에 하는 것으로 구분한다.

· 유희적인 굿으로 용궁맞이굿(龍宮迎祭), 봄맞이굿(春迎祭), 꽃맞이굿(花迎祭), (단풍)잎맞이굿(葉迎祭) 등이 있다.

· 굿 연행을 의뢰한 사람과 목적에 따라 마을단위로 마을의 안녕과 생업의 번영을 정기적으로 비는 부군당굿, 도당굿, 대동굿, 별신굿, 신과세굿(新過歲祭), 영등굿, 백중제(百中祭), 시만곡대제(新萬穀大祭) 등이 있으며, 개인단위로 가족이 중심이 되어 연행하는 집굿으로는 산 사람의 길복을 비는 재수굿과 죽은 사람의 영혼을 저승으로 천도하려는 넋굿 등이 있다. 넋굿은 지역에 따라 여러 명칭으로 불린다. 경기도 황해도에서는 진오기굿이라 하고, 평안도에서는 수왕굿 혹은 다리굿이라 하고, 함경도에서는 망묵굿, 경상도에서는 오구굿이라고 한다. 오구굿은 밤을 새워 가며 굿을 한다고 해서 밤저라고도 부른다. 전라도에서는 씻김굿, 제주도에서는 시 왕맞이굿이라고 한다.

■ 굿의 지역별 분류
· 황해도
  - 시왕굿, 병굿, 재수굿, 뱃굿, 진적, 내림굿 / 개인굿
  - 배연신굿, 대동굿, 평산 소놀이 / 마을굿
· 서울
  - 진(생)오구굿, 바리데기, 새남굿, 처녀총각귀신 혼사굿, 마을굿
· 경기도
  - 도당굿
· 충청도
  - 은산 별신굿, 앉은굿(설경)
· 전라도
  - 진도 씻김굿, 위도 띠뱃놀이
· 남해안
  - 통영 별신굿
· 동해안
  - 해운대 별신굿, 강릉 단오제
· 제주도
  - 본풀이, 제주도 영등굿, 칠머리당굿, 영감놀이, 시왕맞이굿

· 평안도
  - 수왕굿(다리굿)
· 함경도
  - 망묵굿

■ 굿의 기본 구조
 · 모든 굿은 청신(請神)~오신(娛神)~송신(送神)의 세 과정으로 이루어진다.
   - 청신: 부정을 물리치고 정화해서 신을 청배하는 과정
   - 오신: 신을 대접한 뒤 소원을 고하고 대답을 들으며 함께 놀이로 즐기는 과정
   - 송신: 신을 다시 보내는 과정

     ※ 청신, 오신, 송신 과정을 축제 구성에 비견한다면, 고유제와 개막식, 주제공연 혹은 축
     하공연 등이 청신 과정에 속할 것이고 개막식 이외의 상설 프로그램들이 오신 과정에 들것
     이며, 폐막식과 뒷풀이 공연 등이 송신 과정에 해당할 것이다. 굿 과정과 축제 구성이 이
     렇게 잘 맞아 떨어지는 만큼 우리네 굿은 가히 축제의 원형이라 할 수 있다.
 · 이러한 과정은 무당이 주재하는 춤과 노래, 연주, 사설풀이 등의 끊임없는 연희로
   이루어진다(종합예술의 성격).

■ 굿과 전통 문화
 · 굿은 신에게 바치는 많은 음식과 술, 옷, 지전장식 따위를 벌여놓고 신을 청해서 신
   나는 음악연주에 무당의 춤, 노래, 축원, 촌극, 묘기, 재담들이 어우러지는, 신에 대
   한 제사를 바탕으로 하는 큰 잔치이자 종합 의례로 볼 수 있다.
 · 굿판에서 벌어지는 반주 음악은 삼현육각(三絃六角)과 쇠장풍으로 연주한다. 악사
   의 삼현육각은 목피리, 곁피리, 젓대(대금), 해금, 장구, 징으로 편성되고, 쇠장풍은
   쇠(꽹과리)를 중심으로 하는 타악기를 이른다.
 · 무당이 연행하는 노래는 민간으로 퍼져 〈창부타령〉이나 〈성주풀이〉, 〈서우 제소
   리〉 등과 같이 지역을 대표하는 흥겨운 민요가 되었고, 나아가 조선말 판소리의 등
   장에 토대가 되었다.
 · 또한 무당의 노래에 담겨진 음악어법은 향토색이 짙은 민중의 말을 담는 그릇이
   되기도 했다.

- 오늘날의 국악류(속악)는 바로 이 굿 음악에서 그 시원을 두고 있는 만큼 굿 음악이 우리 민족에게 끼친 영향은 매우 지대하다.

- 무당의 춤은 〈살풀이춤〉, 〈승무〉와 같은 민속무용으로 발전했고, 굿에서 쓰이는 연주는 기악음악의 꽃인 〈산조〉와 〈시나위〉가 생겨나게 하기도 했다.

- 또한 굿에는 다양한 민속 문화가 담겨 있다. 많은 서사(Narrative)와 〈바리데기 공주〉와 같은 무가(巫歌)를 통해 보면 우리 민족 고유의 문학을 살펴볼 수 있다. 또한 복식과 음식, 연극 등의 측면에서도 우리 민족 고유문화의 원형을 추론해 볼 여지가 많다.

- 이렇듯이 굿에서 보이는 모든 연행(춤, 노래, 사설, 연주, 치장 등)은 민족 전통예술의 본바탕이라고 볼 수 있는 것이다.

■ 대표적 민간 의식

① 동해안별신굿(東海岸別神굿)

- 부산광역시 동래구에서 강원도 고성군에 이르는 동해안 어민들이 풍어와 안전을 비는 마을굿으로 골매기당제라고도 한다. 어민들의 풍어와 안전, 부락민의 평안과 장수를 비는 마을의 무속 축제다. 세습무들이 의식을 주관하며 보통 1~3년에 1회, 2박 3일 동안 10여 명의 무당이 진행한다.

- 굿의 신은 마을을 수호하는 골매기 서낭신이다. 제의를 행하는 시기는 마을마다 다르나 대개 음력 3~5월, 9~10월 사이이다. 제주는 그해 나쁜 일이나 부정한 일이 생기지 않은 주민을 뽑아 맡도록 한다. 경비부담은 재산의 형편에 따라 하는데, 어촌에서는 선주가 주로 맡는다.

· 굿은 보통 16가지 과정으로 진행한다. 잡귀를 몰아내는 부정굿, 천연두의 신을 배송(拜送)하는 손님굿, 군웅장수(軍雄將帥)의 힘을 보여주는 군웅굿, 꽃노래와 뱃노래를 하는 등굿, 풍어와 안전을 비는 뱃머리굿, 옥황상제에게 비는 황제굿, 액을 면하도록 비는 재미굿, 바다에서 죽은 이의 넋을 위로하는 용왕굿, 주민들과 함께 흥겹게 노는 놀이굿, 거리를 헤매는 잡귀를 위로하는 거리굿 등이 있다.

· 굿청의 장식이 화려하다. 무구(巫具)로는 신간(神竿), 용왕대, 천왕대, 손대, 용선, 지화, 부채, 신칼 등의 무패와 쾌자, 활옷, 고깔, 달비, 염주, 큰머리 등을 쓴다. 무악(巫樂)과 무가(巫歌)가 세련되고 내용이 풍부하며, 다양한 춤과 익살스러운 재담이 많아 놀이적 특성이 강하다.

② 위도 띠뱃놀이

· 전라북도 부안군 위도면(蝟島面) 대리(大里) 마을의 풍어제로 원당제(元堂祭)라고도 한다. 제당의 명칭인 원당에서 나온 말이며, 제의의 마지막 부분에서 띠배를 바다에 띄워 보낸다 해서 '띠뱃놀이'라고 부르게 되었다. 매년 정월 초사흗날 어민들의 풍어, 마을의 평안을 기원하는 공동제의(共同祭儀)다.

· 놀이의 구성은 산 정상에 있는 원당에서 행하는 원당제, 마을의 주산(主山) 돌기, 용왕굿으로 되어 있으며, 사제무(司祭巫) 주관의 굿형 제의다. 사제무는 세습무이고 주무 1명, 조무 1명, 악사 2명으로 마을 제사굿으로는 사제무 일행이 가장 적다.

· 굿의 순서는 성주굿~산신굿~손님굿~지신굿~서낭굿1(원당성황)~서낭굿2(애기씨성황)~서낭굿3(장군성황)~깃굿~문지기굿으로 이루어진다.

· 굿 형태와 진행 절차가 비슷한 대동굿에서는 각 가정을 돌며 가정굿을 해 주는데 비해 띠뱃놀이의 마을돌기굿에서는 마을 요소요소의 처소신(處所神)을 위한 농악 과장으로 되어 있다. 바닷가의 용왕굿은 모든 주민이 빠짐없이 참여해서 술과 노

래를 함께하는 가무과장을 이루고 있으며, 마지막의 띠배 보내기는 굿의 절정을
보여주는 과장으로 축제적 성향을 강하게 드러낸다.

③ 경기도 도당굿(都堂굿)
· 경기지역에서 전승되는 마을굿이다.
· 북부에서는 큰 산을 의지하고 사는 아랫마을들이 공동으로 굿을 하는데 강신무가
  주관하고, 남부에서는 전역에 걸쳐 세습무가 주관한다. 내용은 다르지만 마을의 안
  녕, 태평, 풍요를 기원하는 기능은 같다.
· 남부 지역 도당굿을 중심으로 보면 정월이나 10월, 또는 봄에 정기적으로 굿을 하
  는데 먼저 단골무당을 불러 굿할 날짜와 비용을 의논한다. 마을에서는 제관을 선
  정한 후 제관의 가택에 금줄을 치고 제물을 장만한다.
· 경기도 도당굿은 당주굿으로 시작되어 부정(액씻이)~시루말(창세신화의 내용을
  담고 있는 경기도 지역의 유일한 무가)~돌돌이(굿패가 마을을 돌아다니면서 마을
  사방의 장승 혹은 성황목 등 중요한 지점을 축원하는 의식)~제석 (수명, 자손, 운
  명, 농사 등을 관장하는 신령에게 올리는 의식. 환인제석을 기원으로 삼음)~도당
  신(마을신) 모시기~손굿(손님 모시기)~군웅굿(뭇장수들을 청해 그들의 위엄을
  보이고 그 힘을 빌려 액을 막는 굿)~뒷전(잡귀를 돌려보내는 마지막 의식) 등으로
  진행된다.
· 도당신은 대개 대를 내려 모시고 손굿과 군웅굿은 주로 화랭이라고 하는 남자 세
  습무가 진행하는데 창과 재담을 섞어 진행한다.
· 세습무 권에서는 여무가 굿을 하고 경기도 도당굿에서만 남무가 중요한 굿을 맡는다.
· 도당굿의 도살풀이춤은 승무와 함께 민속 무용의 최고봉으로 칠만큼 대단히 예술
  적이다.

④ 서울 새남굿

- 서울 지역의 전통적인 망자굿이다. 상류층이나 부유층을 위해 베풀어지던 망자 천도굿으로, 진오귀굿이라고도 한다.

- 새남굿은 불교의 저승신앙 내용이나 망자에 대한 유교적 예(禮)를 포함하고 있어, 무속, 불교, 유교의 관념과 의례가 적절하게 혼합된 것이 특징이다. 또 화려한 복식과 우아한 춤사위, 각종 정교한 의례용구를 갖추고 있어 조선왕조 궁중 문화의 요소가 많이 포함되어 있음을 알 수 있다.

- 안당사경맞이와 새남굿으로 구성된다. 안당사경맞이는 새남굿의 전날 저녁 8시경에 시작해서 다음날 새벽 6시경까지 계속된다. 안당사경맞이의 거리 순서는 주당물림(부정한 기운인 주당 살을 예방하기 위해서 베푸는 의식, 부정 거리 혹은 신청 울림이라고도 함. 주당을 물리치기 위해 추녀 안의 사람들을 추녀 밖으로 잠시 내보낸다)~부정(깨끗하지 못한 세속적인 것을 금하는 것)~가망청배(조상신을 부르는 의식, 가망신을 불러서 가정 내 재앙을 막고 가정 화목과 수명장수, 복록을 기원. 한양 천신굿의 가망청배에서는 단군왕검을 모시고 국태민안을 기원함)~진적(무당 자신의 재수굿)~불사거리(불사, 즉 부처를 모시는 의식)~도당거리(도당을 지켰던 윗대의 만신, 당지기 등 돌아가신 분들을 청해 놀면서 공수를 주는 의식)~초가망거리(처음 죽은 사람을 위한 의식)~본향거리(조상들이 거주하던 곳 또는 자신의 뿌리를 의미하는 신, 본향 신 혹은 산신)~조상거리(죽은 가족들의 혼령이 무당에 내려져 공수를 주는 거리로 애절한 분위기 조성)~상산거리(주로 최영 장군을 상산신으로 모시는 의식)~별상거리(별상은 천연두 신이나 특별한 손님을 뜻함. 특별한 손님을 위한 의식)~신장거리(오방기를 들고 노는 의식)~대감거리(집, 터, 나무 따위에 붙어있는 대감신을 불러서 노는 의식)~성주거리(집을 수호하는 신을 불러 노는 의식)~창부거리(예능의 신인 창부를 불러 노는 의식)~뒷전거리(잡귀를 보내는 의식) 등 16거리다.

- 이튿날 아침부터 시작되는 새남굿은 새남부정, 가망청배, 중디밧산(망자의 혼신이 안정되도록 염불로 기원하고, 망자를 천도시키는 지장보살에게 망자의 극락왕생을 비는 의식), 사자(혹은 사제) 삼성거리(삼성은 일직日直 사자, 월직月直 사자, 청직靑直 혹은 흑직黑直 사자 등 세 사자를 가리킨다. 삼성거리는 본격적인 천도가 시작

되기 전에 노는 과정이다. 무당은 사자 역할을 하면서 희극적인 요소를 연출함으로써 망자를 보내야 하는 가족들의 슬픔을 잠시 잊게 해 준다)~말미거리(말미는 바리공주다. 바리공주를 불러서 망자의 혼을 좋은 곳으로 천도하도록 빈다)~도령(밖도령, 도령導靈은 망자의 영혼이 좋은 곳으로 가기를 빈다는 뜻. 지장보살의 도움을 받아 바리공주에 의해 망자의 혼이 좋은 곳으로 가기를 비는 의식. 새남굿의 하이라이트 부분)~영실(마지막으로 망자의 혼과 가족 간에 만나는 의식. 무당이 망자의 혼 역할을 하고 가족과 울며불며 작별을 고한다)~도령(안도령)거리~상식거리~뒷영실거리(저승길을 닦아주는 의식)~베쨰(베 가르기, 이승다리와 저승다리를 상징하는 무명과 베를 몸으로 찢어 길을 헤쳐 주는 의식)~시왕군웅거리(저승의 십대왕을 호위하는 신장들에게 망자 혼의 인도와 보호를 기원하는 의식)~뒷전거리 등 13거리로 이루어진다.

· 전통적인 새남굿은 거리수가 많고 장시간이 소요되므로 만신 5명이 참여하고, 잽이 6명은 삼현육각을 맡는다. 장구 1, 북 1, 대금(젓대) 1, 해금 1, 향피리 2개를 취한다.

   ※ 삼현육각의 악기 구성은 일반적으로 장구 1, 북 1, 대금(젓대) 1, 해금 1, 향피리 2개로 구성하고 특수한 경우에는 나발 2, 피리 2, 태평소 2개의 편성 방식도 취한다.

⑤ 동제(洞祭)

· 동제는 장구한 역사를 거치면서 대다수의 축제가 상업성을 강조하는 기조로 변화해 온 흐름 속에서 유일하게 원시 종교적 축제로서의 기본 틀을 유지하고 있는 한민족 고유의 제의형 축제다.

· 동제는 신인합일(神人合一)이라는 고농도의 제의적 목적보다는 신의 위엄 앞에서

일신과 공동체의 번영 기원을 목적으로 하는 현세적 성향을 많이 보이고 있으나, 현대 상업 축제의 환상성(幻想性)이 아닌 고대 종교 축제의 사실성(事實性)을 추구하는 동제의 프리즘을 통해 우리는 고대 제의의 원형을 추론해 볼 수도 있다.

· 고대의 제천행사(영고, 동맹, 소도)에서 그 원형(祭主, 선임, 의식 및 연희 시행 등)을 찾아볼 수 있다. 이것은, 국가적 차원의 제천행사 의식이 전국적으로 전파되면서 마을 단위로까지 내려가게 되고, 마을에서의 제의라는 공간적 수위에 맞추어 의식의 목적하는 바를 마을과 주민이 관련된 협의의 내용으로 국한한 것으로 보인다. 곧, 한 마을에 사는 사람들이 지연(地緣)을 바탕으로 마을 신앙으로 귀착 전승한 것으로 이해할 수 있다. 동제는 성황당(서낭당), 산제당, 본황당, 산신당(경기, 충청), 당산(전라, 경상), 포제단(제주) 등으로 불린다.

· 동제의 목적은 다음과 같다.
  - 농촌: 풍년 기원, 재해 방지 등 농사에 관련된 기원
  - 어촌: 풍어 기원, 해상 재해 방지 등 어업에 관련된 기원
  - 기타: 도시 및 주변지역은 농촌도 어촌도 아니기 때문에 주로 화재, 질병 등이 없이 마을 전체가 평안하고 상업 활동이 잘 되어서 마을 사람들이 잘 살 수 있도록 기원

· 동제 시행 시기
  - 음력 정초에 택일해서 정원 초이틀이나 사흘에 하는 마을이 있고 대보름 첫 시간, 즉 자정에 하는 마을도 있다.
  - 최소한 1년에 한 번 이상 행한다.
  - 특별히 군왕이나 장군 등 인신(人神)을 동신(洞神)으로 모시는 동신당 에서는 해당 인물의 탄신일(誕辰日)이나 기일(忌日)에 제를 올리므로 이 경우에는 시기가 다를 수 있다.

· 동신(洞神)으로 모시는 주 대상
〈당신(堂神)〉
  - 마을의 수호신이자 생업을 관장하는 신으로 지역에 따라 여러 가지 이름으로 부른다. 전국적으로 가장 많은 것은 산신(山神)이다. 산신은 산에 거주하는 신으로서 산 아래 사는 주민들을 보호한다고 믿는다. 경기도와 서울 지역에서는 도당

신(都堂神)이나 부군(府君, 마을을 지키는 신)을 모시고, 전라도 지역에서는 당신(堂神)이 보편적으로 모셔진다. 경상도와 강원도에서는 성황목(서낭목)을 주로 모신다. 명칭은 각기 달라도 주민들은 당신을 인격적인 존재로 믿어 할머니 또는 할아버지라고 부르면서 마을에 사는 모든 주민들의 조상으로 신앙한다.

〈장승〉

- 흔히 마을 입구에 세우는 장승은 외부로부터 들어오는 잡귀와 흉액을 막는 벽사신(僻邪神)으로서 장신, 수살, 벅수, 우석목 등 다양한 이름을 가지고 있다(마을의 경계 표시 및 거리 측정의 척점 기능도 수행). 천하 대장군과 지하여장군으로 남녀 1쌍을 만들어 세운다. 장승은 동제를 모실 때 당신의 하위신(下位神)으로 제의를 받는다. 이를 장승제 또는 거리제라고 한다. 장승 앞에 제물을 차리고 의례를 행한 후 폐백 의미로 백지(白紙)를 건다. 이어 개를 잡아 마을 밖 쪽으로 피를 뿌리거나 풍물을 떠들썩하게 울리는데 이는 잡귀를 물리치는 의식이다.

〈솟대〉

- 장대 위에 새가 앉아 있는 신간(神竿)을 말하며 지역에 따라 명칭이 다양하다. 짐대, 짐대성황, 오릿대, 수살대, 진또배기, 진대하나씨 등으로 이름은 달라도 모습이나 기능은 일치한다. 솟대는 삼한시대의 소도에서 연유했다고 하는 바, 현재는 장승과 함께 마을 입구에서 있어 마을의 액을 막아주는 기능을 가진다. 강원도 강문의 진또배기('솟대'의 강원도 사투리)는 장간(長竿) 위에 3마리의 오리가 세워져 있는데 각각 화재와 수재, 풍재를 막아준다고 믿는다. 그 외에 오리에서 연유한 수신(水神)의 성격으로 풍농을 보장하는 기능도 있다.

· 제사 형태

- 산고사, 동고사, 별신굿, 장승제, 용궁맞이, 풍어제, 배서낭굿 등으로 치러지며 그 지역의 생태적인 조건에 따라 다양한 이름으로 치러진다.
- 마을 사람이 제관(祭官, 祭主)이 되어 행해지는 형태와 무당이나 심방(神房, 제주도에서는 무당을 심방으로 부름. 신방→심방)과 같은 전문적인 사제가 참여해서 행해지는 형태가 있다. 전문적인 사제가 참여하는 제사 형태에는 중부지역의 도당굿, 서해안의 풍어제, 제주도의 당굿 등이 있다.

· 제사 종류

〈당제〉

- 마을에서 동회를 열어 제관을 선출한 후 동신당에 제를 올리는 것이며, 초헌(初獻)과 아헌(亞獻), 종헌(終獻)의 삼헌(三獻)과 독축(讀祝)으로 유가(儒家)의 제례에 준한다.

- 소수의 제관들만 참여한 가운데 경건하게 이루어지는 신앙형태로, 제관들은 당에 나아가 제물을 진설해서 대접하는데, 절하고 잔을 올린 후 비손을 하거나 축문을 읽는다. 유교식으로 홀기(笏記)를 읽는 마을도 있다. 마을 전체의 소지(燒紙)와 동민들의 소지를 올린 후 마치는 것은 모든 마을 고사에서 동일하다.

- 동제를 올리는 동안에는 동제에 참석하지 않는 사람들도 집안에서 근신하며 개나 다른 짐승들도 함부로 돌아다니지 않도록 조심해서 온 마을이 경건함을 유지하도록 한다.

- 동제가 끝나면 다함께 음복(飮福)하고 마을회의를 소집한다. 마을회의에서는 이장선출, 품삯결정, 마을공사 등 1년 동안 마을의 중요한 일을 결정한다.

  ※ 비손: 손으로 빌어 모신다는 뜻에서 비손이라 하며, '손 비빔'이라고도 한다. 잡귀나 객귀(客鬼) 때문에 병이 들었다고 생각하거나 집을 떠난 가족이 있을 때, 관액(官厄)의 위험 등 삶을 위협하는 재앙에 처했을 때 행한다. 푸닥거리와 목적이 비슷하지만 안방이나 마당에 간단한 제물(祭物)을 차리고 빌기만 하기 때문에 무당이 없으면 입담 좋은 동네 할머니나 부인네가 직접 행하기도 한다.

  ※ 제물(祭物) 준비: 제물은 경건한 마음으로 값을 깎지 않고 구입해서 깨끗하게 장만한다. 가장 중요한 제물은 제주(祭酒, 조라)이며, 제관이 선정되면 조라를 빚어 당 앞에 묻어둔다.

  ※ 제관 선임 및 동신당 관리: 당제를 지내기 3일, 7일 혹은 15일 전 동회(洞會)를 통해 제관을 선출한다. 제관은 정결하고 나이 많은 원로 중 생기복덕(生氣福德)을 가려서 2~3명을 뽑는다. 간단하게 지내는 당제에서는 제관 1명만 뽑는 예도 있으나, 대개 제주(祭主) 1명, 집사(執事) 1명, 축관(祝官) 1명 등 3명을 선출하고, 2명의 제관을 선출할 때는 제주 1명과 집사 1명을 선출해서 제주가 축관까지 겸하게 한다. 제관들은 선출된 날부터 즉시 금기(禁忌)에 들어가 집 밖 출입 제한, 언행 삼가, 육어류 금식, 음주흡연 회피, 매일 냉수 목욕재계, 부부 합방 금지를 준수한다. 집 문 밖에는 금줄을 치고 황토를 펴서 외부인의 집안 출입을 금한다. 제관 외의 마을 원로들은 동신당과 마을 입구에 금줄을 치고 황토를 펴서 잡인과 타지인의 범접을 막는다.

서낭목(성황목, 마을의 동신당
역할)에 금줄을 치고 황토를
펴서 잡인의 범접을 금한다.

먼저 유교식으로 의식을 치른다.

당제는 주로 밤에 시행한다.

산신의 형태로서 산
의 기암(奇巖)을 동신
혹은 동신당(제당)으
로 모시는 곳도 있다.
이 외에 거석, 남근석
등도 숭물(崇物)로 여
겨 동신으로 모시기
도 한다.

서울 경기도 지역의
당집(동신당).
당집 안에는 신위(神
位)나 탱화(神像圖)가
모셔 진다.

경기도 지역의 당굿.
박수가 동제를 주관
하고 있다.

경남 함양 운곡리의 풍물굿

〈당굿〉

- 당굿은 대대적인 동제로, 전문 사제인 무당을 불러다가 굿으로 동신에게 제를 올린다. 동제를 올리는 동신당에 먼저 당제부터 지낸 후 당굿을 함으로써 유가식(儒家式)과 무속이 복합된 이중제의(二重祭儀)의 형식을 띠게 된다.

〈풍물굿〉

- 농악대가 주도하는 의례를 말한다. 역시 제관들을 선정한 후 의례를 행하는데 농악대가 풍물을 울려 놀이판이 벌어진다. 동제가 끝나면 동네 우물과 집집을 돌아다니면서 지신밟기를 한다. 줄다리기나 고싸움으로 풍농과 풍어를 점치고 기원하는 놀이도 이때 행해진다.

· 고대 제천의식의 원형이 축소화되어 전승되고 있는 형태로서의 동제는 새해가 시작되는 시점에 맞추어 시행되는 것으로 마을의 신년 발복 및 주민 단합의 기능뿐 아니라, 마을의 공동관심사 결정 등과 같은 협의체로서의 기능도 수행한다.

· 동제에는 집단의 공동체 의식을 함양하고자 한 우리 민족의 지혜가 내재되어 있다. 또한 동제의 원형인 고대 제의의 '신인합일(神人合一)추구'와 같은 원초적 목적을 헤아려 그 형식과 사상을 현대의 축제양식에 적용할 경우 민족 전통 문화의 계승이 올곧게 이루어질 것이다.

· 동제는 한민족 축제의 가장 고전적인 원형을 고대로부터 현대까지 그 면모를 유지하고 있는 독특한 구조다. 따라서 이 땅의 축제인에게는 축제적 고향이 될 수 있으므로 동제에 대한 각별한 이해가 필요하다.

3

세시
풍속

시대가 오늘 내일 다르게 첨단 사회로 진화하는 중에
전통문화의 형태와 정신은 점차 우리 곁에서 멀어져만 가고 있다.
축제 또한 교외 축제에서 도심 축제로 공간 이동을 하면서
도시재생 등 현대적 트렌드를 지향하고 있다.
그러나 그 나라 민족의 기본 정서와 인문학적 생활양식의 토대는
결국 전통 문화에서 기인한다. 세시 행사는 그 나라 국민의
축제 인자다. 시대는 변해도 전통 문화 코드에서
시대적 시의를 재창조할 수 있는 가치를 찾아야 한다.

(1) 세시(歲時)와 세시 풍속의 의미

■ 세시
 · 연중 절기나 계절에 따른 특정한 때(날, 기간)를 말한다.
 · 농경 생활, 특히 논농사와 직결되는 24절기와 명절 등 그밖에 다른 절기를 통칭하
  는 명칭이다.
  – 설날, 춘분, 입춘, 삼복, 동지 등

■ 세시 풍속
 · 공동체 구성원 사이에서 최선의 행동체계로 유형화되어 해마다 세시에 맞추어 시
  행하는 생활 행위를 의미한다.
 · 세시 풍속은 농경 생활, 특히 논농사와 밀접한 관계를 보이는데 사계절이 분명해서
  계절에 따라 농업 활동이 명확히 구분되는 한반도에서는 계절에 따라 해마다 같은

일이 주기적으로 반복되므로 연중 절기마다 해야 할 일이 세시 풍속으로 정해져 있다.

■ 세시 풍속의 중요성
· 세시 풍속의 중요성은 하나의 생산 활동을 마무리하고 다음 단계의 생산 활동을 촉구함으로써 생활을 역동적으로 영위하게 하는 것에 있다. 즉, 단순한 생활에 생기를 불어넣는 계기가 된다.

■ 세시 풍속의 성향
· 농번기인 여름철보다는 농한기인 봄에 많이 시행된다. 농업이 기후에 의존하기 때문에 그 내용이 주로 주술적 의례(점복 요소)로 치우치는 경향을 보인다. 정월은 새해의 첫 출발이 되는 달이 되기에 그 해의 풍년과 행운을 기원하는 세시 풍속이 집중되어 있다.
· 오늘날 전해지고 있는 세시 풍속은 대개 고려시대 이후에 정착된 것으로 보인다.

(2) 대표적 세시 풍속 및 행사

■ 설날(元旦, 음력 1월 1일)
· 널뛰기(여성)
· 윷놀이(남녀)
  - 도개걸윷모(刀介乞兪毛): 도, 개, 양, 소, 말
  - 고대 조선의 수두(소도)교는 삼일신(三一神), 즉 천일(天一, 하늘)신, 지일(地一, 땅)신, 태일(太一, 우주)신을 숭앙했다. 이 삼신을 보좌하는 역할로 오방신(五方神), 즉 오제(五帝)를 두었는데, 그들이 곧 도가, 개가, 소가, 말가, 신가였다. 삼신은 훗날 마루한(마한馬韓), 불한(변한弁韓), 신한(진한辰韓, '신'은 가장 상위개념의 높임 명칭으로 순우리말이다)이라는 나라 이름으로도 쓰인다.

- 신채호 『조선상고사』

- 오제(도가, 개가, 소가, 말가, 신가) 명칭은 훗날 농경문화로의 정착 과정에서 농사를 진작시키고자 각각 도(돼지), 개, 양, 소, 말이라는 농사와 직결되는 짐승들을 칭하게 된다.
- 무속에서의 오방신(五方神)
  : 북현무(北玄武, 선악주관), 동청룡(東靑龍, 곡식주관), 서백호(西白虎, 징벌주관), 남주작(南朱雀, 목숨주관), 중황룡(中黃龍, 질병주관)

· 승경도(陞卿圖)놀이
  - 종이 말판 위에서 누가 가장 먼저 높은 관직에 올라 퇴관(退官)하는가 겨루는 놀이로 종경도(宗卿圖), 종정도(從政圖), 승관도(勝官圖) 등으로도 불린다.

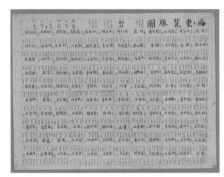

승경도 놀이판과 윤목

  - 주사위 또는 5각형의 나무막대인 윤목(輪木)을 굴려 나온 수치대로 말을 이동해서 최종점인 봉조하(奉朝賀)에 도착해 먼저 퇴관한 사람이 승리한다. 원래는 계절에 상관없이 즐겼던 놀이였지만 일반적으로 정월에 많이 했다.
  - 승경도의 승부로 일 년 운세를 점치기도 했다.

■ 대보름날(음력 1월 15일)
 · 지신밟기
  - 농신(農神)을 즐겁게 해줌으로써 풍농을 기원한다. 집을 지켜주는 집터 신(地神)에게 고사를 올리고 풍물을 올린다.
 · 연날리기
  - 하늘과 인간을 연결하는 고대의 종교적 의미에서 재액을 날리는(연줄을 끊어

날림으로써) 현세적 의미로 정착했다.

· 줄다리기

- 한 해의 풍년을 기원하고 공동체 구성원의 일체감을 돈독하게 하기 위해 대형 줄다리기 시합을 벌였다.

· 석전(石戰)

- 돌 던지기 싸움 놀이로 전쟁 시 전투력으로도 활용되었다. 일제 강점기 때 일본 은 우리의 석전을 상무정신 함양으로 여겨 일체 금지했다.

· 차전놀이

- 동채싸움이라고도 한다. 차전놀이의 유래는 통일신라 말에 후백제의 왕 견훤 (甄萱)이 고려 태조 왕건과 자웅을 겨루고자 안동으로 진격해왔을 때 이곳 사람 들은 견훤을 낙동강 물속에 밀어 넣었는데 이로 말미암아 팔짱을 낀 채 어깨로 만 상대편을 밀어내는 차전놀이가 생겼다고 한다. 또 다른 전설에는 견훤이 쳐 들어왔을 때 이 고을 사람인 권행(權幸), 김선평(金宣平), 장정필(張貞弼)이 짐수 레와 같은 수레 여러 개를 만들어 타고 견훤군을 격파한 데서 비롯한 놀이라고 도 한다.

· 다리 밟기

- 다리 병 나지 않기를 비는 의미의 놀이로 답교(踏橋)놀이라고도 한다.

· 기세배(旗歲拜)놀이

- 한강 이남의 농촌 지방에서 벌이는 마을끼리의 놀이다. 마을의 상징인 농기(農 旗)를 앞세운 인근 마을의 농악대가 함께 모인 자리에서, 각기 형 마을과 아우 마을을 정하고 서로 농기로 세배를 주고받으며 한바탕 놀면서 이웃마을과 화목 을 꾀한다.

- 오늘날에도 전북 익산시의 함열(咸悅), 금마(金馬), 왕궁(王宮) 등지에서 볼 수 있다.

- 놀이 흔적이 기호 지방에 남아 있고, 마한(馬韓)의 고도(古都)인 익산군 지역에 서 두드러진다는 점에서 마한 또는 백제의 유풍이라는 설이 있다. 특히 백제의 군제(軍制)가 변화한 것이라는 견해가 있다. 그것은 농기는 군기(軍旗)의 구실 을 하고, 대장기에 대해 군소기가 행하는 절을 군례(軍禮)라고 부르는 사실로

추측할 수 있다. 농기는 대개 농자천하지대본야(農者天下之大本也)라고 쓰는 것이 보통인데, 용(龍)을 그려 넣고 용기라 부르는 점에서도 군제와 관련이 있는 것으로 보인다.

- 놀이의 구성원은 징잡이, 북잡이, 장구잡이, 소고잡이 등 25명이 보통이나 형편에 따라 가감이 있으며, 때로는 뺑덕어멈, 꼽추(말뚝이) 등 우스개짓을 하는 잡색(雜色) 인물이 등장한다.

· 달집태우기
- 생솔가지나 나뭇더미를 쌓아 '달집'을 짓고 달이 떠오르면 불을 놓아 제액초복(除厄招福)을 기원한다.

차전놀이

기세배놀이

달집태우기

■ 단오(端午, 음력 5월 5일)
· 강릉단오제
- 대관령 산길의 안전과 풍작, 풍어를 기원한다. 3월 30일 주민들이 신주(神酒)를 빚으면서 축제가 준비된다. 5월 4일과 5일이 절정이다. 농악, 가면놀이, 씨름대회, 그네뛰기 대회 등 민속놀이와 연희가 시행된다.
· 전국적으로는 씨름대회와 그네뛰기대회, 석전, 탈놀이가 연희된다.

■ 백중(百中, 음력 7월 15일)

· 신라와 고려시대 때 절에서 이날이 되면 우란분회(盂蘭盆會)를 열었는데, 백 가지 꽃과 과일을 부처에게 공양한다는 뜻으로 백종(百種)이라고도 했다.

· 농촌에서는 논밭매기를 다 끝내고 '호미씻이' 놀이를 한다. 제주도 설화에서는 백중을 농업 신으로 묘사한다(음력 7월 14일 백중의 넋을 위로하고 풍년을 기원하는 백중제를 지냄).

· 지방에 따라 씨름대회를 하거나 마을 간에 기세배놀이를 한다.

■ 추석(秋夕, 음력 8월 15일)

· 중부 이북지방에서는 사자놀이를 즐기고, 전라 경상 등 남부지방에서는 농악놀이를 즐긴다. 일부 지역에서는 소싸움을 벌이기도 한다. 황해, 경기, 강원, 충북 등 중서부 지방에서는 소놀음을 하고, 경기 지방은 따로 거북놀이(水神인 거북에게 풍년을 기원)를 한다.

· 남해안 지방에서는 이날 밤 부녀자들이 모여 강강술래를 하며 즐긴다.

· 제주도에서는 남녀가 편을 갈라 줄다리기(조리지희, 照里之戱)를 한다. 추석 때의 줄다리기는 풍요와 다산(多産)을 상징하는 달과 관계가 깊다.

· 경북 의성 지방에서는 서당의 학동들이 남과 북으로 편을 갈라 가마 싸움 놀이를 행했다. 나무로 가마를 만들어 밑에 바퀴를 달고 앞뒤에 각각 세 가닥의 줄을 매단다. 가마 안에는 애호박에 사람 얼굴을 그린 원님을 태운다. 총수기(總帥旗) 1점과 부기(副旗), 청룡기(靑龍旗), 백호기(白虎旗), 주작기(朱雀旗), 현무기(玄武旗), 청도기(淸道旗), 영기(令旗)를 각각 2점씩 준비한다. 양대(兩隊)의 학동들이 깃발을 앞세운 채 공격대와 호위대가 가마를 끌고 마을을 누비고 다니며 기세를 올리다가 서당 마당에 모인다.

양편이 맞서서 입씨름을 하다가 접장의 지휘에 따라 접전을 벌인다. 이 때 공격대는 상대편의 가마에 접근하고 호위대는 상대편이 가마에 접근하지 못하도록 막는다. 상대편 가마를 빼앗아 부수는 것으로 승패를 가리는데, 가마 싸움에서 이긴 서당에서는 그 해의 과거시험에 급제하는 학동이 많이 나온다고 여겼다.

4

한국인의
전통 연희

연희는 고대인들에게 문화적 Spark를 점화시켜주는 Entertainment였다.
고대 연희 종목 중 오늘날까지 생존해서
전승되는 것도 얼마든지 있고,
시의적 의미를 되새겨 오늘의 Entertainment로 차용할 바가 대단히 많다.
전통 연희에 대한 내용은 그 양이 방대하기에 대표적 연희 종목 위주로 기술한다.

(1) 고대의 연희

■ 산악백희
· 우리 민족의 전통 연희는 고대 중국 산악백희(散樂百戲, 갖가지 연주와 놀이)의 영
향을 많이 받았다. 우리는 이것을 백희, 가무백희, 잡희, 산대희(山臺戲), 나희(儺
戲), 나례(儺禮), 나(儺) 등으로 불렀고 중국에서는 주나라부터 산악이나 백희로 부
르다가 한나라 이후 백희, 제희(諸戲), 잡기(雜技)로 칭했다.

■ 외부의 연희 요소 유입
· 신라 왕실에서는 중국(당시 당나라)에서 수입한 음악을 당악이라 했고 자생적으
로 생성된 음악을 향악이라고 했다. 고려 왕실은 신라의 적통 국가로서 신라 왕실
문화를 계승했다. 13세기 고려 중엽 성종조에 이르러 송나라 휘종으로부터 아악
(雅樂)과 정재(呈才)를 전수받음으로써 궁중 연희의 틀이 완성되기에 이른다. 아악
과 비교해서 신라의 당악과 향악은 속악(俗樂)으로 구분했다. 이것은 조선의 왕실
문화에도 직접적인 영향을 주었다.
· 한반도 땅에 영향을 준 중국의 산악백희 역시 중국에서 자생한 것만은 아니다. 서

역(인도, 아랍)과 대진(大秦, 로마), 안식(安息, 페르시아), 선국(撣國, 미얀마) 등의 기예나 환술(幻術, 마술)이 한대(漢代)를 기점으로 중국에 유입됨으로써 혼용, 혼재하면서 정착한 것이고, 이것이 다시 한반도 땅으로 전파된 것으로 보인다.

· 한대부터 당대(唐代)에 이르기까지 중국 땅에서 시행되었던 연희들을 살펴보면 골계희(滑稽戲, 희극), 동물 가면희, 동물희(動物戲), 가무희(歌舞戲), 괴뢰희(傀儡戲, 인형극), 악기 연주, 곡예(기예), 환술 등 매우 다양한 연희가 시연되었음을 알 수 있다. 한반도 고대 국가들과의 교류가 있었을 것이기에 대표적인 것을 소개하면 다음과 같다.

① 골계희(滑稽戲)

· 골계희는 희극 요소가 강한 연희로 중국이나 고려, 조선에서 공히 우희(優戲), 배우희, 창우희(唱優戲)로 불렸다.

 – 우희(優戲): 중국의 자생 연희다. 왕과 귀족들을 위해 코믹한 언동으로 웃음을 유발했다. 우희는 점차 왕, 관원 등 지배계층의 잘못을 일깨우는 풍자극의 기능도 구사함으로써 훗날 풍간(諷諫)으로까지 발전한다.

   ※ 중국 선진(先秦) 시대 당시 예인(藝人)을 우(優)와 영(伶)으로 분류했다. 영은 악기를 연주하는 예인으로 정했고, 우는 다시 가무 위주의 배우인 창우(唱優)와 골계 및 조소(調笑, 개그)를 전문으로 하는 배우로 나누었다. 한대 이후에는 우와 영을 합쳐 우령으로 부르면서 가무, 연주, 백희, 골계를 전담하는 예인으로 불렸다.

   ※ 중국의 우희는 고려와 조선의 우희와 연결됨으로써 훗날 판소리와 가면극, 재담, 만담의 형성과 발전에 큰 영향을 끼친 것으로 보인다.

② 동물 가면희

· 대표적으로 어룡만연(魚龍漫衍), 공작희(孔雀戲), 표희(豹戲), 총회선창(總會仙倡) 등이 있다.

 – 어룡만연: 황금을 토한다는 상서로운 동물 함리(舍利)가 외눈박이 비목어(比目魚)로 변신한 후, 비목어가 다시 용으로 변신하는 대형 환술이자 동물가장 가면희다. 연희자들이 함리, 비목어와 용의 가면을 쓰고 가장하거나 대나무로 틀을 만든 후, 그 위에 종이, 흙, 천 등 재료를 붙여 만든 모형을 이용했다. 또한 이때 여러 가지 연희들을 함께 공연했는데, 전체 공연을 아울러 만연어룡(漫衍魚龍), 어룡만연지희(魚龍蔓延之戲), 만연지희(蔓延之戲), 어룡희(魚龍戲), 용희(龍戲),

격수화어룡(激水化魚龍), 함리(含利), 신귀변무(神龜抃舞), 거수백심(巨獸百尋), 어룡변화(魚龍變化), 어희(魚戱) 등 다양한 명칭으로 불렀다. 이렇게 다양한 명칭은 당시 어룡만연지희가 중요한 종목이었고 인기가 있었음을 반영하는 것이다. 특히 중국 위진남북조 때는 황룡변(黃龍變)이라고 했다. 황룡변은 어룡만연에서 한층 발전, 내용은 비슷하지만 규모가 더 크고 변화무쌍한 공연이다. 어룡만연지희는 황제의 만수무강을 기원하는 춤으로, 신화적 장면의 연출을 위해 중국 전통의 환술을 촉발한 중요한 종목이었다. 『한서(漢書)』권96 하(下) 서역전(西域傳)에 "파유무(巴兪舞) 도로(都盧) 해중양극(海中煬極) 만연어룡(漫衍魚龍)을 했다."라는 기록에서 확인할 수 있듯이 만연어룡지희는 가장 중요한 동물 가면희요 환술이었다. 이후 '어룡(魚龍)'은 잡기를 나타내는 대명사로 사용되어 잡기의 연기자를 '어룡자류(魚龍者流)'로 칭했을 정도였다. 이 연희는 오늘날 중국인들의 정초 용놀이, 용축제 등으로 계승되고 있다.

- 공작희: 연희자가 공작으로 가장해서 시연하는 가면희다.
- 표희: 연희자가 표범으로 가장해서 뱀 모양의 도구와 깃발을 들고 시연하는 가면희다. 표범 연희자 외에 몸집 작은 사람이 공중제비를 한다.
- 총회선창: 연희자들이 신선이나 맹수(표범, 곰, 호랑이, 용 등)로 분장 한 채 관객을 상대로 펼치는 가면희. 이들은 산거(山車)라고 불리는 신산(神山) 무대 구조물에서 연희를 하는데, 백호는 비파를 연주하고 청룡은 통소를 부는 식으로 맹수들이 등장해서 연희한다.

※ 산거는 한나라 때 유행한 도가 사상, 즉 신선 사상의 산물로 보이는 바, 신선이 사는 봉래산을 설정한 것으로 보인다. 봉래산은 바다에 떠 있기 때문에 바다에 가라앉지 않도록 거북이가 등에 지고 있다고 한다. 이것을 다른 명칭으로 오산(鼇山)이라 했고 훗날 조선시대 산대(山臺)의 원조가 된 것으로 보인다(*조선의 연희 내용에서 세부 설명).

중국 명대 남도번회도권(南都繁會圖卷)에 보이는 산대(山臺)

③ 동물희(動物戱)

· 각종 동물을 훈련시켜 묘기를 부리게 하는 연희로 처음에는 사람이 동물 흉내를 내었지만 차츰 동물을 훈련시켜 재주를 선보였다. 주로 원숭이나 개 코끼리, 곰, 새 등을 연희에 활용했다.

④ 가무희(歌舞戱)

· 노래와 춤으로 연희를 푸는 방식이다. 한대의 화상석(畫像石, 한대에 돌로 된 무덤이나 사당의 벽, 돌기둥, 무덤의 문, 벽돌, 석관의 뚜껑에 추상적 도안이나 꽃무늬부터 인물 및 활동, 현실 생활에 이르기까지 다양한 내용을 암각해서 장식한 돌)에는 칠반무(七盤舞, 긴소매 비단옷을 입은 연희자가 일곱 개의 소반 주위를 왔다 갔다 하며 추는 춤), 반고무(盤鼓舞, 칠반무와 유사), 건무(巾舞, 긴 수건을 가지고 추는 춤), 파유무(巴渝舞, 복희의 출생지로 중국 쓰촨성 난충南充 지역은 옛날 파자국巴子國이었고 파유무는 그곳 주민들이 추던 춤) 등의 가무희가 새겨있다.

⑤ 괴뢰희(傀儡戱)

· 춘추시대에 나무를 사람모양으로 깎아 노예 대신 순장한 풍속에서 유래되었다고 한다. 따라서 초기에는 원래 상가(喪家)에서 시연되었으나, 한대 말부터는 잔칫집에서도 연행되는 등 레퍼토리를 발전시켰다. 당·송대에 이르러 절정의 인기를 얻으면서 산악백희의 주 종목으로 등재되어 큰 인기를 얻었다.

⑥ 곡예(기예)

· 오늘날의 아크로바트와 같은 기예로 보면 된다.

조선 영조조 때 조선에 왔던 청나라 사신 아극돈이 조선의 풍경들을 기록한 봉사도(奉使圖)에 보이는 솟대타기 시연 모습으로 고대의 솟대타기를 연추해 볼 수 있다.

- 도로심장(都盧尋橦): 솟대타기로 연희자가 머리 위로 솟대를 세우고 솟대 위에 어린 아이가 올라가 재주를 보이는 연희다. 도로국(미얀마 간푸토로우 지방) 사

람들이 이 연희를 잘했다 해서 도로심장이라는 이름이 붙여졌다.

- 충협(衝狹): 칼이나 창이 꽂혀 있는 원형의 장애물을 통과한다.

- 연탁(讌濯): 물을 담은 쟁반 위를 공중제비로 건너뛰고는 그 쟁반 가운데로 들어 가서 앉는다. 쟁반 위를 뛰어넘을 때 발로 물을 친다. 제비가 물 위를 날 때 꼬리 로 물을 스치는 듯한 모습을 보여 연탁이라 불렀다.

- 도환(跳丸): 공이나 방울을 여러 개 공중에 던졌다가 받는다. 저글링 이다.

- 도검(跳劍): 공이나 방울 대신 여러 개의 칼을 공중에 던지고 받는다. 역시 저글 링 형태다.

- 주삭(走索): 줄타기 기예.

- 수인농사(水人弄蛇): 뱀을 놀리는 재주.

- 무륜(舞輪): 도구를 사용해서 수레바퀴를 쳐올리고 돌리는 재주. 남사당놀이의 버나 돌리기와의 연관성이 엿보인다.

- 오획강정(烏獲扛鼎): 무거운 솥을 들어 올린다.

- 농침(弄枕): 나무로 만든 베개 여러 개를 가지고 줄을 맞춰 하나의 기둥처럼 꾸 몄다가 그 중에서 사람들이 요구하는 목침을 빼거나 여러 개를 쌓아가며 다양 한 형태를 만들어 보인다.

- 하요(下腰): 누워서 발로 항아리 돌리기, 두 발을 벌린 채 윗몸을 뒤로 젖혀 손으 로 발목을 잡는 재주. 현대 서커스 공연에서 많이 볼 수 있다.

- 요요기(拗腰技): 두 발을 벌린 채 윗몸을 뒤로 젖혀서 머리가 양 다리 사이로 나 오게 하거나 몸을 뒤로 젖힌 상태에서 그릇을 물고 다시 일어서는 식으로 몸을 자유자재로 구부린다.

- 안식오안(安息五案): 탁자를 여러 개 쌓아 놓고 그 위에서 물구나무 서기 재주를 보이는 기예. 안식국(페르시아) 사람들이 이 기예를 잘했다 해서 안식오안이라 했다.

- 토화(吐火): 입에서 불을 토해낸다.

⑦ 환술(幻術)

· 마술이다.

- 탄도(呑刀): 칼을 삼킨다.

- 흉돌섬봉(胸突銛鋒): 날카로운 칼로 가슴과 배를 찌르려 하지만 몸속의 기를 모아 칼이 들어가지 않게 한다. 오늘날의 기공(氣功), 즉 차력과 유사하다고 볼 수 있다.
- 자박자해(自縛自解): 자기 몸을 끈으로 묶은 후 스스로 푼다.
- 도인절마(屠人截馬): 사람이나 말을 칼로 자른 후 다시 원상태로 복원시켜 살아나게 한다.
- 획지성천(畵地成川): 땅을 긋기만 하면 냇물이 흐른다.
- 역우마두(易牛馬頭): 소와 말의 머리를 바꾼다.

■ 한반도 삼국시대의 대표적 연희
  · 한반도에서 자생한 산악백희 중에는 중국에서 성행한 산악백희와 유사한 것들도 있었다. 방울받기, 솟대타기, 줄타기, 나무다리 걷기 등이 그 예다. 그러나 중국과 서역 등으로부터 유입된 연희의 영향을 받아 변형도 되고 내용 보강도 되는 식으로 시행되었을 것이다.

① 고구려
  · 수박희(手搏戲)와 각저(角抵)가 유명했고 이 연희들은 중국과 일본에 수출되어 그들의 궁중 연희 레퍼토리로 정착되기까지 했다.
    - 수박희: 격투기
    - 각저: 씨름
② 백제
  · 백제인 미마지(味摩之)가 중국 남조로부터 수입한 가무악으로서 기악(伎樂)이 있었다.
  · 현재 국내에는 백제 기악에 대한 전승 기록이 전무하다.
    - 기록상 612년 미마지에 의해 이 기악이 왜에 전해졌고, 1233년 고구려계 일본인 박근진(狛近眞)이 『교훈초(教訓抄)』에 기악의 내용을 전하고 있다. 기악은 사자무(獅子舞), 오공(吳公), 가루라(迦樓羅), 금강(金剛), 바라문(婆羅門), 곤륜(崑崙), 오녀(吳女), 역사(力士), 태고(太孤), 취호(醉胡), 무덕악(武德樂) 등 10과장

으로 구성된 일종의 소극(笑劇)으로서 로마 시대의 마임(Mime)이나 판토미무스(Pantomimes) 등에 비유될 수 있는 가면 묵극으로 보인다.

- 백제 멸망 후 6백 년이 지난 기록이라 원형과 같을 수는 없겠지만, 기록상으로 본 당시 일본에서의 연희 내용은 희극적이며 외설적인 것으로 보인다. 순서대로 보면 다음과 같다.

▶ 먼저 시시(사자)가 춤을 추는데, 이 시시는 시시지(獅子兒)라고 불리는 미소년이 이끈다.

▶ 고코(오공)가 부채를 들고 등장해서 악사(樂師)를 향해 피리를 불 거나 그치는 시늉을 하면 악사가 피리를 불거나 그친다.

▶ 가루라가 나와 빠른 반주음악에 맞춰 서조(瑞鳥)의 춤을 춘다.

▶ 곤고(금강)와 바라몬(바라문)이 나와서 승려에 대한 희극적 연기를 하고 곤론(곤륜)은 고조(오녀)를 사모하는 외설적인 춤을 춘다.

▶ 리키시(역사)가 등장해서 곤론을 항복시킨다.

▶ 노녀(老女) 차림의 다이코(태고)가 아들 둘을 데리고 허리를 밀고 무릎을 치게 하며 불전(佛前)에 예불한다.

▶ 스이코가 등장해서 호인(胡人)의 술 취한 모습을 흉내 낸다.

- 원형과의 정확성 여부 외에도 기악 전개에 있어서 가(歌)나 사(詞)는 처음부터 없었는지, 일본에 전파된 이후 사라졌는지는 알 수 없다.

- 불교 공양의 무악으로 일종의 불교 선교를 위한 연희로 여겨졌지만 이것 이 처음부터 10과정(科程)의 조곡(組曲)으로 대륙으로부터 전래되었는지 또는 백제에서 통합되었는지 아니면 일본에서 통합되었는지도 의문이다.

- 한국학중앙연구원『한국민족문화대백과』등

- 기악의 발상지에 대한 의견도 분분하다. 일단『일본서기』권22 추고기 (推古期)의 '미마지가 귀화했다(味摩之歸化). 그자는 오나라에서 수학했다(曰學于吳).'의 오류부터 짚고 넘어가야 한다. 왜냐하면 기록상의 오나라가 춘추전국시대의 오나라라면 BC 473년 월왕 구천(勾踐)에 의해 멸망한 부차(夫差)의 오나라요, 혹여 삼국 위촉오(魏蜀吳) 중의 오나라라면 위나라를 대체해서 건국된 진나라에 의해 280년 멸망한 그 오나라이기에 어느 오나라이든 미마지가 생존했을 시기

와 전혀 맞지 않는다. 다만 420~422년에 남조 지역의 송나라가 백제악을 수입했다는 기록이 있고, 또 수나라(580~630) 당시 북제 후주가 지은 옥수후정화(玉樹後庭花, 오늘날 전승되고 있는 백제의 산유화가山有花歌와 연계성 있음)이 당시의 '오' 지방(지금의 남경南京 지역으로 옛 오나라 지역임을 일컫기 위해 '오吳' 명칭이 잔존했을 것임)에서 크게 유행했다는 기록을 놓고 추정해 본다면 미마지가 이 시기 지금의 남경에서 '오 지방의 노래', 즉 '오성가곡(吳聲歌曲)'인 옥수후정화를 습득했을 것으로 추정할 수 있다.

– 또한 기악(伎樂) 명칭 역시 중국어가 아니라 천축(인도) 문화에서 나온 것으로, 악기를 뜻하는 산스크리트어 Vādya를 '기악'으로 번역한 것이라는 분석이 있다.

- 두우 『통전』 권146 악6 사방악, 진양 『악서』 권158 악도론 등

· 기악의 발상지에 대해서는 중국보다도 중앙아시아나 서역으로 추정하는 경향이 있다.
· 기악은 우리나라 양주산대극(楊州山臺劇)의 가면놀이와 연결된 것으로도 추정된다. 다만 백제의 기악은 불교 전도 성격의 가면극이었다면 조선의 산대극 가면놀이는 불교의 중을 풍자한다. 시대가 바뀌어 내용이 변형된 것으로 보인다.

수박희

각저

입호무

신라박

③ 신라

· 입호무(入壺舞)와 신라박(新羅狛)이라는 연희가 크게 성행했고 역시 중국과 일본에서도 큰 인기를 얻었다.

  - 입호무: 서로 조금 떨어진 두 개의 탁자 위에 항아리를 각각 놓아 두고 그 중 한 항아리로 연희자가 들어갔다가 다른 편 항아리 밖으로 나오는 환술이다.

  - 신라박: 동물 가면을 착용한 가면희. 사자춤으로 간주된다.

· 최치원(857년~?)의 한시 〈향악잡영오수鄕樂雜詠五首〉를 보면 금환(金丸), 월전(月顚), 대면(大面), 속독(束毒), 산예(狻猊) 등의 연희가 기록되어 있다.

  - 금환: 방울받기.

  - 월전: 여러 선비들이 술잔을 들고 다투면서 노래와 춤으로 관중의 웃음을 유발하는 연희. 주로 난쟁이 흉내를 내며 웃기려 하던 골계희요 우희다. 실제 난쟁이가 직접 연희했을 수도 있다. 월전이라는 명칭은 타림(Tarim)분지에 있던 서역의 우전국(于闐國, 지금의 중국 서남부 허톈和田, 최고의 옥 생산지)에서 전래한 연희로 간주해서 우전을 음사(音使)해서 붙였을 것이라는 해석이 있다.

  - 대면: 황금빛 가면을 쓴 채 손에 구슬 채찍을 들고 귀신을 부리는 춤. 귀신을 쫓는 구나무(驅儺舞), 즉 축귀(逐鬼)춤으로 보인다. 전쟁 때마다 가면을 쓰고 나아가 크게 승리했던 북제(北齊) 난릉왕(蘭陵王) 장공(長恭)의 전설에서 유래한 대면희의 영향을 받았다는 설이 유력하다. 학계에서는 난릉왕 대면희의 축귀 의미가 신라의 대면과 처용무 형성에 영향을 끼쳤을 것으로 추정한다.

  - 속독: 남색 탈을 쓰고 북소리에 맞추어 춤을 추는 연희. 흐트러진 긴 머리에 남색 가면을 착용하고 떼를 지어 나와서 난새(鸞鳥, 전설 속의 새, 봉황과 유사) 춤을 춘다. 벽사진경(辟邪進慶)의 의미가 보인다. 속독은 중앙아시아 지역의 타쉬켄트(Tashkent)와 사마르칸트 일대 속특(粟特, 페르시아의 소그드 족이 살던 지역) 등 여러 지역에서 전래한 건무(巾舞)의 일종으로서 속특의 음사 명칭으로 해석된다.

  - 산예: 사자탈을 쓴 광대들의 사자춤.

  - 『한국전통연희사전』, 전경욱 『한국의 전통 연희』 등

· 가배(嘉俳)

- 매년 음력 8월 보름을 맞이해서 추수감사제의 일환으로 많은 사람이 함께하는
놀이를 즐겼는데 남자들은 씨름을 했고 여자들은 길쌈내기 놀이를 했다. 여자들
의 길쌈내기 놀이를 '가배'라고 불렀으며 이때 여러 노래와 춤을 즐겼다고 한다.
내기에서 지면 한 여인이 춤을 추며 노래를 불렀다고 하는데 이 노래를 〈회소곡
(會蘇曲)〉이라고 한다. 가배에서 행해진 씨름대회는 훗날 단오제의 중심 놀이로
전승되었고, 오늘날의 추석은 가배 의식이 행해진 시기인 음력 8월 보름에 맞추
고 있다.

※ 회소: 경상도 방언인 '모이소'의 이두식 표기. 가배에서 패배한 신라 여인이 '회소~ 회
소~' 라고 노래 부른 것이 아니라, '모이소~ 모이소~' 라고 노래 부른 것이다.

※ 상기 요소들을 살펴보면 고대 국가의 연희 종목들은 서로 영향을 주거나 받으면서 국가
간 활발한 교류를 통해 성행했음과, 많은 연희 종목들이 사라지기도 했고 또 그 원형의 잔
영을 오늘날에까지 전하고 있음을 알 수 있다.

(2) 고려의 연희

■ 왕실 연희 문화의 발전

· 고려시대에는 이미 통일신라 때부터 시행해왔던 팔관회와 연등회, 수륙재(水陸齋)
외에도 나례(儺禮), 우란분재(盂蘭盆齋), 수희(水戲), 과거급제자 축하 행사 등이 개
최될 때마다 곡예와 환술, 교방가무희(훗날 궁중정재로 발전), 가면희, 우희 등의
연희가 성대히 시행되었다.

■ 고려의 연희자

· 고려의 전문 연희자들은 주로 북방 유목민 계통과 재승 계통(절의 노비로 전문 연
희자), 서역 계통의 사람들이었다. 특히 유목민 계통인 양수척(揚水尺, 백정, 후삼
국과 고려시대 때 떠돌아다니며 사냥을 하거나 고리버들 제품을 팔던 무리. 훗날
기생도 이들에게서 나왔다고 함), 거란족, 달단족(타르타르인) 등의 연희 활동 기
록이 많이 전해진다.

※ 조선 숙종조의 해서(海西) 도적 장길산(張吉山)이 원래 겨울에는 고리버들 제품을 만들어 팔고 봄부터 가을까지는 장이 서는 곳을 떠돌면서 재예를 팔던 천민 재인(才人)이었던 것을 보면 북방 유목민의 후예로 볼 수 있을 듯하다. 임꺽정도 그런 시각으로 접근할 수 있다.

· 서역인들 또한 연희적 재량이 출중했기에 이미 고구려 벽화에서 그들의 연희 장면이 전해지는 만큼 고려시대에서도 그들의 활약은 계속된다. 특히 법가 위장(法駕衛仗, 왕의 문묘 행사나 과거시험장 행차 때 앞장서는 의장대열)이나 연등위장(燃燈衛仗, 왕의 연등회 행차 때의 의장대열)과 같은 왕의 의장 대열의 악대 중에 안국기(安國伎, 중앙아시아 도시국가 부카라Bukhara의 음악) 40명, 고창기(高昌伎, 중국 신장성 투르판 지역 음악) 16명, 천축기(天竺伎, 인도 음악) 18명이 편성되어 있음을 볼 때 서역음악에 속하는 연희들이 상당히 다양했을 것으로 보인다.

※ 안국기의 악기편성: 공후(箜篌), 비파(琵琶), 오현(五絃), 적(笛), 소(簫), 필율(篳篥), 쌍필율(雙篳篥), 옥고(玉鼓), 화고(和鼓), 동발(銅鈸) 등

※ 쌍화점(雙花店, 만두가게) 가사에 등장하는 회회(回回)아비는 서역인으로 위구르인 혹은 아랍인이었다. 회회족이 당시 대중문화에 친숙하게 등장했을 정도로 고려에는 서역인들이 대거 거주했던 것으로 보인다. 서역인으로 보이는 처용이 술김에 춤 한번 춘 것으로 일약 스타가 되었던 신라 못지않게 고려는 많은 외래 민족으로 들끓는 다민족 국가였다.

※ 조선시대에도 궁중 연희를 열 때 회회인 대표들이 참석했다.

– 『태종실록』13권, 『세종실록』1권, 4권, 35권 등

① 팔관회

· 팔관회는 원래 불교의 5계(五戒, 살생하지 말 것, 도둑질하지 말 것, 간음하지 말 것, 헛된 말 하지 말 것, 음주하지 말 것)에 3계(三戒, 사치하지 말 것, 높은 곳에 앉지 말 것, 때 아닌 때에 먹지 말 것)을 더해 신도들로 하여금 하루 동안 지키게 하는 인도에서의 금욕수행 불교의식이었다(八關齋會). 불교가 중국에 전파된 후 중국에서는 여덟 가지(八) 국가적 액운을 막는다(關)는 의미로 변형되어 국가적 재회(齋會) 행사가 되었고, 이러한 형태가 신라에도 직수되어 고려 왕실도 이를 승계했다.

· 팔관회는 천령(天靈), 오악(五岳), 명산(名山), 대천(大川), 용신(龍神) 등 제신(諸神)을 모시는 국가적 제사로서 순수 불교의식만은 아니었다.

· 팔관회는 이미 신라 진흥왕 12년(551년) 이후 총 4회 시행되었으나 이때는 호국성격이 강했다.

- 팔관회가 개최되면 위봉루(威鳳樓, 수도 개경에 있는 왕부王府의 누각. 이곳에서 백관들의 조하를 받음) 앞에 대규모로 향등(香燈)을 설치하고 산악백희를 시연할 두 개의 채붕(綵棚, 누각형 무대. 누대 아래로 사람들이 통과할 수 있는 형태. *조선의 연희 내용에서 세부 설명)을 세웠는데, 이는 불교와 민속적 요소의 결합 형태로 이해된다. 한편 서경(평양)의 팔관회는 조상제사의 성격을 띤 예조제(藝祖祭)로 왕을 대신해서 재상이 파견되었다.
- 고려의 채붕에 대한 기록화는 전해지지 않지만 조선왕조 의궤에 보이는 채붕을 통해 연상할 수 있을 것이다.
- 고려 초기 팔관회에서 시연된 연희 종목은 다음과 같다.
  - 백희가무: 곡예 잡기 등
  - 사선악부(四仙樂部): 신라의 화랑과 연관이 있다. 네 명의 신선으로 추증되는 영랑(永郞), 술랑(述郞), 남랑(南郞), 안상(安詳)을 위한 연희로 추측된다.
  - 용봉상마거선(龍鳳象馬車船): 동물 가장 가면희의 일종으로 본다. '용'은 중국의 어룡만연에 비교할 수 있고, '봉'은 봉황무, '상'은 코끼리 가장 연희로 추정된다. '마거'는 수레바퀴를 위로 던져서 돌리는 재주인 무륜기(舞輪伎)와 유사했을 것으로 보이며, '선'은 배 형상의 구조물을 연희에 활용한 것으로 조선시대 정재인 '선유락(船遊樂)'의 일면이 보인다.
- 고려 중기 성종조에 이르러 시연되는 연희물들이 불경스럽다는 이유로 팔관회는 폐지되었고 이후 그 맥이 끊어졌다.

전라남도 나주 팔관회 연희 상상도

※ 고려 8대 현종이 1010년 11월 거란군의 침입에 나주로 몽진, 국가 위기에서 벗어나기를 기원하고자 팔관회를 개최했다.

② 연등회

· 연등회는 신라시대 때부터 있었던 국가 행사로 고려시대에도 태조의 훈요십조에 의해 국가적 의례로 시행되었다. 신라의 연등회는 호국(護國) 성격이 두드러졌고 고려의 연등회는 불교적 의미 자체에 몰두한 것으로 보인다.

· 격구장에서 시행한 팔관회와 달리 연등회는 궁중 전정(殿庭)과 법왕사(法王寺), 봉은사(奉恩寺)에서 거행되었다.

· 연등회는 음력 2월 14일 시행하는 소회(小會), 그 다음날 시행하는 대회(大會)로 나뉘어 시행되었다.

   - 소회: 왕이 강안전(康安殿, 의례 장소)에 도착하면 의장대가 만세를 산호(山呼)한 후 배례한다. 이후 관리들이 부서별 순서에 맞추어 배례하고 나면 산악백희와 음악, 춤이 시연된다. 연회가 끝나면 왕은 태조의 어진(御眞)이 봉안되어 있는 봉은사로 행차해서 태조 어진에 배알하고 환궁한다. 왕의 환궁 때를 하이라이트 시점으로 여겨 야간 통행금지가 해제되면서 온갖 기녀들이 춤을 추었고 음악이 난무했다.

   - 대회: 편전(便殿, 왕이 출궁하는 의식)→진설(陳設, 백관의 자리와 의물 위치를 정하는 것)→연회(음식과 하사품이 내려짐)의 순으로 진행된다. 이때는 궁중 연향 성격이기에 산악백희 대신 정재가 시연되었다.

· 4월 초파일의 연등회는 고려 중엽부터 민간 위주로 별도로 시행 되었다. 이때에도 대형 채붕 등이 설치되고 밤을 새워가며 기악(伎樂, 불교 음악)과 산악백희를 즐겼다.

   - 『고려사』권129 열전42 최충헌 편을 보면 이 당시의 채붕과 주악 시 연에 대해 다음과 같이 설명되고 있다.

   : "산처럼 높게 채붕을 가설하고 수단 장막과 능라 휘장을 둘러치고, 그 안에 비단과 채색 비단 꽃을 장식한 그네를 매었으며, 은과 자개로 장식한 큰 분(盆, 동이) 네 개를 놓고 그 안에 얼음산을 만들고, 또 큰 통 네 개에 안에는 이름난 생화들을 꽂아 놓아서 보는 사람의 눈을 황홀하게 했다. 그리고 기악과 백희를 연출시켰는데, 팔방상공인(八坊廂工人) 1,350명이 성대한 옷차림을 하고 뜰로 들어와서 주악(奏樂)하니 각종 악기 소리로 천지가 진동했다."

   ※ 팔방상공인: 고려 개경의 팔방상(八坊廂) 소속 악공(樂工). 도성 안에 여덟 방상, 곧 여

덟 구역이 있었다. 지방에는 그 방상을 향도(鄕圖)라고 했다. 여덟 방상에는 각각 양부악(兩部樂), 곧 당악(唐樂)과 향악(鄕樂)을 연주하는 악공이 있었다.

· 2월 연등회나 4월 연등회 공히 사찰에서는 재승(才僧)들이 산악백희를 시연했다.

③ 나례

· 나례(儺禮)는 중국에서 유래했다. 초기 나례는 방상씨(方相氏) 탈을 중심으로 해서 치르는 단순한 구역의식(驅疫儀式)이었으나, 이후에는 질병의 근원인 여역(癘疫)은 물론 모든 재앙과 재해의 근원이라 생각되는 잡귀, 잡신들을 물리치는 대표적 벽사의식으로 부상되었다.

· 원래 나례는 고대 중국 장강(양자강) 유역의 신농(神農) 씨족의 원시신앙에서 시작되어 농업문명의 발전과 더불어 중국 전역에 파급되었으며, 춘추전국시대에 이르러 각 왕조의 왕실에까지 유입되어 국가적 연례행사로 정립되었다. 『후한서』 예의지(禮儀志)에 의하면 납일(臘日, 제사일) 하루 전에 축역(逐疫)하는 큰 나례행사가 있었는데, 황문자제(黃門子弟) 중에서 10세에서 12세까지의 120인을 뽑아 진자(애기 초라니)로 삼아 의식을 치렀다고 한다.

· 우리나라 궁중의 나례의식은 고려 초기 정종조 6년 중국에서 전래된 것으로 보인다. 『고려사』 권64 지(志), 권18 예(禮)6 군례조(軍禮條)의 계동대나의(季冬大儺儀) 기록으로 개요를 살필 수 있다. '12월에 대나의식을 거행하기 위해 12세 이상 16세 이하의 사람을 뽑아 진자로 삼아 이들에게 가면을 씌우고 붉은 고습(袴褶, 바지 위에 덧입는 무릎까지 내려오는 기복騎服)을 입힌다. 24인이 1대(隊)가 되는데, 6인을 한 줄로 하며 대개 2대이다. 집사자(執事者)는 12인인데 붉은 모자와 소창옷을 입고 채찍을 잡는다. 공인(工人)은 22인이며 그중 한 사람은 방상씨(方相氏)로 황금색 눈이 4개인 가면을 쓰고 곰 가죽을 걸치고 검정 웃옷과 붉은 치마를 입고 오른손에는 창, 왼손에는 방패를 잡는다. 그 중 한사람은 창수(唱帥, 귀신 쫓는 주문을 외우는 사람)인데 가면을 쓰고 가죽옷을 입고 몽둥이를 거머쥔다. 고각군(鼓角軍)은 20인을 1대로 삼는데, 깃대를 잡는 사람이 4인, 퉁소를 부는 사람이 4인, 북을 가진 사람이 12인이다.' 이런 양식을 갖추어 악귀를 궁중에서 쫓아낸다고 한다. 궁(宮)을 정(淨)함으로써 나라 전체가 정(淨)하게 되기를, 나아가 나라의 태평과 백성의 평안을 기원한 것이다.

- 이 의식에서 사용되는 가면, 붉은 옷, 방상씨, 가무악 등은 모두 잡귀를 몰아내기 위한 것으로 민속적인 의미를 지니고 있다. 고대로부터 가면은 축귀의 기능이 강했고, 붉은 옷도 붉은 색깔이 양색(陽色)이므로 음귀(陰鬼)를 쫓는 데에 효과가 있다고 믿었기 때문이다. 방상씨의 황금사목(黃金四目)은 비정상적 과대표현으로 잡귀들에게 두려움을 주어 달아나도록 하기 위함이다.
- 악공들의 연주에 맞추어 진자들은 춤을 추었는데 처용무도 추었다. 처용무는 5인 5색의 옷을 입은 무동(舞童)이 처용의 탈을 쓰고 오방으로 벌려 서서 추는 춤으로 벽사에 이용되었다.

조선시대의 기록화와 기록사진에 보이는 방상씨. 조선시대에는 방상씨 탈을 쓴 진자를 수레에 태웠다.

- 나례 때의 희생(犧牲)으로는 닭 다섯 마리를 잡아 역기(疫氣)를 쫓았는데 정종이 닭 대신에 다른 물건으로 대용하도록 해서 황토우(黃土牛) 네 마리를 만들어 사용했다고 한다. 이와 같이 대궐에서 잡귀를 몰아내기 위해 대대적으로 벌이던 나례 의식은 조선시대에도 계속되었는데, 시대에 따라 동원되는 인원과 규모나 격식 등에 있어 차이는 있었다. 조선 후기 이후에는 그 규모가 대폭 축소되었고, 나중에는 그 유습만이 남게 되었다.
- 민가에서도 음력 섣달 그믐날이 되면 각 가정마다 부뚜막의 헌 곳을 새로 바르고, 거름을 치워내고, 가축우리를 치워 새로 짚을 넣어 깔아주며 집안을 청소하고 정돈을 한다. 또한, 밤(자정)에는 마당에 불을 피우고 폭죽(爆竹)을 터뜨린다. 집안에 있는 잡귀, 사귀(邪鬼)를 모조리 몰아내고 정(淨)하게 새해를 맞이하기 위해서다.

④ 우란분재

- 우란분재(盂蘭盆齋)는 하안거(夏安居)가 끝나는 마지막 날인 음력 7월 15일(백중)에 사찰에서 거행한 불교 행사다. 〈우란분경〉을 근거로 해서 지옥과 아귀보(餓鬼報, 굶어 죽은 귀신이 될 업보)를 받은 중생을 제도하기 위해 여는 법회로, 물과 육지에서 헤매는 외로운 영혼과 아귀를 달래며 위로하고자 불법을 강설하고 음식을 베푸는 수륙재(水陸齋)와 함께 불교 주요 의식이었다.
- '우란분'은 꽃과 갖가지 음식을 공양한다는 뜻이다. 죽은 부모 혹은 후손 없이 죽은 외로운 혼령들과 굶어죽은 아귀(餓鬼)에게 시주함으로써 혼백의 극락왕생을 기원한다는 의미를 가지고 있다.
- 연등회 때와 마찬가지로 우란분재에는 사찰에 소속되어 있는 재승(才僧)들의 산악백희 연희가 시연되었고 양수척 출신으로 보이는 여기(女技, 기생)의 연희도 있었고 재승과 여기와의 난잡한 행각이 훗날 문제가 되기도 했다.
- 궁중에서도 우란분재 관련 법회를 열었고 주로 목련경(目連經, 목련 존자가 생전 죄를 많이 짓고 죽은 친모를 구한다는 내용으로 지어진 불경) 낭독을 시행했는데, 창(唱)으로 강설했다는 기록을 보면 이 또한 연희적 성격을 취한 듯하다.

⑤ 수희

- 수희(水戲)는 물에 배를 띄워 놓고 산악백희를 연행하는 것으로 이를테면 수상 곡예다. 3세기 초 중국 위(魏)나라 때 마균(馬鈞)에 의해 시작되었다.
- 송나라 수희에 관한 기록에는 대기(大旗), 사표(獅豹), 도도(掉刀, 양날을 갖춘 칼), 만패(蠻牌, 방패)가 보이는데 이것은 수군 훈련과 연계가 있어 보인다. 그 외에, 귀신 가면을 쓴 연희자가 입으로 불을 토해내는 신귀잡극(神鬼雜劇), 배에 설치된 그네를 타던 연희자가 물속으로 뛰어드는 수추천(水鞦韆), 배 위에서의 솟대타기, 수괴뢰(水傀儡, 인형극), 날렵한 배 위에 타고 노는 추어선(鰍魚船), 대룡선(大龍船), 선박 경연인 용주쟁표(龍舟爭標) 등이 시연되었다.
- 송나라와 교류가 잦았던 고려시대 역시 송나라의 수희에 보이는 연희 종목들을 구사했을 것으로 여겨진다. 『고려사』 권18 의종 21년 5월조를 보면, '왕이 뱃놀이를 했는데, 배 안에 비단 장막을 치고 여악(女樂)과 잡희를 실어 강 중류에서 놀았다. 배 열아홉 척을 모두 비단으로 장식했다'고 했다. 즉 배위에 채붕을 설치하고 산악

백희를 즐겼다는 것이다. 그 외의 기록에 의하면 예성 강 뱃사공과 어부들이 어부가를 부르며 고기 잡기, 귀신놀이를 하면서 불을 토해내는 연희 등이 보인다.

- 안상복 서울대학교 박사학위논문「송·금대 잡극·원본 연구」

〈송나라 때 유행한 수희〉

솟대타기

수추천(水鞦韆)

추어선(鰍魚船)

수괴뢰(水傀儡)

대룡선(大龍船)

용주쟁표(龍舟爭標)

- 원대(元代) 왕진붕(王振鵬)『동경몽화록(東京夢華錄)』

(3) 조선의 연희

■ 왕실 연희 문화의 변화와 민간 이전
· 고려시대의 팔관회나 연등회, 수륙재는 숭유억불 시책을 앞세운 조선이 세워진 후
국가 행사로서는 금지되었으나 민간에서 맥을 이어 오늘에 이르고 있다.
· 나례는 점차 궁중에서의 시행이 드물어지다가 조선시대 말엽에 이르러서는 아예
폐지된 채 민간에서만 전승되었다. 조선의 나례에 대한 양상은 순조조 19년(1819
년)에 김매순이 한양의 연중행사를 기록한 책『열양세시기(洌陽歲時記)』정월 원
일조(元日條)에 그 흔적이 보인다.
: "대궐 안 궁전 근처에서 각각 총을 놓아 세 번 소리를 내고 지방관청에서는 우
인(優人, 화랭이)들이 허수아비의 탈을 쓰고 바라를 울리고 막대기를 휘두르
며, 호령을 하고 무엇을 쫓는 시늉을 하면서 몇 바퀴를 돌다가 나가는데 그것
은 나례에서 끼쳐진 법이라고 했다.『동국세시기』12월 제석조(除夕條)에 의
하면 대궐 안에서 제석 전날에 대포를 쏘는데 이를 연종포(年終砲)라고 한다.
화전(火箭)을 쏘고 징과 북을 울리는 것은 곧 대나의 역질 귀신을 쫓는 행사의
유풍이라고 했다. 한편, 민간에서도 이러한 유습이 널리 퍼져 있었음을 짐작
할 수 있다.
『동국세시기』에 의하면 함경도 풍속에 '청단(靑壇)'이라 해서 마치 원주(圓柱)
안에 기름 심지를 박은 것 같은 빙등(氷燈)을 켜놓고 밤을 새워 징과 북을 치
고 나팔을 불면서 나희를 행한다고 했고, 평안도에서도 빙등을 설치하며, 의
주(義州)에서는 동네에서 지포(紙砲, 딱총)을 놓는다고 했다. 나례는 이밖에
왕의 행차나 칙사의 위로, 신임사또를 위한 축하연 때 수시로 놀이되기도 했
다. 이때 나례에서 하던 연희와 함께 광대들의 창(唱)과 예능, 기생들의 춤이
행하여졌다.
나례가 궁중의식에서 벗어나 연희됨에 따라 우인, 배우, 창우(倡優), 광대, 재
인, 현수재인(絃首才人), 양수척(揚水尺), 재승(才僧), 백정(白丁), 희자(戲子)
등의 이름으로 불리던, 사회의 천대를 받던 계층의 사람들이 담당하게 되었
다. 여기에 악공들의 반주가 있었고 기녀의 춤이 첨가되었으므로 희학(戲謔)

을 위주로 해서 나희 또는 잡희(雜戲)라 불렸다. 또한, 이를 더욱 즐겁고 화려하게 꾸미고자 여악(女樂)도 동원되었다.

이처럼 나례는 세밑에 가정과 대궐에서 악귀를 쫓는 벽사에서 백희나 잡희로 연희됨에 따라 종교성은 희박해지고 점차 놀이로 변모했다. 대궐에서 거행하던 나례의식은 현재 사라졌으나 민간에서는 아직도 섣달그믐날에 대청소를 하고 밤중에 폭죽을 터뜨려 정하고 신성하게 신년을 맞이하려는 유풍이 전해지고 있다. (중략)"

· 조선시대에 이르러서는 나례, 중국 사신 영접 행사, 문희연(聞喜宴), 은영연(恩榮宴), 관아 행사, 읍치제의(邑治祭儀), 동제(洞祭), 사대부가 잔치 등 고려시대에 비해 연희 문화가 더 확산되었다.

① 나례

· 조선 전기의 나례는 고려시대의 내용과 변화를 보이기 시작한다. 방상씨와 12지신 외에, 판관(判官), 조왕신(竈王神), 소매(小梅, 나자의 하나로 기괴하게 생긴 계집 형상의 초라니)와 같은 배역이 새로 첨가된다. 이는 중국의 나례가 송대에 이르면서 배역이 증가하는 등 변화하는 양상과 같이 시대가 바뀌면서 나례의 내용과 형식이 변형됨을 보이는 것이다.

· 유득공(1749~1807년)의 『경도잡지(京都雜誌)』 권1 성기(聲伎)조에 보면, 나례도감(儺禮都監, 나례행사 제작을 담당한 관청)에서 두 분야의 연희를 전담했다는 것이 보인다. 즉, 산희(山戲)는 다락을 매고 포장을 치고 하는데(아마도 채붕인 듯함), 사자, 호랑이, 만석중 등의 춤을 춘다고 했고, 야희(野戲)는 당녀(唐女)와 소매가 논다고 했다. 이것은 훗날 가면극 놀이 탄생에의 결정적 단초가 되는 것으로 볼 수 있다. 당녀가 훗날 송파산대놀이와 양주별산대놀이에서 왜장녀의 딸로 등장하는 인물인 애사당이고, 소매 역시 여러 가면극에 등장하는 초라니이기 때문이다.

· 그 밖에 시연된 연희 종목에는 농환, 줄타기, 솟대타기, 인형극, 우희(優戲) 등의 백희와 처용무, 학무, 연화대무(蓮花臺舞) 등이 보인다.

· 고려의 나례에 비해 조선의 나례에서는 우희의 비중이 대단히 크다. 우희는 나례에서 뿐 아니라, 궁중 연향 중 가장 규모가 큰 진풍정(進豊呈)과 중국 사신 영접행사,

문희연 등에서도 시연될 정도로 조선시대 연희 종목 중 중요한 기능을 수행했다. 우희에서 보이는 재담과 만담은 훗날 가면극에 영향을 끼친 것으로 볼 때 조선시대의 나례는 조선 후기 각종 가면극의 시원(始原)이었을 것으로 추정할 수 있다.

② 중국 사진 영접 행사

· 조선 중기에 이르면 나례는 더 이상 연말 축귀 의식의 성격만을 유지하지 않게 되고, 중국 사신 영접 잔치에도 나례에서 시연한 연희 종목들이 등장하게 된다.

· 조선시대의 연희자들 역시 고려시대 때 형성된 연희자들과 별반 차이가 없었다. 서역인은 주로 산악백희를 시연했고 양수척과 승광대는 고려시대의 우희와 유사한 희학(戲謔)을 시연했다. 주악은 전문 공인들이 담당했다.

· 주로 시연된 연희 종목에는, 주질(줄타기), 섭독교(躡獨趫, 솟대타기), 인형극, 농령(방울받기), 근두(筋斗, 땅재주. 곤두박질), 만연어룡지희, 무동춤, 동물춤(사자춤, 코끼리춤, 학춤, 호랑이춤) 등이 기록으로 보인다.

· 사신 영접 행사에는 광화문 밖 동서 편에 산대를 각각 벌여 연희를 시연했다. 산대의 높이가 광화문과 같다고 했으니 그 크기를 짐작할 수 있다. 보통 산대 제작에는 수군에서 약 3천 명을 징발했다고 하고 산대에 쓰일 각종 물자들 또한 그 양이 대단했다. 이와 같은 이유 등으로 정조조 때에 이르러 중국 사신 영접 행사로 가동하던 나례는 폐지되고 만다.

청나라 사신 아극돈의 봉사도에 보이는 예산대(曳山臺)

③ 왕 환궁 행사

· 왕이 부묘(祔廟, 선조 왕의 묘에 참배하는 것) 등을 위해 궁을 떠나 행행(行幸)한 후 환궁할 때 종루와 광화문 일대에 각각 무대구조물을 설치하고 왕을 위한 연희를 시행했다.

· 왕 환궁 행사는 대단히 화려하고 규모가 크기에 눈여겨 볼 필요가 있다. 순서를 정리하면 다음과 같다.

   - 종루에는 침향산(沈香山)이라는 바퀴달린 산대(山臺)와 지당구(池塘具, 연못 형태로 꾸민 작은 무대), 화전벽(花甎碧, 궁중 전각 내부 바닥에 까는 꽃무늬 돌판) 등의 무대장치가 등장한다. 왕이 지나는 길 중앙에 침향산과 지당을 설치하고 여기(女伎, 기녀) 100명이 침향산 좌우로 도열해서 왕의 도착을 기다린다. 왕의 행렬인 대가(大駕)가 도착하면 향악정재인 교방가요(敎坊歌謠, 고려의 교방가무희 개념)가 시연된다.

〈교방가무희 진행 순서〉

▶ 전부고취(前部鼓吹, 행렬 선두 부분에서 연주하는 악대) 악공 50명이 〈여민락령(與民樂令)〉을 연주한다.

▶ 기녀들이 노래를 부른다.

▶ 집박이 박(拍)을 치면 도기(都妓, 으뜸 기녀)가 손을 여미고 족도(足蹈, 정재에서 행하는 보법으로 춤을 출 때 무릎을 살짝 꿇었다 폈다 하는 춤사위)로 왕 앞에 나아가 꿇어앉는다.

▶ 기녀 2명이 꿇어앉아 엎드려 절한 후 가요축(歌謠軸, 임금을 칭송하는 내용의 노래 가사를 적은 두루마기)이 담긴 함을 받들고 왕 앞에 나아가 도기 오른쪽에 꿇어앉는다.

▶ 도기가 옷소매를 첨수(尖袖)로 단정히 한 후 함을 받들고 왕 앞에 나아가 꿇어앉으면 모든 기녀들이 따라서 꿇어앉는다.

▶ 승지가 도기에게 다가가 함을 건네받아 왕 앞에 나아가 꿇어앉는다.

▶ 내시가 승지에게 다가가 함을 건네받아 왕에게 바친다.

▶ 도기는 절을 올린 후 제자리로 돌아간다.

▶ 〈학무〉와 〈연화대〉 정재가 시연된다.

▶ 정재 완료 후 전부고취 악공과 후부고취 악공이 환궁악(還宮樂)을 연주하고 침향산은 화전벽 뒤로 끌어들여 대가가 지나가는 길을 터준다.

▶ 기녀들도 뒤로 물러 나누어 서 있다가 대가가 출발하면 뒤를 따른다.

▶ 왕 행렬이 광화문에 도착하면 성균관 유생들이 가요축을 바친다. 광화문 좌우에는 채붕(綵棚)이 각각 설치되어 나례의 잡희가 시연된다. 왕이 궁에 들어가면 궁에 따라 들어간 기녀들이 다시 정재를 시연한다.

· 병자호란을 치르면서 국고가 피폐해지자 물자와 재인 동원이 어려워져 결국 환궁 행사로서의 나례는 인조조 이후 폐지되었다.

· 침향산(沈香山)은 나무판으로 산 모양을 만들고 앞뒤 면에 피나무로 깎은 뾰족한 산봉우리를 붙여 만든 무대장치다. 조형물에 묘사된 산골짜기마다 불사, 탑, 승려, 부처, 고라니, 사슴 등의 모형이 붙어 있다. 산대 앞에는 난간을 만들고 연꽃을 놓는다. 그 좌우에는 모란꽃을 화병에 꽂아둔다. 나무 판 밑에는 바퀴를 네 개 달아서 쉽게 이동할 수 있게 했다.

 - 중국의 오산(鰲山) 혹은 등산(燈山)과 같은 개념인 산대는 크기로 구분해서 대산대(大山臺)와 크기가 작고 바퀴가 달려서 이동이 가능한 예산대(曳山臺)로 나눈다. 침향산도 일종의 예산대로 볼 수 있다. 예산대와 유사한 것으로는 헌가산대(軒架山臺)라는 것도 있었다. 헌가라는 것은 정악을 연주하는 연주단을 말하는 것이 아니라 원래는 여러 인물상을 얹은 무대장치로서의 산대다. 헌가는 윤거(輪車), 산거(山車)로도 불렸다.

1896년 수원화성
낙성연도에 보이는 채붕

누각형 채붕에서 봉산탈춤 혹은 양주별산대놀이
과장으로 보이는 연희를 시연하고 있다.

침향산

일본 간사이 기온 마쯔리의 산거

※ 위치 고정식 산대든 이동식 예산대든 이 무대구조물의 의미는 '화려함'을 앞세운 '권위드높이기'로 봐야한다. 오늘날 이것을 축제에서 재연하려면 단순히 복원 차원으로만 끝날 것이 아니라 시의와 상황에 맞도록 의미를 부여해야 축제도 살고 과거 우리 민족의 훌륭한 연희 자산도 살릴 수 있을 것이다.

※ 각종 거리축제에서의 Float Car도 어찌 보면 예산대의 현대적 형태로 볼 수 있다. 특히 리우 삼바 카니발의 대형 Float Car는 지상 최고의 서양식 예산대다.

- 조선의 무대장치를 정리하면 다음과 같다. 일단 산대 형태와 채붕 형태로 나뉜다. 산대는 크기로 대산대, 예산대로 나뉜다. 예산대류에는 침향산, 헌가산대(윤거, 산거)가 있다. 채붕은 다락 형태의 2층 구조물이다. 비단 장막으로 장식한 2층 누각에서 잡희를 시연하던 무대장치다.

- 산대는 동아시아에서 보편적으로 사용했던 무대구조물이었다. 초기에는 제왕들의 불로장생에 대한 기원에 의해 신성한 산을 만들어 봉선의식(封禪儀式)을 거행한 성격으로 쓰였지만 점차 왕실의 권위를 강조하는 의식 위주로 사용되었다. 그러나 각종 종교 행사에서는 산대 형태의 무대구조물이 자주 등장한다. 인도의 가두행렬에서는 힌두 신상을 큰 수레에 싣고 시가를 순행한다. 신성현현(神聖顯現)을 보여주는 성격이면서 만인에게 벽사진경의 의미를 부여한다. 이것을 신거(神車) 혹은 신여(神輿)라고 한다.

불교에서는 불상을 보거(寶車, 화려하게 꾸민 수레)에 태우고 가두 순행한다. 수레 위에서는 연희가 펼쳐진다. 선교 성격이 강하다. 일본의 마쯔리에서는 신을 대접한 후 신을 수레에 싣고 가두 행진을 한다. 이것이 곧 일본 마쯔리의 정수가 된 것이다. 마쯔리에서의 수레인 산거(山車)는 물론 일본식 가마이겠지만 우리의 예산대류 무대로서의 기능(사람들이 올라타서 연희 행위를 한다)이 보이기에 과거 아시아 국가 간 문화 흐름의 흔적으로도 이해할 수 있을 것이다.

- 전경욱 『한국의 전통연희』, 『한겨레음악대사전』,
서울대학교 규장각한국학연구원 『조선시대 왕실문화 도해사전』,
한국학중앙연구원 『한국민족문화대백과』 등

④ 과거 급제 관련 행사

· 사대부의 가장 큰 성취목표는 당연히 과거에 급제해서 나라에 나아가 관료가 되는 것이었다. 조선은 사대부의 나라라고 불릴 정도로 사대부들의 위신은 대단했다. 그들이 과거에 급제하면 여러 축하 행사들이 펼쳐지는데, 순서상으로 보면 은영연(恩榮宴, 왕이 급제자들에게 베푸는 연희)→3일 유가(遊街)놀이→홍패고사(紅牌告祀)→영친의(榮親儀, 급제자가 부모를 위해 마련하는 잔치)→문희연(聞喜宴, 급제자가 가까운 친지, 지인들을 불러 베푸는 잔치)→소분(掃墳, 조상 묘를 찾아가서 경사를 고하는 제사) 등이 있었다.

· 은영연에서 시행된 대표적 연희는 역시 산악백희였다. 영의정이 압연관(押宴官)이 되어 잔치를 주관하고, 호조와 예조, 병조 판서가 부연관(赴宴官)으로 참여한다. 정전 앞 월대 상단(당상)에는 압연관, 부연관, 문무과시관(文武科試官)이 앉고, 당상에 이어 보계를 설치하고는 정전을 향해 동쪽 자리에 문과급제자, 서쪽 자리에 무과급제자를 등급 순으로 앉게 했다. 각종 주악과 접시돌리기, 방울받기, 땅재주 등 광대들의 연희가 시연되었다.

· 3일 유가놀이는 세악수(細樂手, 삼현육각), 광대, 재인을 거느리고 서울 시가를 3일간 돌아다니는 것을 말한다. 급제자들은 왕으로부터 하사받은 모화(帽花, 어사화)를 쓰고 각각 홍패(紅牌, 문무과 합격증)와 백패(白牌, 생원 진사 합격증)을 관복에 찬 채 말을 타고 이동해서 좌주(左主, 과거 채점자), 선진자(先進者, 배속된 관청의 선배), 혹은 도성에 있는 가까운 친척들을 찾아 예를 올렸다. 이때 광대는 비단옷에 역시비단으로 만든 가화(假花)를 머리에 꽂고 황색 초립을 쓴 채 공작선(孔雀扇)을 들고 익살이 섞인 춤을 춘다. 재인은 줄타기와 땅재주 등의 연희를 시연한다.

· 3일 유가를 마친 급제자는 고향으로 돌아가 조상을 모신 사당에서 급제 경사를 고한다. 이때는 3일 유가놀이 내내 놀아주던 광대들이 급제자 집에까지 따라가서 홍

패와 쌀을 소반에 올려놓고 고사를 치러준다. 광대는 우리나라의 약사(略史)를 약술(略述)한 후 급제자의 집안 내력과 급제 관련 사설과 함께 부귀를 누리라는 덕담을 노래로 시연한다. 이 덕담은 대개 중모리장단에 맞추어 불렸고 그 노래를 홍패고사 소리라고 했다. 오늘날의 고사굿 소리(비나리) 가사도 대개 이런 구성을 지닌다.

· 영친의나 문희연 등의 잔치에서도 춤과 줄타기, 땅재주 등 산악백희류의 잡희가 시연되었다. 특히 궁중 잔치의 우희가 문희연에서 시연되었음은 특기할 만하다. 조선 후기의 문희연에는 판소리가 중심 연희 종목으로 각광받았다.

· 같은 마을에서 과거 급제자가 나와 영친의나 문희연 등의 잔치가 있게 되면 평소 이러한 연희를 접하기 어려웠던 주민들이 대거 몰려들어 집을 에워싸듯 하며 구경을 즐겼다 한다.

■ 조선 후기 연희 향유층의 변화

· 조선 후기에는 임진왜란 병자호란을 통해 사회 전반에 걸쳐 많은 변화가 일어났고, 전통연희 분야도 예외는 아니었다. 양대 전란 이후 왕실 재정이 피폐해지자 국가적 행사인 나례, 중국 사신 영접 행사, 궁정 중심의 각종 행사들이 크게 위축되거나 소멸될 수밖에 없었고, 그로 인해 국가행사와 궁정행사에 동원되던 연희자들은 호구지책으로 민간에 퍼져 나가 공연 활동을 벌였다. 이로써 조선 후기의 공연문화는 새로운 국면을 맞이하게 된 것이다.

· 조선 후기에 남사당놀이패, 사당패, 대광대패, 솟대쟁이패, 초라니패, 풍각쟁이패, 광대패, 걸립패, 중매구, 굿중패 등 민간을 떠돌며 연희를 공연하면서 생계를 유지하는 유랑예인집단들이 속출했던 것도 이런 사회적 배경과 관련되어 있다.

· 이들의 활동은 사회, 경제, 사상, 문화, 예술 등 전반에 걸쳐 총체적 변모를 보인 시대조류와 결부되어, 판소리, 본산대놀이, 꼭두각시놀음 등 새로운 양식의 연희들이 18세기 전반기에 성립되는 데에 결정적 역할을 했다. 즉, 이들이 기존의 연희들을 혁신적으로 재창조해서 연극적 양식의 새로운 연희를 창출했던 것이다.

· 이들이 시연했던 산희는 가설무대 위에서 공연하는 인형극과 가면극이거나, 산대를 만들고 그 위에서 잡상을 놀리는 산대잡상놀이이거나, 유득공의 기록처럼 소형 산대인 산붕 앞에서 공연하는 사자춤, 호랑이춤, 만석중춤 등이 주류를 이루었던

것으로 보인다.

- 한편, 야희의 당녀(唐女, 애사당, 송파와 양주의 산대놀이에서 왜장녀의 딸로 등장하는 인물)와 소매(小梅, 초라니, 나자(儺者)의 하나. 기괴한 계집 형상의 탈을 쓰고 붉은 저고리에 푸른 치마를 입고 긴 대의 깃발을 흔듦)는 현재 양주별산대놀이와 송파산대놀이 등에 나오는 점으로 보아, 이미 18세기 중엽은 본산대놀이가 성립되어 있었다는 점을 확인할 수 있다. 이는 바로 산악백희로부터 가면극으로의 발전을 의미한다. 본산대놀이 가면극은 나례도감에 속했던 연희자들, 즉 나례나 중국 사신 영접행사 등에 동원되어 산악백희 계통의 연희를 담당했던 연희자들이 만들어낸 것이기 때문이다.

- 이러한 점은 앞에서 언급한 〈봉사도〉를 통해서도 이런 사실을 확인할 수 있다. 〈봉사도〉 제7폭은 중국 사신을 영접하는 행사에서 행해진 산대희를 묘사한 것인데, 줄타기, 접시돌리기, 땅재주와 함께 네 사람이 가면을 쓰고 탈춤을 추고 있다. 그러므로 산대희로부터 가면극인 산대놀이가 성립되었다는 학설이 설득력이 있다. 그리고 서울 근교의 가면극에 대해 왜 애오개산대놀이(본산대놀이), 송파산대놀이, 양주별산대놀이 등 산대놀이라는 명칭을 붙였는가 하는 의문도 해결할 수도 있다.

- 상기의 광대패들이 주로 한 곳에 정착해서 연희활동을 전개했다면 남사당놀이패는 전국적인 범위로 운영되었다. 또한 이들의 연희 내용은 다양한 종목으로 이루어졌다. 이들의 연희 프로그램이 다양하다는 것은 곧 전국을 떠돌며 각 지역에 흩어져 있던 산악백희(散樂百戱)를 집대성했다는 것이다.

- 남사당놀이패는 이것을 종합예술적 레퍼토리로 승화시킬 수 있었기에 각 지역 마을마다 나름의 놀이문화(풍물패 등)가 있었음에도 불구하고 전국 어디든 가는 곳마다 현지 주민들의 열렬한 환호를 받았다.

- 남사당놀이패 등장의 기원은, 이미 오래 전부터 전국을 떠돌며(주로 시장이 서는 대처) 인형극이나 몇 가지 놀이를 선보이던 천민 출신의 재인들(고려에 귀화한 북방계와 서역인 후예 포함)로 이루어진 사당패, 거사패 등과 같은 연희단체로 보아야 한다.

- 이들은 주로 불교와 흡착해서 절의 지원을 받으며 연희 활동을 전개했고, 불교의 포교를 위한 활동도 병행했다. 원래 절에는 소속 광대패가 있었고 이들은 절에서 행하는 예식에 투입되는 기능을 수행했다. 그러나 조선왕조의 숭유억불정책으로

인해 결국 이들은 유민 혹은 천민으로 전락, 불교 포교를 위한 재인 집단으로서의 사당패나 거사패가 된 것이고, 이들이 훗날 남사당놀이패로 이어진 것이다.

· 남사당놀이패는 여전히 불교와의 밀착 관계를 유지하면서 훨씬 더 풍부한 내용의 연희 레퍼토리를 장착함으로써 조선 후기 서민층의 축제 문화 형성에 주도적 역할을 수행했다고 볼 수 있다.

· 남사당놀이패가 서민층의 환호를 받은 또 다른 이유는 이들의 연희 속에 몇 가지 중요한 의미들이 내포되어 있기 때문이다.

▶ 마당씻이와 놀이판을 벌임으로써 '액을 물리치고 복을 불러들이는 벽사진경 (辟邪進慶)'이라는 우리 민족 전통 축제가 지니고 있는 고유의 지향점을 추구하고 있다.

▶ 어려운 민중의 삶이 놀이에 연계된다. 즉, 서민들이 일상생활에서 사용하는 접시나 대접, 대야 등이 버나 돌리기 재주에 이용된다.

▶ 서민들의 인생관이 녹아 있다. 살판의 경우, "잘하면 살판이요 못하면 죽을 판이렸다."와 같은 서민들의 인생담론이 스며들어 있는 것이다.

▶ 벽사진경을 더욱 뚜렷이 구현하기 위해 제의 행위를 반복적으로 강조하고 있다. 마당씻이 뿐 아니라 어름에 앞선 줄고사, 덜미에서의 고사 등이 남사당놀이의 제의적 성향을 한층 돋보이게 한다.

▶ 보는 이들로 하여금 자유와 해방감을 만끽하게 해 준다. 덧뵈기에서의 탈은 현실의 얼굴을 버리고 환상의 세계로 안내하는 자유를 제공한다. 덜미에서의 인형은 장막 속으로부터 솟구쳐 나오는 것으로 해방감을 즐기게 해준다.

무동놀이

덜미-인형극

여름-줄타기

덧뵈기

살판

풍물연주놀이

버나 돌리기

· 남사당놀이패의 축제성을 요약해보면, 첫째는 벽사진경 추구요, 둘째는 사회적 현
실에 대한 치열한 인식과 함께 그것을 뛰어넘고 싶은 욕망, 즉 저항하고 일탈하고
자 하는 욕망이 자유와 해방감으로 승화되는 것에 둘 수 있다.

■ 현존 대표적인 서민 연희
· 현재 전승되고 있는 서민 연희 종목 중 가면극 분야, 무용 분야, 음악 분야의 각 대

표적인 연희를 뽑아 그 세부 내용을 살펴본다.

① 가면극 분야 / 양주별산대놀이(楊州別山臺놀이)

- 서울과 중부지방에 전승되어온 산대놀이의 한 분파다. 애오개(아현동), 가믄돌(玄石), 사직골 등지에서 시행된 탈놀음을 본산대(本山臺)라고 부르고, 경기도 양주시 양주동 일대의 것은 별산대(別山臺)라고 부른다.

- 양주별산대는 지금으로부터 200여 년 전 양주사람 이을축(李乙丑)이 서울 사직골 딱딱이패들에게 배워 양주에 정착시킨 것이라 하며, 그는 양주 최초의 가면제작가 라고도 한다.

- 초파일, 단오, 추석에 주로 연희되었고, 그 밖의 명절이나 기우제(祈雨祭) 때도 연출되었다. 놀이 전에 탈 고사를 지내는 것이 상례인데 고사에는 조라(산제에 쓰는 술)와 떡과 삼색과일, 소머리, 돼지다리 등 푸짐한 제물이 준비된다. 제물과 제주를 음복해서 취기가 돌면 앞놀이(길놀이)가 시작되는데, 성황대와 탈들을 앞세우고 풍물을 울리며 마을을 순회한다. 놀이터는 양주 사직골로, 불곡산(佛谷山) 계곡 입구의 사방이 경사진 곳이 천연의 노천극장 구실을 하였고, 한가운데는 개복청(改服廳, 옷을 갈아입는 공간, 출연진 대기실)과 삼현청(三絃廳, 연주석. 삼현육각 연주단)이 설치되었으며 그 주위의 공연이 잘 보이는 곳에 관객들이 앉게 되고, 조명은 모닥불이나 기름불로 밝히며 밑에서 위로 비추는 방법을 사용했다고 한다.

- 놀이는 다른 가면극의 경우와 마찬가지로 음악반주가 따르는 춤이 주가 되며 거기에 묵극적(默劇的, 팬터마임)인 몸짓과 동작, 사설, 노래가 곁들여져 가무적인 부분과 연극적인 부분으로 이루어진다.

- 등장인물은 상좌 2명과 먹중 4명과 완보(完甫), 옴중, 소무(小巫), 연잎, 눈끔적이, 샌님, 취발이, 말뚝이, 쇠뚝이, 왜장녀, 애사당, 원숭이, 포도부장, 도령, 해산모(解産母), 신주부, 신할아비, 미얄할미, 도끼, 도끼누이 등이며, 탈은 대개 바가지탈로 현재 22개의 탈이 있어 역할에 따라 겸용하기도 한다.

- 놀이는 모두 8과장(마당)으로 짜였으며 제1과장은 상좌마당, 제2과장은 옴중마당, 제3과장은 옴중과 먹중마당, 제4과장은 연잎과 눈끔적이마당, 제5과장은 팔먹중 마당, 제6과장은 노장마당, 제7과장은 샌님마당, 제8과장은 신할아비와 미얄할미 마당이다.

· 사설(대사)은 봉산탈춤이 비교적 운문적(韻文的)이라면 별산대놀이는 평범한 일상 회화로 비어(卑語)를 쓰며 동작은 하나의 전기적인 역할을 한다. 춤사위는 한국 민속가면극 중 가장 분화, 발전된 것으로 몸의 마디마디 속에 멋(神)을 집어넣은 염불장단의 거드름춤과 멋을 풀어내는 타령장단의 깨끼춤으로 구분되어 몸짓 또는 동작이 유연한 형식미를 갖추었다. 반주악기는 삼현육각(三絃六角), 즉 피리, 젓대(대금), 해금, 장구, 북 등인데 꽹과리, 호적 등을 추가하는 경우도 있으며 반주 장단에는 염불, 타령, 굿거리 등이 있다.

· 연희의 내용은 산대도감 계통의 공통된 내용으로 남녀의 갈등, 양반에 대한 풍자와 모욕, 서민생활의 빈곤상 등 당시의 현실 폭로와 특권 계급에 대한 반항 정신을 나타내는 것들이다. 오늘날 산대놀이라 하면 양주별산대놀이를 가리킬 만큼 대표적인 것이 되었다.

〈제1과장(상좌마당)〉

- 상좌춤은 15~16세 된 어린 중이 연희자와 관객들의 무사함을 기원하고 잡귀를 물리치며 사방 신에게 공연 시작을 알리는 의식무다. 상좌춤은 상당한 경지에 오른 연희자가 추는 춤으로서 웬만큼 추어서는 그 춤의 멋을 제대로 나타낼 수 없으며 양주 별산대놀이의 춤사위를 고루 갖추고 있다.

〈제2과장(옴중마당)〉

- 옴중춤은 양주별산대놀이를 대표하는 춤 중의 하나로 거드름춤과 깨끼춤이 절묘하게 어우러진다. 옴중의 물건을 상좌가 빼앗아가고 옴중을 놀리며 장난을 치다가 옴중이 상좌를 때려 내쫓고 타령장단에 맞추어 깨끼춤을 추고 퇴장한다.

〈제3과장(옴중, 먹중마당)〉

- 양주별산대놀이를 대표하는 옴중의 거드름춤과 먹중의 깨끼춤이 일품이다. 옴중과 먹중이 재담을 주고받으며 연희를 하는데 이는 특권계층의 권력남발을 풍자한다. 서민들의 진정한 자유정신을 나타내는 과장이며 권력의 시녀인 옴중을 때려 퇴장시키고 먹중은 타령 장단에 맞추어 깨끼춤을 추며 퇴장한다.

〈제4과장(연잎, 눈끔적이마당)〉

- 연잎은 도가(道家) 고승으로 생명체가 눈에 비치면 모두 죽기 때문에 부채로 얼

굴을 가리고 나와 이 땅의 평화를 위해 춤춘다. 눈끔적이는 연잎을 보필하는 사람으로서 춤을 출 때 잡귀가 범하지 못하도록 한다. 이는 박애정신을 나타낸다.

〈제5과장 팔먹중마당 1경(염불놀이)〉

- 염불놀이 과장은 당시 타락한 종교문화를 빗대어 중 행세를 하는 완보와 먹중들이 등장해서 재담, 염불, 가사, 소리 등을 한다. 타락한 파계승의 모습을 풍자하며 소리조로 덕담을 한다.

〈제5과장 팔먹중마당 2경(침놀이)〉

- 침놀이 과장은 당시 사회의 어려운 먹거리 문화의 한 단면과 서민생활의 애환이 진솔하게 담겨있다. 아버지 역의 말뚝이가 아들, 손자, 증손자들과 함께 술과 음식을 함부로 먹고 죽게 되자 친구인 완보에게 살려달라고 한다. 완보가 신주부를 불러 침을 놓자 모두 살아나서 춤을 추며 나간다.

〈제5과장 팔먹중마당 3경(애사당 법고 놀이)〉

- 서민생활의 애환과 인신매매 등 당시 사회의 타락상을 보여주는 연희로서 왜장녀의 배꼽춤 속에는 인생의 희로애락이 담겨있다. 애사당춤과 말뚝이, 완보가 북을 치며 재담을 하는 것이 이 과장의 백미다.

〈제6과장 노장마당 1경(파계승 놀이)〉

- 도를 거의 통달한 늙은 중이 속세에 내려와 미와 색에 빠져 파계를 하게 되는 내용으로 양주별산대놀이의 대표적인 과장이다. 대사 없이 동작으로만 진행되는데 양주별산대놀이의 모든 춤이 들어가 있으며 농탕질로 파계하는 과장이다.

〈제6과장 노장마당 2경(신장수 놀이)〉

- 신발장사인 신장수가 원숭이를 이용해서 소무를 후리려 하나 원숭이가 소무를 희롱한 뒤 그냥 오자 화가 난 신장수가 원숭이를 때려 쫓아낸다. 이 과장은 남방계 동물인 원숭이가 등장하는 것이 특이하다.

〈제6과장 노장마당 3경(취발이 놀이)〉

- 절간에 불목한으로 있는 한량, 취발이가 속세에 내려와 여자를 두 명이나 데리고 갖은 농탕질을 한다. 노장을 꾸짖으며 싸움을 하고 소무를 빼앗아 시조, 타령, 거드름춤, 깨끼춤으로 소무를 꼬드겨 아이를 낳는다. 이 과장은 양주별산대놀이의 모든 춤과 시조, 타령 등이 총망라된 수준 높은 과장이며 대사가 걸쭉해

서 여자들이 회피했다고 한다.

〈제7과장 샌님마당 1경(의막사령 놀이)〉

- 말뚝이가 양반집 샌님, 서방님, 도령님을 모시고 나와서 친구 쇠뚝이와 함께 온갖 모욕으로 그들을 농락한다. 당시 계급사회에 대한 불만과 인간의 평등한 삶을 갈구하는 연희과장이다.

〈제7과장 샌님마당 2경(포도부장 놀이)〉

- 늙은 언청이 양반, 샌님이 소첩을 데리고 사는데 포도부장이 월장해서 소첩과 눈이 맞는다. 이를 안 샌님이 포도부장을 나무라지만 포도부장은 권력을 이용해서 소첩을 빼앗는다. 이 과장은 당시 타락 한 권력의 한 부분을 풍자한 서민의 연희다.

〈제8과장(신할아비, 미얄할미마당)〉

- 신할아비와 미얄할미가 함께 이별가를 부르고 다투다가 미얄할미가 죽자 아들인 도끼와 딸을 불러 함께 장사를 지내고, 도끼누이는 무당이 되어 진오귀굿을 하며 끝낸다. 이 과장은 서민 생활의 고통과 당시 사회의 어려움이 대사와 연희에 그대로 배어나는 비극적인 연희다.

② 무용 분야 / 밀양백중놀이(密陽百中놀이)

· 경상남도 밀양지방에 전승되는 민속놀이다. 한국 중부이남, 벼농사를 주로 하는 지방의 놀이로, 이른바 호미씻기(세서유洗鋤遊)라 불리며 중부이남 지방의 농촌에서 흔히 볼 수 있다.

· 밀양백중놀이가 돋보인 까닭은 놀이의 내용이 예술적이면서도 개성이 강하기 때문이다. 밀양에서는 백중날에 논다 해서 백중놀이, 혹은 꼼배기참놀이라고도 한다.

· 밀양에서는 음력 7월 보름(百中日)을 '머슴날'로 정했다. 지주들은 이날 머슴들에게 휴가를 주고 '꼼배기참'이라고 하는 음식으로 머슴들을 대접한다. 머슴들은 각종 춤과 토속적인 놀이를 벌이며 하루를 즐긴다.

· 놀이는 처음 농신제(農神祭)로 시작해서 작두말타기, 춤판, 뒷놀이로 구성된다. 농신제는 농악을 하며 원을 지어서 오방진굿으로 놀이마당을 닦는 순서다. 작두말타기는 지게와 비슷한 작두말에 좌상과 무상을 태우고 벌이는 양반 욕하기 놀이다. 춤판은 양반춤으로 시작되어 난쟁이, 중풍장이, 배불뚝이, 꼬부랑할미, 떨떨이, 문둥이, 꼽추, 히줄대기, 봉사, 절름발이 등 익살스러운 춤들이 총 집합되고 범부춤, 오북춤 등 밀양에서만 볼 수 있는 멋드러진 춤으로 흥취를 돋운다. 이들 춤들은 각기 개성 있고 향토색이 짙다. 마지막 뒷놀이는 모든 놀이꾼이 함께 어울리는 군무로, 다양한 장단에 저마다의 활달한 춤사위로 기진할 때까지 춤을 춘다.

밀양백중놀이

밀양백중놀이 중 병신춤 장면

· 밀양의 병신춤은 다른 민속극에서보다 훨씬 더 다양하고 본격적인 놀이 형식을 갖추고 있다. 또한 춤사위가 활달하고 독특한 지방색이 있으며, 모든 춤 동작은 장단과 일치한다는 점이 특색이다. 밀양은 유달리 양반, 중인, 천민의 계급차가 심한 곳이어서 상민 천민들의 한이 놀이 속에 잘 담겨있고, 또 익살스럽게 표현되는 것이 특징이다. 병신춤과 오북춤은 밀양에서만 전승되어 오고 있으며 배김내사위는 이 놀이의 주된 춤사위로 춤동작이 활달하고, 오른손과 오른발이, 왼손과 왼발이 같이 움직이는 것이 특이하다.

※ 병신춤의 유래: 구체적인 문헌 기록은 없지만 대체로 굿에서 무당이 신격자로 분장하고 춤을 춘 것에서 찾을 수 있다고 본다. 한편, 고려의 연등회와 팔관회 같은 축제에서 행한 '광대소학지희(廣大笑謔之戲, 재담, 연극)가 조선의 산대놀이로 이어지면서 연희한 데

서 비롯된 것으로도 보는데, 그 이유는 현행 여러 탈춤에서 이러한 춤들이 많이 나오기 때문이다. 병신춤이 많이 추어진 시기는 조선조 중엽 이후라 할 수 있다. 이 시기는 양반과 천민과의 차별이 심한 가운데 민중 예술이 발달했기 때문에 서민들의 놀이판에서 농악을 연주하고 춤추고 노래하는 가운데 양반을 풍자한 양반 흉내의 병신춤이 추어졌다. 또 무당들이 벌린 굿판에서 무당은 물론 굿판에 모인 구경꾼들도 병신춤으로 여흥을 풀었다고 한다. 지방에 따라 탈판에서 연희자들이 병신춤을 추었기 때문에 오늘날까지 잔존하게 되었다.

③ 음악 분야 / 풍물놀이(풍물굿, 농악)

· 풍물놀이는 농촌에서 집단노동이나 명절 때 등에 흥을 돋우기 위해 연주하는 음악이다. 농악, 풍물굿, 풍물, 굿, 두레, 풍장이라고도 한다. 김매기, 논매기, 모심기 등의 힘든 일을 할 때 일의 능률을 올리고 피로를 덜며 나아가 협동심을 불러일으키려는 것에서 비롯되었다. 지금은 각종 명절이나 동제(洞祭), 걸립굿, 두레굿 같은 의식에서도 빼놓을 수 없는 요소가 되고 있다.

· 풍물놀이는 인류가 농경생활을 시작하면서부터 함께 존재했을 것이라고 본다. 『삼국지』 위지 동이전에 의하면, "마한에서는 항상 5월에 씨뿌리기를 마친 다음 귀신에게 제사하고 무리지어 노래하고 춤추고 술 마시기를 밤낮으로 쉬지 않았다. 그춤은 수십 명이 함께 일어서서 서로 따르며 땅을 밟고 구부렸다 폈다 하는 식으로 손과 발로 장단을 맞추며 놀았다."고 한다. 풍물의 원형과 당시 사회적 역할을 고찰할 수 있는 단초를 보여주는 것으로써 이 기록으로 미루어 삼국시대 이전부터 농사를 생업으로 하게 된 이래, 5월 파종 때와 10월 추수 때 하늘에 축원과 감사를 올리기 위해 행했던 제천의식(祭天儀式)은 단순한 제의식의 행사가 아닌 원시종합축제의 한 형태로도 볼 수 있는 것이다.

이 당시의 풍물형태는 악기가 구비된 것이 아니고 무용을 위주로 하되, 다만 장단을 맞추기 위해 가장 원초적인 악기라고 할 수 있는 북을 두드리며 '답지저앙(踏地低昻)'한 형태였을 것으로 보인다.

※ '북을 두드리다': 악기가 없던 상고시대 때는 사람들이 춤을 출 때 자신의 배를 두드렸다.
- 류쭝디 『동양고전과 푸코의 웃음소리』

· 이러한 원시적인 축원의식의 가무형태에서 점차로 다른 타악기가 첨가되어 오늘날의 풍물굿이 파생되고 전래되었을 것이다.

· 풍물놀이(풍물굿) 기원에 대해서는 농사안택축원설(農事安宅祝願說), 군악설(軍樂說), 불교관계설(佛敎關係說) 등이 혼재하고 있지만 어느 것이 정설이라고 단정적으로 말할 수는 없다. 다만 시대에 따라 풍물굿의 형태가 변천되었으니 축원형태(祝願形態), 노작형태(勞作形態), 걸립형태(乞粒形態), 연예형태(演藝形態)가 그것이다. 그러나 이러한 형태가 각각 독립적으로 변천된 것은 아니고, 다만 시대에 따라 상대적으로 어느 한 가지의 형태가 강하게 나타난다는 의미다.

〈축원형태〉

- 집단적으로 축원을 올리기 위해 베푸는 주술적, 종교적 의식의 성격을 말한다. 이러한 축원형태는 후대로 내려오면서 잡귀와 액운을 물리치고 풍요와 안녕을 기원하기 위한 매귀굿, 마을의 수호신에게 마을의 안택을 축원하는 마을굿(당산굿), 집을 새로 마련하고 집안의 가장 으뜸 신으로 여기는 성주굿, 가뭄이 극심해서 농작물에 피해가 있을 때 드리는 기우제굿 등의 형태로 나타난다.
- 당산굿을 예로 들면 먼저 당집에 가서 당산제를 지낸 후 마을 공동우물로 이동, 샘굿을 지내고 본격적으로 가가호호 방문해서 대문에 들어가며 치는 문굿, 가신 중 으뜸 신인 성주신에게 올리는 성주굿, 부엌에서 치는 조왕굿, 장독대에서 치는 천룡굿, 곡간에서 치는 광굿 등 각 처소를 돌면서 지신밟기를 하는 등 축원형태가 풍물굿의 근간을 이루어 왔다.

〈노작형태〉

- 농사일을 하는 과정, 즉 모심기와 논매기, 풀베기, 타작 등의 순차에 따라 농민의 피로를 덜어주고 노동의 능률을 높이기 위해 노동과 함께 치는 풍물굿으로서 두레굿, 또는 두레풍장굿을 말한다. 이때는 농사일을 하면서 부르는 노래인 노동요와 함께 풍물굿을 치기도 한다.
- 두레굿은 노동과정 이외에 칠월 칠석이나 백중날에 마을 잔치를 베푸는 '술멕이'에서도 행한다. 예를 살펴보면, 지역에 따라서 모심을 때는 모심는 소리를 하는데 이 때 '못방구'라는 북을 치면서 장단을 맞춘다. 그리고 논매기 때 본격적인 두레굿이 펼쳐지는데 편성악기는 꽹과리, 장고, 북, 징이며, 각각 1인씩 단출

하게 구성된다. 마을 기(旗)를 앞세우고 마을에서 작업할 논으로 향해 가는 과정에서 두레굿을 치고, 논에서 풀을 맬 때는 풍물패도 논에 들어가 논매는 소리와 함께 역시 두레풍장굿을 친다. 또한 작업을 마치고 마을로 돌아올 때는 논 주인을 사다리나 황소에 태우고 돌아오면서 두레굿을 치기도 한다.

〈걸립형태〉
- 마을이나 장마당을 돌며 걸립굿을 치고 돈이나 곡식을 걷는 전문적인 풍물패를 말한다. 걸립패에는 낭걸립패와 절걸립패가 있다. 낭걸립패는 서낭기를 들고 마을을 돌며 고사굿을 치고 돈이나 곡식을 걷는 형태다.
- 낭걸립패는 절걸립패와 구별해서 부르는 말로 서낭을 받고 다니는 풍물패에서 유래되었으며, 풍물잽이들이 직접 걸립패를 꾸며 정초나 혹은 아무 때나 마을과 장마당을 돌며 집집마다 걸립을 한다.
- 걸립하는 의식은 동제(洞祭)의 집돌이와 유사하다. 먼저 마을의 당에 가서 신대를 세우고 무가나 무악의 도움으로 서낭을 받는다. 이들은 신이 내린 신대를 들고 집집이 돌면서 집돌이를 하는데 각각의 집에 가서 고사를 지내주고 돈과 곡식을 걷는다.
- 절걸립패는 사찰의 건립이나 중창을 위해 모금하는 걸립패로 사찰의 탁발승들만 조직되는 경우와, 다른데서 따로 걸립패를 사서 걸립을 시키는 경우가 있다. 조선시대 불교가 정책에 의해 쇠퇴함에 따라 재원의 빈곤으로 사찰의 운영난이 심각해지자 화주승을 비롯한 수십 명이 사찰의 굿중패를 만들어 탁발을 할 수밖에 없었다. 옛날에는 탁발승들이 법고, 바라 같은 것을 치고 나비춤, 법고춤과 같은 춤을 추며 고사염불을 부르고 걸립 다니는 절걸립패도 있고, 또 여기에 여러 놀이꾼을 데리고 다니던 절걸립패도 있었다고 한다.

〈연예형태〉
- 전문적이고 직업적인 풍물패가 관람자에게 판굿과 연희를 중심으로 보 여주기 위한 풍물굿을 말한다. 이러한 형태는 무대 예술적 성격의 풍물굿을 말하는데, 이는 앞에서 살펴본 축원형태나 노작형태, 또는 걸립형태와 전혀 다른 성격으로

의 변천이다.

- 따라서 연예형태의 풍물굿은 그 형태의 다양성에 따라 다채로운 의상을 갖추기도 하고, 여러 풍물과 잡색이 따르며, 군중(軍中)풀이를 방불하게 하고, 도둑잽이굿과 같은 연희적 요소를 강화하기도 해서 궁극적으로는 무대화된 풍물굿을 통해 흥행과 관련을 맺게 된다. 다시 말하면 공연 예술의 한 분야로 자리 잡는 형태라고 할 수 있다.

· 풍물은 꽹과리, 징, 장고, 북, 소고(매구북), 쇠납(태평소), 나팔 등의 악기가 중심이 되고, 그 외에 양반, 무동, 가장녀, 농구, 집사, 포수, 창부 등의 가장 무용수(假裝舞踊手)들의 춤과 노래로 이루어진다. 기악연주를 담당하는 농악수들을 앞치배라 하고, 무용과 익살을 맡은 가장무용수들을 뒷치배(雜色)라 부른다.

· 또한 풍물에는 진법(陣法)이라는 것이 있어, 풍물을 연주하면서 선이나 기하학적인 도형으로 장사진(長巳陣), 방울진, 을자진(乙字陣), 오방진(五方陣) 등의 모양을 만든다. 또한 풍물수들의 개인기를 과시하는 순서도 있어, 설장고, 상모들이 묘기를 자랑한다.

· 풍물놀이는 본래 농경사회에서 농경생활과 관련해서 발달한 마을 단위의 축제 활동이다. 지역에 따라 두레(중부이남), 풍장(전남), 매구(전남), 매귀(경남)라 하기도 했다.

· 풍물의 편성은 지역마다 차이가 있으나 대체로 각종 기수(영기, 농기)와 쇠납(태평소), 나팔, 꽹과리(상쇠, 부쇠, 종쇠), 북(수북, 부북), 징, 장고(수장고, 부장고), 법고(수법고, 부법고, 삼법고, 사법고, 오법고, 육법고, 칠법고, 팔법고), 잡색(창부, 포수, 집사, 농구, 가장녀, 무동, 양반) 등의 행렬 배치로 이루어지며, 구성은 여러 차례에 걸치는 각종 놀이굿으로 이루어진다.

· 구별은 그 기능에 따라 당굿, 마당밟기(지신밟기), 걸립굿, 두레굿, 판굿 따위로 갈라지며, 지역적인 특성에 따라 경기충청농악(웃다리농악), 호남농악, 영동농악, 영남농악 등으로 나누어진다.

· 이러한 여러 종류와 지방의 농악 중 특히 뛰어나다고 해서 문화재로 지정된 것은 웃다리농악의 평택농악, 호남우도농악의 이리농악, 호남좌도농악의 임실필봉농악, 영동농악의 강릉농악, 영남농악의 진주삼천포농악 등이다.

· 풍물놀이 악기 중 4개의 악기, 즉 장고, 꽹과리, 징, 풍물북으로만 구성되어 사물놀이가 탄생했다.

『하늘의 소리인 쇠는 뇌신(雷神) 또는 우사(宙師)로서 불을 뜻한다. 그 소리는 불길처럼 치달으며 하늘을 자극하는 것이다. 바람의 소리인 징은 풍사(風土)로서 모든 소리를 감싸 안고 장단의 변화에 따라 춘하추동(春夏秋冬) 계절풍과 같은 힘을 운용한다. 구름의 소리인 북은 운사(雲師)로 땅을 울리고 인간의 가슴을 울린다. 어느 장단의 방을 잡고 기둥을 세워줌으로써 기본 틀을 만든다. 비의 소리인 장고는 우사(雨師)로서 물을 뜻한다. 장고는 열편과 궁편으로 두 소리를 갖고 있다. 쇠에 가까운 소리를 내는 열편과 북에 가까운 소리를 내는 궁편은 곧 하늘과 땅을 이어 주는 역할을 한다.』

5

한국인의
무용과 음악

때와 장소, 상황마다 무용과 음악은 그 의미가 따로 있으니
무용과 음악에는 인문(人文)의 정수가 담겨있다.
인생의 희로애락이 담겨있다.

(1) 궁중 정재

■ 정재의 의미
  · 정재(呈才)는 군왕에게 재주를 바친다는 뜻을 가진 명칭이다.
  · 산대잡희(산악백희로 기예, 가면극 등)나 나례가 아닌, 음악을 수반하는 무용으로
    궁중 행사에서 행해졌던 가무악(歌舞樂)을 통칭한다.

■ 정재의 구분
  · 향악정재(鄕樂呈才)
    ‑ 신라~고려~조선시대에 이르는 동안 창작된 궁중 무용
  · 당악정재(唐樂呈才)
    ‑ 중국으로부터 받아들인 궁중 무용

■정재의 분류
  · 향악정재는 우리 민족의 춤사위로 창작, 개발한 것이다.
  · 때로는 중국식 정재인 당악정재를 자생적으로 창작했다.
  · 수입 당악정재도 춤사위 변형 등 우리 민족의 정서에 맞도록 조율해서 민족 예술
    로 흡수했다.

■ 당악정재와 향악정재의 차이점

ㆍ의장(儀仗) 사용 여부

   - 의장이라는 것은 왕실의 위엄을 갖추기 위해 의식이나 연희 때 구비하는 의물(儀物)이다.

   - 당악정재는 의장을 사용하고 향악정재는 의장을 사용하지 않음으로써 각자의 차이를 갖는다.

   - 당악정재의 의장 운영

     : 인인장(引人仗)~정절(旌節)~용선(龍扇)~정절~봉선(鳳扇)~정절~작선(雀扇)~정절~ 미선(尾扇) 순의 동서 배열과 남쪽의 3~4개 황개(黃盖)를 배열한 후 무용을 공연한다.

     : 죽간자(竹竿子)를 든 2인이 무동(舞童, 정재무를 추는 무용수)들을 인도, 무대 에 등단하는 것이 그 시작이 된다.

〈당악정재의 의장물〉

| 죽간자 | 미선 | 황개 | 인인장 | 정절 | 작선 | 용선 |

· 구호와 치어 사용 방식

　– 당악정재는 구호(口號)와 치어(致語)를 사용하지만 향악정재는 사용하지 않는다.

　– 당악정재는 오언(五言) 칠언(七言) 한시(漢詩)로 된 구호와 함께 사륙체(四六體, 변려체駢儷體 라고도 함)의 치어(일종의 송축사頌祝詞)를 부른다. 춤을 추다가 역시 한문으로 된 가사(歌詞)를 창(唱)한다.

　– 향악정재에는 구호와 치어가 없고, 단지 음악이 울리면 무동이 무대로 나아가 바로 꿇어 앉아 엎드려 왕에게 절한 후 춤을 춘다. 춤을 추다가 우리말로 된 가사를 창한다. 공연이 마쳐지면 다시 꿇어 앉아 절한 후 퇴장한다.

■ 향악정재의 종류

· 정대업(定大業), 봉래의(鳳來儀), 보대평(保太平), 무고(舞鼓), 아박무(牙拍舞), 무애무(無碍舞), 향발무(響鈸舞), 학연화대처용무합설(鶴蓮花臺處容舞合設), 사자무(獅子舞), 가인전목단(佳人剪牧丹), 검기무(劍技舞), 경풍도(慶豐圖), 첨수무(尖袖舞), 공막무(公莫舞), 관동무(關東舞), 광수무(廣袖舞), 만수무(萬壽舞), 망선문(望仙門), 무산향(舞山香), 박접무(撲蝶舞), 보상무(寶相舞), 사선무(四仙舞), 선유락(船遊樂), 침향춘(沈香春), 영지무(影池舞), 첩승무(疊勝舞), 춘광호(春光好), 춘대옥촉(春臺玉燭), 춘앵전(春鶯囀), 향령무(響鈴舞), 헌천화(獻天花), 문덕곡(文德曲), 항장무(項莊舞)

① 무고(舞鼓)

· 시연 형태

- 가운데에 무고(북)를 설치한다.

- 무원(舞員) 8명(인원은 변동 가능)이 여러 모양을 짜면서 춤을 춘다.

· 유래

- 『고려사(高麗史)』악지(樂志) 기록에 의하면, 고려 25대 충렬왕 당시 시중(侍中) 이혼(李混)이 영해(寧海)에서 유배 생활 중, 바다 위에 떠다니던 뗏목으로 큰 북을 만든 후 북을 두드리면서 춤을 춘 것이 무고의 기원이라 한다.

- 고려시대 교방(敎坊) 예기(藝技)로 전승되었다.

· 발전

- 고려시대 때는 북 1대, 무원(舞員) 2명 형식

- 조선 성종조 이후 4고무(四鼓舞), 8고무(八鼓舞)로 발전

- 조선 후기에는 북 1대, 무원 8명으로 변형

: 원무(元舞) 4명은 양 손의 북채로 북을 에워싸면서 북을 어르거나 타고(打鼓)한다.

: 협무(挾舞) 4명(최근에는 12명까지 운영)은 양손에 삼지화(三枝花, 꽃방망이)를 든 채 원무 4인의 바깥자리에서 방위(方位)를 짜고 돌거 나 춤을 춘다.

: '북 1대+무원 8명'의 2대(隊)로도 공연한다.

정조 원행을묘정리의궤

향발

향발을 치면서 춤추는 모습

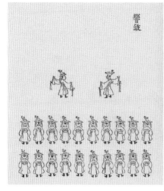

② 향발무(響鈸舞)

· 시연 형태

- 향발이라는 작은 타악기를 두 손에 각각 하나씩 들고 치면서 춤춘다.

· 유래

- 고려시대 교방(敎坊) 예기로 전승되었다.

· 발전

- 조선시대의 각종 궁중 연희에서 무고(舞鼓)와 더불어 빠지지 않는 중요한 춤으로 정착했다.

- 조선 후기까지 전해졌으나 일제강점기 때 원형을 잃었다가 현대에 와서 국립국악원에 의해 복원되었다.

③ 가인전목단(佳人剪牧丹)

· 시연 형태

- 팔모가 난 소반 위에 삼지화(三枝花)를 꽂은 꽃병을 놓고, 그 둘레에서 8명이 춤을 춘다.

- 4명은 꽃병에 꽂힌 삼지화의 모란을 꺾으며 즐기고, 사이사이에 낀 4명은 꽃은 꺾지 않고 춤만 춘다.

· 유래

- 조선 후기 효명세자가 '아버지 순조를 즐겁게 해 드리려고' 직접 제작 했다고 전해진다(효심의 발로).

· 발전

  - 순조조 무자년(1828년) 〈진작의궤(進爵儀軌)〉에는 무동(舞童) 4명이 추었고, 순

    조조 기축년(1824년) 〈진찬의궤(進饌儀軌)〉에는 집박(執拍) 2명 포함, 14명의

    기녀들과 무동 18명이 추었음을 볼 때 무원 수에 융통성이 있었음을 알 수 있다.

· 시연 춤 종류

  - 교선무(交旋舞), 원화무(圓花舞), 환화무(歡花舞), 회선무(回旋舞), 부열무(復列

    舞)의 순으로 춘다.

〈효명세자(孝明世子, 1809~1830년)〉

  - 병을 얻은 부왕(순조) 대신 대리청정을 행한 3년 동안 해마다 부왕과 모후를 위

    해 큰 연회를 자주 열었다.

    : 순조의 존호(尊號, 왕이나 왕비의 덕을 기리기 위해 올리던 칭호)를 올리는 '자

     경전 진작정례의(慈慶殿進爵整禮儀, 1827년)'

    : 순원왕후의 40세 생일 기념 '무자진작의(戊子進爵儀, 1828년)'

    : 순조 등극 30년과 탄신 40년 기념 '기축진찬의(己丑進饌儀, 1829년)'

  - 궁중행사를 직접 관장하면서 상당수의 악장과 가사를 만들면서 규모와 복식(服

    式)을 더욱 크고 화려하게 하는 정재무(呈才舞)를 다수 창작했다.

- 해당 연회의 각종 사항을 의궤(儀軌)에 기록으로 남겨 오늘의 맥을 잇는 데에 결정적 역할을 했다.

　　※ 효명세자가 이렇게 대규모의 궁중 연회를 거행하는 데에 주력한 까닭은 효심의 발로와 정치적 포석으로 해석된다. 효명세자는 유교의 근본인 예악(禮樂)을 중시하는 덕망 있는 군주의 존재를 널리 알려 세도정치를 억제하고 왕실의 위엄을 회복하려 했다. 할아버지 정조가 왕권 강화를 위해 친위부대 장용영을 앞세워 화성(지금의 수원) 행차를 수차례 강행했다면 효명세자는 병약해진 부왕 순조를 대신해서 궁중 예악 문화를 크게 드높이는 것으로 왕권 강화를 꾀한 것이다. 예악 문화로 왕권을 강화한다는 것에서 정재의 의미, 중요성이 어떤 것인지 갈음할 수 있을 것이다.

　　※ 천재였던 효명세자는 22살에 요절한다. 이후 외척 안동 김씨의 세도 정치에 눌려 조선 왕실의 추락과 국력 쇠퇴로 결국 조선 멸망의 시발점이 여기에 있게 된다.

④ 선유락(船遊樂)

· 시연 형태

- 취타대(吹打隊)가 나와 웅장하게 춤의 시작을 알린다.
- 채선(彩船, 비단 천으로 단장한 배) 둘레에 여러 명의 여기(女技)가 패를 나눈 채 배를 타고 가는 시늉을 하면서 이선가(離船歌)와 어부사(漁父詞) 노래에 맞추어 춤을 춘다.

고종 신축진연의궤

- 동기(童妓) 2명이 배에 올라 돛대 앞뒤로 갈라서 닻과 돛을 각각 잡으면, 기녀 2명이 앞에서 호령 집사하고, 기녀 10명이 뱃전 좌우로 줄지어서, 뱃줄을 잡은 채 안쪽에서 춤을 춘다. 그 둘레를 기녀 32명이 역시 뱃줄을 잡고 바깥쪽에서 춤을 춘다. 이어서 행선령(行船令)이 울리고 징이 세 번 크게 울린 후 출선한다. 〈어부사〉를 부르며 배를 빙빙 끌어 돌리며 뱃놀이 흉내를 내다가 징이 세 번 울리면 완료한다.
  - 유래
    - 신라시대 때부터 시연되었다는 기원설이 있다.
  - 발전
    - 조선 영조조 때 시연 내용이 정리되어 전승되었다.
    - 궁중 행사 때마다 연행된 인기 레퍼토리로, 화려한 군무가 단연 돋보이는 춤이다.
    - 각 의궤에 나타난 무동 수는 시대별로 많은 차이가 있다.
  - 의미
    - 풍어(風魚) 기원

- **당악정재의 종류**
  - 수입 당악정재
    - 헌선도(獻仙桃), 초무(初舞), 수연장(壽延長), 오양선(五羊仙), 포구락(抛毬樂), 연화대(蓮花臺), 육화대(六花隊), 곡파(曲破)
  - 창작 당악정재
    - 몽금척(夢金尺), 수보록(受寶錄), 근천정(覲天庭), 수명명(受明命), 하황은(荷皇恩), 하성명(賀聖明), 성택(聖澤), 연백복지무(演百福之舞), 제수창(帝壽昌), 장생보연지무(長生寶宴之舞), 최화무(催花舞)
① 창작 당악정재 / 몽금척(夢金尺)
  - 시연 형태
    - 죽간자 2명, 족자(簇子), 금척(金尺), 황개(黃蓋) 각1명, 춤 12명 등 총 17인으로 구성된다.
    - 따로 인인장(引人仗), 정절(旌節) 등의 의물수 20여 명이 참여해서 위의를 높인다.

- 수령지곡(壽寧之曲)을 연주
하면 족자 1명과 죽간자 2명
이 나란히 나아가 "봉정부지
영이奉貞符之靈異 미성덕지형용
美盛德之形容 기차우용冀借優容 식
부연예式孚宴譽."라고 구호한
다. 박을 치면 향당교주(鄕

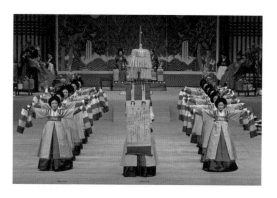

唐交奏) 곡(曲)을 연주하고 죽간자 2명이 물러서고, 족자는 그대로 서 있다. 다시
박을 치면 좌우 제1대가 나아가 족자 좌우에 갈라서고 이어서 차례로 제6대까지
앞으로 나와서 좌우로 갈라선다. 금척인이 "몽금척수명지상야夢金尺受命之祥也."라고
치어(致語)를 창(唱)한다.

6대 12명의 무원(舞員)이 악절(樂節)에 맞추어 "유황감지공명혜惟皇鑑之孔明兮 길몽
협우금척吉夢協于金尺."의 금척사를 창한다. 이어서 6대 12명이 그 노래를 세 번 창
하면서 앞으로 나아가고 뒤로 물러난다. 다음 회무(回舞) 3회 시연 후 다시 악절
에 맞추어 "성인유작聖人有作 만물개도萬物皆覩."를 창한다. 다시 회무와 회선이 끝나
면 각기 제자리에 돌아와 처음 대열대로 서고, 죽간자는 "악기주어구성樂旣奏於九成
수용헌어만세壽庸獻於萬歲."를 구호한다. 박을 치면 보허자령(步虛子令) 곡을 연주하
고, 죽간자, 족자, 금척, 황개 등이 먼저 물러난 후 무원 12명이 물러나면 집박이
박을 쳐서 음악을 정지시키고 이에 춤도 정지한다.

정조 원행을묘정리의궤

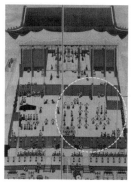

순조 무신진찬의궤

몽금척 족자

· 유래

- 조선 태조조 때 정도전이 태조의 공덕을 칭송하기 위해 만든 악장(樂章) 〈 몽금척 〉 을 춤으로 꾸민 것이다.

- 악장은 태조가 잠저에 있을 때, 꿈에 신령이 금척(金尺)을 주면서 "앞으로 나라를 세울 징조가 보이니 이것을 가지고 정제하시오."라고 한 것을 내용으로 삼고 있다.

- 악장을 만든 뒤 태조가 이를 가상히 여겨, 정도전에게 채색 비단을 내리고 악공에게 익히게 하였다는 것이 이 춤의 기원이다.

② 수입 당악정재 / 포구락(抛毬樂)

· 시연 형태

- 두 개의 틀(포구문)을 놓고, 포구문 상부에 뚫린 풍류안(風流眼)이라는 구멍에, 채구(彩毬)를 차례로 던져 넣어서 승부를 가리는 춤이다. 이를테면 무용에 게임을 섞은 형태다.

- 채구가 구멍에 들어가면 상으로 꽃을 받고, 들어가지 못하면 벌로 뺨에다 먹칠을 해주는데 이것이 이 춤의 묘미다.

· 유래

- 고려 문종조 이전에 중국으로부터 유입한 것으로, 고려 문종조 때 여령(女伶, 여자 악공) 초영(楚英) 등 13명이 팔관회(八關會)에서 처음 시연했다고 한다(1073년).

정조 원행을묘정리의궤

고종 신축진연도병

· 발전

　　–『악학궤범(樂學軌範)』시용당악정재도의(時用唐樂呈才圖儀)에 춤의 진행 절차를
　　　자세하게 수록, 전승되었다.

　　– 여러 의물(儀物) 등장과 무용수 숫자도 16명으로 증가했다.

　　– 고려 때보다 크게 발전되고 형태가 다양하게 정리되었다.

　　– 순조조~고종조 말까지 70여 년 동안 궁중 행사에서 연희되었다.

　　– 무용수 숫자는 약간씩 증감했다.

(2) 민속 무용

■ 민속 무용의 개념
· 특별한 예술성을 지니고 있지 않은 생활춤이다.
· '전통춤', '주술적이거나 경제적인 기능을 갖는 춤', '전문예능인이 아닌 보통 사람이 추는 춤' 등으로 다양하게 정의된다.
· 고대 제의에서의 기원 몸짓을 나타내기도 한다.
· 오락과 세속적 목적을 지닌다.
· 세시 축제에서 공동 단위로 추어진다.
· 특정한 개인이 창작한 것이 아닌 피지배 계층인 민중에 의해 창작되었다.
· 민중이 감상 방식이 아닌 직접 참여 방식으로 즐기는 춤이다.

■ 민속 무용의 특징
· 민중 스스로 창작하고 스스로 즐기기 때문에 즉흥성이 강하다.
· 역사와 전통을 떠나서는 이해될 수 없고, 민족문화로서의 고유성을 잃게 되면 민속 춤으로서 의미를 상실하게 되는 속성이 있다.
· 자체의 고유성이 지속되기 어려우며, 그 시대 문화 전반의 영향을 받으면서 변화한다.

■ 민속 무용의 기능
· 농경생활을 배경으로 생성되고 향유된다.
· 농경문화의 중심축이다.
  - 김매기 때의 소리춤, 나무를 하거나 풀을 벨 때 지게목발춤, 봄철 화전 놀이굿 등
· 노동의 피로감을 해소해 주고 일의 즐거움을 제공한다.
· 두레 공동체에서 춘 춤으로 두레의 연대의식과 노동을 강화하는 역할을 수행한다.
· 공동체 구성원 간의 유대와 결속을 도모한다.
· 생활춤이다.
· 몸짓과 동작, 노래에서 현실이 반영된다.
· 마을 이익을 기원하고 마을 번영을 축원하는 대동제요 공동체적 결속을 확인하는 행위다.

■ 민속 무용의 발생

· 통설적으로 제정일치(祭政一致)의 고대 공동사회에서 생겨났다고 추정된다. 정월과 5월 파종기, 10월 수확기에 제사의식이자 민중의 축제인 제천의식 때 시행된 것으로 보인다. 즉 신과 인간의 교류를 상징하는 제사장의 춤일 수 있는 것이다. 따라서 무속 무용을 민속 무용의 시원으로 본다.

   – 부여 영고(迎鼓), 고구려 동맹(東盟), 예맥 무천(舞天), 마한 천군제(天君祭, 蘇塗)

· 동이족의 춤에 관한 최초의 기록으로는 BC 1세기경 중국의 류쌍(劉向)이 지은 『오경통의(五經通義)』에 실려 있다. "동이지악지모무조시생야(東夷之樂持矛舞助時生也)."라고 하는 부분으로, 고조선 시대의 원시무용일 지모무는 이름 그대로 창(矛), 즉 병기(兵器)를 들고(持) 춤을 추었다는 뜻이니만큼 이 지모무는 전투 무용의 성격으로 추정된다.

· 집단무용의 형태는 『삼국지』 마한전에 탁무(鐸舞)라는 표현이 보이는데, 탁무는 지금의 농악과 유사한 것으로 추정된다.

· 고려시대에는 북방인 서역인 등 외래 이민족들이 퍼뜨린 산악백희 춤이 널리 퍼짐으로써 외래무용의 영향을 많이 받을 수밖에 없었을 것이고, 외래인을 포함한 특수 예인들에 의해 새로운 종교의식용 춤과 오락적인 춤, 예술적인 춤들이 많이 생겨난 것으로 보인다.

· 조선 중기부터는 민중문화가 발달함으로써 한층 더 인간적인 내용을 갖춘 표현적인 춤으로 성향이 변화했다고 할 수 있다.

· 무속 무용은 12거리에서 골고루 추어지는데, 강신무의 춤은 접신(接神)적 성격이 크고 세습무의 춤은 기축(祈祝)적 성격이 크다고 할 수 있다. 무속 무용은, 청신, 오신, 송신, 축귀 등과 같은 제의적 기능과 연희, 오락, 예술, 점술, 의료 등과 같은 주술적 기능을 두루 가지고 있다.

· 불교의식 무용은 부처에게 공양드리는 기능, 중생들을 천도하는 제의적 기능 외에도 무용 자체의 예술적 기능도 갖추고 있다.

· 오늘날에는 설날, 보름, 단오, 추석과 같은 민족 4대 명절의 축제 때 계승되고 있고, 그 중에서 문화재적 가치가 있는 무속 무용(살풀이춤 등)과 탈춤, 그리고 농악과 승무 등은 중요무형문화재로 지정되어 보존되고 있을 정도로 공연용 무용으로서의 가치를 인정받고 있다.

■ 민속 무용의 분류

· 대동(大同)춤

 - 농악춤

  : 무당들이 제천의식을 행할 때, 신악(神樂)으로 사용하거나, 마을을 돌아다니
    면서 귀신을 쫓고 복을 비는 의식예능에서 파생했다.

  : 의식예능 농악에서 노동농악, 걸립농악, 연예적 농악으로 발전했다.

  : 발림춤, 부포놀이, 설장고춤, 채상모춤, 깨끼춤 등이 있다.

 - 탈춤

  : 가면극 등에서 보이는 탈을 쓰고 추는 춤이다.

 - 소리춤

  : 민속 무용에서 가장 오랜 역사를 가진 춤으로 언어나 악기가 발달하지 못했을
    때에 소리를 내며 춤을 추었을 것으로 추정되는 춤이다.

  : 강강술래가 그 대표적인 춤이다.

· 개인춤

 - 허튼춤

  : 허튼춤은 제천행사 관련 기록문 '주야남녀군취가무(晝夜男女群聚歌舞, 밤낮으로 남
    녀 군중이 모여 노래를 부르며 춤을 추다.)'에 근거, 종교의식 후에 신을 즐겁게 해
    주는 오신행위(娛神行爲)로서 난장(亂場)춤을 춘 것에서 비롯된 것으로 추정된다.

  : 즉흥적 춤으로 사람, 지역에 따라 유형 및 명칭이 다르기도 하다.

  : 보릿대춤, 막대기춤, 도굿대(절구공이)춤 등이 있다.

 - 모방춤

  : 대부분 주술성을 보인다.

  : 동물을 모방하는 춤에는 유감주술(類感呪術) 성격이 있다.

  : 지경다지기춤(풍농 기원), 12발 상모춤(땅, 즉 지신과 성관계를 맺는 행위로
    풍농과 다산을 기원), 학춤, 기러기춤 등이 있다.

 - 개인 모방춤으로 주술성이 없는 춤

  : 병신춤

   ※ 실제 병신을 모의하는 춤이 아니다. 지배계층인 양반을 병신으로 모방하고 풍자하는 춤이다.

: 문둥이춤, 봉사춤, 배불뚝이춤, 곱사춤, 히줄대기춤, 성행위춤(요동 춤, 용두 춤) 등

- 그 외 유형

: 부채춤, 살풀이춤, 승무, 물동이춤(북한의 유명한 민속무용) 등

① 설장고춤

· 농악패거리 중에서 단연 장고 솜씨가 뛰어난 명인이 혼자 연주하며 추는 춤이다.

· 장고를 어깨에 비스듬히 둘러메고 연주한다.

· 연주 중 긴장감을 연출하는 식으로 관객과 호흡을 같이 하며 함께 신명을 즐기기도 한다.

· 여럿의 무용수가 추는 장고춤으로 발전했다.

설장고 춤   장고 춤

② 깨끼춤

· 산대놀이에서 추는 춤으로 4박자 타령장단에 맞춰서 춘다.

· 양주별산대놀이에서 거드름춤과 함께 대종을 이루는 춤이다.

- 거드름춤(염불장단): 몸의 마디 속에 멋을 집어넣는 내향성 성격의 춤이다.

- 깨끼춤(타령장단): 몸의 마디로부터 멋을 풀어내는 외향성 성격의 춤이다.

③ 강강술래

· 강강술래의 유래

- "이순신 장군이 왜적에게 우리 군사의 숫자를 많게 보이기 위해 밤에 부녀자들로 하여금 바닷가에서 둥글게 모여 춤을 추게 했다."
- 옛 마한의 천군제에서의 춤과 관련된 기원설이 있다.
- 풍농 기원의 범민중적 잔치에서 "서로 손을 마주잡고 뛰어 놀던 놀이가 있었다."
· 현재 남해안 일대에서 전승되는 춤이다.
- 주로 팔월 한가위 명절에 여성들이 노는 놀이가 되어 있다.
   ※ '강강술래'라는 말은 원래 우리말에서 유래된 것으로 보인다. '강강'의 '강'은 주위, 원(圓)이란 뜻의 전라도 방언이다. '술래'는 '순라(巡邏)'에서 온 말로 '경계하라'는 뜻. 즉, '주위를 경계하라', '왜적을 경계하라'는 당시의 구호인 것으로 추정된다.
   ※ '수월래'는 '술래'의 오기로 진양조(晋陽調)로 길게 뽑을 때 '술래' 가 '수월래'로 들리기 때문이다.

④ 살풀이춤

· 남도(南道) 무무(巫舞) 계통의 춤이다.
· '살=액(厄)'을 풀거나 제거한다는 의미를 담고 있다.
  - 흰 치마저고리 차림에 가볍고 부드러운 흰 수건을 들고 추는 춤으로 한국무용의 특징인 정중동(靜中動)과 동중정(動中靜)미의 극치를 보이는 신비스럽고 환상적인 춤사위를 보인다.

- 중요한 의미를 지니고 있는 '수건'

  : 서무(序舞)에서 짐짓 느리게 거닐면서 수건을 오른팔 왼팔로 옮기고, 때로는

    던져서 떨어뜨린 다음, 엎드려서 두 손으로 공손히 들어 올린다.

  : 떨어뜨리는 동작→"불운의 살을 버린다."

  : 주워 드는 동작→"기쁨과 행운을 집어 든다."

- 시나위(남도무악) 반주 음악을 사용한다.

⑤ 북춤

· 가장 대중적이면서도 예술성을 갖춘 춤이다.

· 북춤 분류

  - 쌍북채춤: 북채 2개를 양손에 들고 연주한다.

  - 외북채춤: 북채 1개를 들고 연주한다.

· 전라도와 경상도에서 북춤 발달

  - 전라도 대표 북춤: 진도북춤(쌍북채춤) ※ 그 외 지역의 북춤은 외북채춤

진도북춤

  - 경상도 대표 북춤: 대구날뫼북춤(외북채춤)

대구날뫼
북춤

· 전라도 북춤의 특징

　- 자진가락으로 장단과 장단 사이에 엇박을 넣어가며 다양하게 북을 치면서 춤을 춘다.

· 경상도 북춤의 특징

　- 북이 약간 크고 자진가락이 적은 대신 기본 박자에 맞추어 힘차게 치면서 춤을 춘다.

⑥ 삼고무(三鼓舞)와 오고무(五鼓舞)

· 북을 세워놓고 연주하는 방식의 북춤이다.

· 유래

　- 상고 시대의 천제 때 북을 두드렸다는 기록이 있다.

　- 고려의 불교 의식인 무고(舞鼓)에서 파생한 것으로도 본다.

　　※ 춤의 명인 이매방이 창안해서 훗날 오고무로 발전했다.

· 특징

　- 여러 명이 단체로 연주하며 춘다.

　- 박진감과 웅장미가 돋보이는 합동 춤이다.

　- 사물 악기(풍물북, 꽹과리, 장고, 징)의 반주가 참여한다.

삼고무

오고무

⑦ 승무

· 한국 민속춤의 정수

　- 품위와 격조가 매우 높은 춤이다.

　- 춤사위 하나하나가 정교하게 다듬어진 완전한 예술형식을 갖추고 있다.

　- 춤으로 표현할 수 있는 미(美)의 극치를 선보이는 춤으로 평가 받는다.

- 미(美)의 본질인 인간 본연의 희비(喜悲)를 높은 차원에서 극복하고 승화시키는 것으로 구도적 진리를 갈구한다.
· 유래
    - 비교적 불교의 교리적 영향을 받은 듯하다.
    - 근세중기 이후부터는 의식무(儀式舞) 성격보다는 민속적 심미심(審美心)과 대중의 흥과 멋을 표현하는 춤으로 전승되었다.

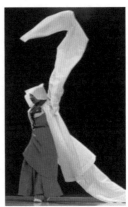

⑧ 부채춤

· 창작 신무용(新舞踊)

· 독무(獨舞)로 추다가 차츰 군무(群舞)형식으로 춘다.

· 유래

    - 일제 강점기 때 무용가 김백봉(金白峰)이 창작했다.

    - 무속 무용의 영향을 받은 것으로 보인다.

· 해외의 민속 무용에도 부채춤이 있다. 이들은 부채를 소품이나 장식물로 취급하지만, 한국의 부채춤은 부채를 펴고 접고 돌리고 뿌리는 기교 자체를 춤사위의 중심으로 삼는다.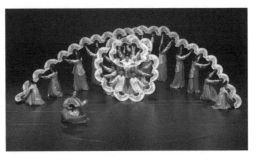

· 일제 강점기 당시 세계적 무용가 최승희에 의해 대중화 되었다.

(3) 한민족의 음악

■ 고대의 음악

· 조리(朝離)

　- 고대 우리 민족의 음악을 칭하던 용어로 알려져 있다.

　- '만물이 미미하게 땅을 뚫고 자라는 것(만물미리지이생^{萬物微離地而生})'이라는 의미다.

　- 음악 형태는 알 수 없지만 농경사회 이전 수렵사회에서 쓰였던 음악으로 추정된다.

　- 굿판에서의 공수(供授)와 같은 의미로도 쓰였다.

■ 고구려의 음악

· 대표적인 악기

　- 거문고(왕산악이 제작), 오현(五絃), 필율(觱篥, 피리), 횡취(橫吹, 대금과 유사한 서역 악기), 소(簫), 고(鼓), 탄쟁(彈箏), 와공후(臥箜篌), 수공후(竪箜篌), 비파(琵琶), 적(笛), 생(笙), 의취적(義嘴笛), 대필율(大觱篥), 소필율(小觱篥), 도피필율(桃皮觱篥), 요고(腰鼓), 제고(齊鼓), 담고(擔鼓), 패(貝), 추쟁(搊箏), 귀두고(龜頭鼓), 철판(鐵板), 호로생(葫蘆笙), 봉수공후(鳳首箜篌, 공후는 서양의 하프와 유사), 완함(阮咸), 장적(長笛), 배소(排簫), 각(角, 뿔피리)

- 위징『수서』권81, 이연수『북사』권94, 장소원『구당서』권29,
구양수『신당서』권21, 안악 제3호 고분 등

소　　　　　　완함　　　　　　　　쟁

· 동시대 중국 여러 왕실의 궁중 연희에 고구려의 악기와 음악이 쓰였다는 기록은 당시 고구려와 북조 국가 간에 활발한 문화교류가 있었음을 뜻한다. 일본에 전해

진 고구려 악기로는 횡적, 군후(箜篌, 거문고), 막목(莫目, 도피피리) 등이 있다.

· 고구려 멸망 후 거문고, 비파, 횡적은 통일신라 향악기의 삼현(三絃, 거문고·가야금·비파)과 삼죽(三竹, 대금·중금·소금)에 영향을 끼쳤다.

- 『한겨레음악대사전』

· 고구려 음악은 따로 그 명칭과 유형이 전해지지는 않는다.

■ 백제의 음악

· 고구려의 음악에 못지않게 중국 남송과 북위 등에 널리 소개되었다.

· 미마지에 의해 춤과 음악이 정립되어 일본에까지 전파되었다(伎樂).

· 대표적인 악기

　- 북(鼓), 각(角), 공후(箜篌), 쟁(箏), 완함(阮咸), 우(芋, 피리와 유사), 지(箎, 대금과 유사), 적(笛, 피리)

· 대표적인 음악

　- 선운산(禪雲山), 무등산(無等山), 정읍(井邑), 방등산(方等山), 지리산(智異山)

- 『고려사』악지(樂誌)

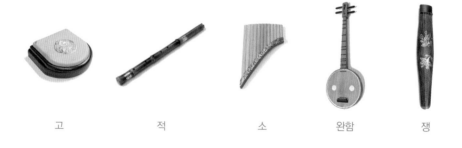

고　　　　적　　　　소　　　　완함　　　　쟁

■ 신라의 음악

· 대표적인 악기

　- 가야금(우륵이 제작), 삼죽(三竹, 대금·중금·소금), 향비파, 박판(拍板), 대고(大鼓)

· 대표적인 음악

　- 회악(會樂), 신열악(辛熱樂), 돌아악(突阿樂, 도솔가), 지아악(枝兒樂), 사내악(思內樂), 가무(笳舞), 우식악(憂息樂), 대악(碓樂, 백결이 지은 방아타령) 등

- 『삼국사기』악지(樂誌)

· 삼국통일 후 고구려의 동맹(국중대회)과 불교를 통합한 팔관회(八關會) 의식을 거행했다.

　– 다양한 의식 음악이 발전했다.

· 화랑과 서민들의 애창곡인 향가(鄕歌)가 발전했다.

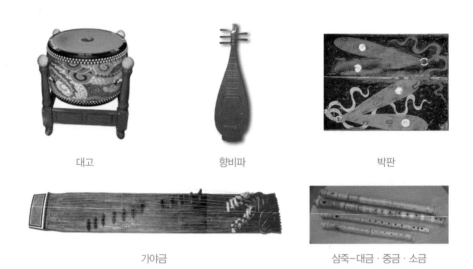

대고　　　　　　　　　향비파　　　　　　　　　박판

가야금　　　　　　　　　　　삼죽-대금 · 중금 · 소금

■ 고려의 음악

· 신라로부터 계승한 당악과 향악을 정립하면서 우리 민족의 음악의 내적 발전을 이룬다.

· 송나라 휘종조 때 송 왕실의 정악인 아악을 전래받아 궁중 제례 및 연향 음악이 더욱 세련되어진다.

　– 12세기 초 송나라 휘종(徽宗, 1101~1125년)으로부터 고려 왕실에 대성아악(大晟雅樂)이 전수되는데, 아악과 함께 교방악사(敎坊樂師)를 파견해서 공인(工人, 악사)들에게 아악 연주법을, 교방여기(敎坊女伎)에게는 당악정재(唐樂呈才)를 전수해줌으로써 고려의 궁중 의식 음악 발전에 크게 기여했다. 송 휘종은 여기에 등가악기(登歌樂器, 궁중 정전 월대 상단에 설차設次해서 연주하는 악기)와 헌가악기(軒架樂器, 헌가산대에 올라 연주하는 것이나 주로 정전 월대 아래 뜰에 단을 설차해서 연주하는 악기) 등까지 제공함으로써 송나라의 대성아악 원형이 고려 이후 조선시대까지 전승될 수 있었다.

- 이후 신라시대부터 전승된 당악(중국의 민간 음악)과 향악(신라에서 생겨난 음악)은 아악에 대응하고자 속악으로 칭하기 시작했다.
- 송나라로부터의 아악 전수 등을 격식이 갖추어진 궁중 음악은 이후 고려 왕실 행사와 각종 국가 행사에서 의식 음악으로 연주되었다.
  - 주요 행사: 원구제(圜丘祭), 사직제(社稷祭), 대묘제(大廟祭), 선농제(先農祭), 선잠제(先蠶祭), 문선왕묘제(文宣王廟祭), 백관들의 조하(朝賀) 의식인 조의(朝儀), 각종 궁중 연향(왕이 베푸는 잔치, 태후 책봉 잔치, 죄수들을 사면하며 여는 잔치) 등
- 악기는 대체로 통일신라시대 때의 악기들을 계승했을 것으로 보인다.
- 대표적인 음악
  - 고려 후기 한림별곡(翰林別曲), 청산별곡(青山別曲) 등의 별곡류 음악이 등장하면서, 고려 향악 유풍이 등장했다.
  - 만전춘(滿殿春), 이상곡(履霜曲), 쌍화점(雙花店) 등의 가요가 고려시대의 향악(속악)으로 정착했다.

■ 조선의 음악
- 조선 초기에는 봉래의(鳳來儀), 발상(發祥), 보태평(保太平), 정대업(定大業) 등 조선 건국을 칭송하는 내용의 신악(新樂)이 대거 창작되었다.
- 조선 전기에는 아악과 속악으로 구분했다.
  - 아악: 송나라로부터 전수한 대성아악
  - 속악: 신라와 고려를 거쳐 전승된 당악과 향악(아악에 대응하고자 속악 명칭 사용).
  - 조선 전기까지 속악의 개념과 명칭은 조선 후기에 등장한 민중 음악으로서의 속악과는 성격 다르다.
- 조선 후기에는 정악과 속악으로 구분했다.
  - 정악: 궁중 연향에 쓰이는 음악(아악)
  - 속악: 판소리, 산조, 잡가, 민요, 농악, 시조
- 세종조 당시 박연, 남급, 정양, 맹사성과 같은 이론가들에 의해 음악 사업이 활성화되면서 아악과 향악이 부흥기를 맞이했다.

· 편경(編磬), 편종(編鐘)등의 아악용 순수 창작 악기가 등장했다.

· 박(拍), 월금(月琴), 당비파, 장고, 해금, 아쟁, 당적, 당피리, 태평소와 같은 당악기 (중국 악기)들을 향악에 편성시켜 우리 민족의 음악으로 소화했다.

· 대표적인 음악

- 종묘제례악(宗廟祭禮樂)

: 대묘(大廟, 역대 왕에게 올리는 제사) 의식에서 연주되는 음악이다.

: 엄숙 우아한 음악으로 현재 세계인류문화재산으로 지정되어 있다.

: 조선 후기에 와서는 초기의 향악적 색채를 탈피했다.

: 아악도 향악도 아닌 독특한 장르의 음악으로 변모했다.

- 문묘제례악(文廟祭禮樂)

: 성균관 대성전에서 공자 제사를 올릴 때 연주하는 의식 음악이다.

: 중국 송나라의 대성아악(大晟雅樂)이 바탕이 되었다.

: 고려 말~조선 전기 동안 형식이 무질서해 졌으나, 세종조 때 주례(周禮), 통전 (通典), 율려신서(律呂新書) 등 중국 전적을 참고, 아악을 대폭 정비해서 제례 악으로 정립했다.

: 임진왜란 병자호란 이후 맥이 중단되었다가 영조 때 규모를 축소해 서 복원했다.

: 공자 제사(석전)에 연주되는 문묘제례악은 세계적으로 유일하게 한국에만 남 아 있는 중요한 문화자원이다.

- 궁중 음악이자 선비의 음악인 정악 대두

: 유교 이념을 바탕으로 한 아악을 정신 수양에 활용하면서 선비 세계에서 아악 을 향유하기 시작했다.

※ 아악과 당악, 향악을 포함해서 민속악에 대응하는 명칭으로 '정악'이라고 불렀다.

: 정악은 조선 왕조의 궁중 음악일 뿐 아니라 조선의 선비 정신이 담긴 음악이다.

: 정악은 담백하고 복잡하지 않은 정아한 음악으로서 절제미와 웅장 감이 돋보인다.

: 대표적 전승 정악

※ 영산회상(靈山會相), 여민락(與民樂), 보허자(步虛子), 수제천(壽齊天), 송구여지곡(頌 九如之曲), 유초신지곡(柳初新之曲), 낙양춘(洛陽春), 수연장지곡(壽延長之曲), 동동(動 動), 수룡음(水龍吟), 상령산(上靈山), 경풍년(慶豊年), 서일화지곡(瑞日和之曲), 태평춘지

곡(太平春之曲), 질령(折令), 만년장환지곡(萬年長歡之曲), 만파정식지곡(萬波停息之曲), 절화(絶花), 금전악(金殿樂), 무령지곡(武寧之曲) 등

· '국악(國樂)' 명칭 등장

 - 조선 말엽 고종조 때 장악원에서 서양 음악에 대한 우리나라 고유의 음악이라는 구분을 두기 위해 '국악' 명칭을 사용하기 시작했다.

■ 속악(민속 음악)

 · 속악의 등장

 - 조선 후기 서민들이 즐기는 음악으로 속악이 등장하기 시작했다.

 · 조선 후기의 속악의 개념

 - 조선 전기의 속악(당악과 향악)과 개념과는 다르다.

 - 판소리, 잡가, 민요, 시나위, 산조, 시조, 가사를 지칭한다.

 · 속악 등장의 배경

 - 조선 후기에 들어서 현실에 대한 서민들의 비판 의식이 고조되었고, 그들의 비판 정신을 표현하기 위한 양식으로서 서민들 간에 자생적으로 생겨난 것으로 보인다.

〈대표적 속악〉

① 판소리

 · 판소리의 등장

 - 18세기 초 영조조 때부터 본격적으로 형성되었다.

 - 조선 후기의 속악 중 가장 발전한 독립된 장르다.

 · 판소리의 주도 세력

 - 한강이남 및 전라도 지역에서 활동하던 무당들

  : 오늘날 전라도 지역의 무당들이 부르는 서사무가(敍事巫歌)에 연행 형태 및 장단, 음조 등에서 판소리와 유사하다.

 - 임진왜란과 병자호란 등 중세적 격변기를 거치면서 급격히 성장한 서민층의 현실에 대한 불만과 욕구와, 최하층의 천민으로서 신분 변화를 꿈꾸던 무당들의

이상이 결합해서 판소리라는 새로운 민속 예술이 탄생되었다.

· 판소리 유래

  - 무가기원설, 육자백이 토리설(토리=유형), 판놀음기원설, 광대소리 기원설 등

  - 최고(最古) 문헌상 자료

   : 조선 영조조 30년(1754년), 만화(晚華) 유진한(柳振漢)의 『만화집(晚華集)』에 춘향가(春香歌) 한시 사설 200구가 소개되어 있다.

  - 판소리 12종을 소개한 책 관우희(觀優戲)

   : 정조조 때의 가난한 선비 송만재(宋晚載)가 관우희(觀優戲)라는 책 을 작성해서 판소리 12바탕을 소개했다.

    ※ 판소리 12바탕: 심청가, 춘향가, 흥보가, 수궁가, 적벽가, 변강쇠타령, 배비장타령, 장끼타령, 옹고집타령, 왈자타령, 강릉매화전, 숙영낭자전

  - 과거 급제하면 광대와 재인들을 불러 3일 유가 후 홍패고사를 지내던 풍습이 존재했음에서 판소리의 유래를 찾기도 한다.

· 현존 판소리 바탕

  - 춘향가, 흥보가, 수궁가, 적벽가, 심청가 등 5바탕(판소리 다섯마당)만 곡조와 사설 내용이 전승되고 있다.

· 판소리의 내용

  - 주로 권선징악(勸善懲惡)을 다룬다.

    ※ 흥보와 놀보의 대비

  - 서민의 신분상승에의 욕구 대변

    ※ 황후가 되는 심청, 양반가의 부인이 되는 춘향

  - 권력층에 대한 비판 표출

    ※ 변학도의 몰락, 토끼에게 우롱당하는 호랑이와 독수리(권력층)와 별주부(권력층에 기생하는 부류)

  - 유교문화의 반영

   : 부부유별(夫婦有別), 장유유서(長幼有序), 군신유의(君臣有義), 붕우유신(朋友有信), 부자유친(父子有親) 정신 강조

· 숙종조 말~영조조~정조조의 명창

- 우춘대, 하은담, 최선달 등

  ※ 하은담과 최선달이 춘향가를 만들었다는 설이 있다.

· 순조조의 명창

  - 권삼득, 송흥록, 모흥갑, 염계달, 고수관, 김제철, 주덕기, 황해천, 박유전, 송광록

    (전기 8명창 시대)

· 철종조의 명창

  - 박만순, 이날치, 송우룡, 김세종, 장자백, 정창업, 정춘풍, 김찬업, 김정근, 한송학

    (후기 8명창 시대)

· 고종조 말~일제 강점기 초기의 명창

  - 후기 8명창 중 송만갑, 이동백, 김창환, 김창룡, 정정렬(5명창 시대)

· 1930년대 이후의 명창

  - 남자 명창: 김정문, 정응민, 공창식, 장판개, 조몽실, 임방울, 김연수, 박동실, 정

    광수, 성원목 등

  - 여자 명창: 이화중선, 박녹주, 김여란, 박초월, 김소희 등

    ※ 이즈음에 이르러서야 비로소 여성 소리꾼을 인정했다.

· 판소리의 분화 및 발전

  - 전기 8명창 시대

    : 동편제(東便制), 서편제(西便制), 중고제(中高制) 유파로 나뉘어 각 각의 스타

      일로 정착되는 시기다.

  - 후기 8명창 시대

    : 각 유파적 특성과 음악적 특색이 정착되고 심화되는 시기다.

· 동편제

  - 원래 전라남도 운봉에서 시작된 판소리였으나 전라남도 구례 동쪽 지역 명창들

    에 의해 완성된 유형이다.

    : 구례, 남원, 순창, 곡성, 고창 등지에서 성행했다.

  - 운봉 지역의 가왕(歌王) 송흥록(宋興錄)이 시조로 추앙된다.

  - 국창(國唱) 송만갑(宋萬甲, 송흥록의 손자)이 완성했다.

  - 빠르고 웅장하면서 호탕한 소리인 우조(羽調)를 많이 사용한다.

- 발성초(發聲初, 입을 열어 처음 내는 소리)가 매우 중후하다.
- 크게 울리는 통성을 쓰고 소리의 끝을 짧게 끊는 특징이 있다.

    : 대마디대장단(기교를 부리지 않고 본래의 장단 형태를 이르는 말로 소리꾼의
    최고 기량을 가늠할 수 있는 판소리의 진수)으로 부르기도 한다.

· 서편제
- 전라남도 광주, 나주, 보성, 강진, 해남 등지에서 성행했다.

    : 섬진강의 서쪽 지역이라 서편제로 부른다.
- 보성 지역의 박유전(朴裕全)이 시조로 추앙된다.
- 유연애절(柔軟哀切), 소리의 끝이 길게 이어지는 것이 특징이다.
- 슬픈 느낌이 물씬 풍겨지는 계면조(界面調) 가락을 많이 구사한다.
- 느리고 장식음이 많고 기교적인 소리가 주류를 이룬다.
- 활달하고 우렁찬 동편제와 대조된다.
- 서편제의 대표 판소리 바탕은 심청가다.

· 중고제
- 염계달(廉季達)과 김성옥(金成玉)의 창법으로, 경기도와 충청도 일대에서 유행
  했다.
- 경기도 여주 출신의 염계달(廉季達)이 시조로 추앙된다.
- 창법상 동편제와 서편제와의 중간적 성격을 띤다.
- 첫소리를 평평하게 시작하고, 중간을 높이고 끝을 다시 낮추어 끊는 것이 특징
  이다.

    : 중간을 높인다 해서 중고제로 부른다.
- 분명한 상하성(上下聲) 구분을 보인다.
- 서정적이면서 경쾌한 느낌의 경드름조 가락을 많이 구사한다.

    : 서울과 경기도 지역의 가락을 경(京)드름이라고 한다.

· 판소리 중흥자 신재효(申在孝)
- 판소리 6마당 집대성

    : 구전으로 전수되던 판소리 다섯 마당과 가루지기타령(판소리 6마당)을 직접
    문자로 정리, 판소리 발전에의 토대를 구축했다.

- 제자 양성 활동 전개

  : 여자 명창 진채선을 비롯, 수많은 제자들을 배출했다.

  : 조선 말 판소리의 발전에 절대적인 영향을 끼쳤다.

  : 소리꾼의 재질 기준 제시

  ※ "광대라 하는 것이, 첫째가 인물치레요, 둘째는 사설치레요, 그 다음은 득음이요, 그 다음은 너름새(몸짓)라."

- 판소리 변신에의 바탕

  : 훗날 창극과 국극 탄생에의 출발점이 되었다.

② 잡가(雜歌)

  · 서울 등 수도권에서 유행한 서민들의 노래.

  - 경기잡가, 12잡가로도 부른다.

  · 잡가의 특징

  - 좌창(座唱)의 형태를 취한다.

  - 조선 말기, 공예인(工藝人)과 상인(商人), 기녀들이 즐겼다.

  · 사계축(四契軸)에 의해 발전되었다.

  ※ 사계축은 지금의 서울역 일대와 만리동 고개 그리고 청파동에 살던 남자 소리꾼들을 칭한다.

  · 잡가의 형성 및 발전 과정

  - 원래는 유산가(遊山歌), 적벽가(赤壁歌), 제비가, 소춘향가(小春香歌), 선유가(船遊歌), 집장가(執杖歌), 형장가(刑杖歌), 평양가(平壤歌) 등 8잡가(八雜歌)로 시작했다.

  - 12가사(十二歌詞)를 갖춘 정가(正歌, 정악에 속함)에 대응하기 위해 월령가(月令歌), 십장가(十杖歌), 출인가(出引歌), 방물가(房物歌) 등 소위 '잡잡가(雜雜歌)' 4곡을 추가했다.

  - 후에 29곡으로 늘어나 전승되고 있다.

③ 시나위

  · 시나위의 유래

  - 무당이 굿을 할 때 반주로 쓰이는 음악이다.

  : 신방곡(神房曲), 심방곡(心方曲)이라고도 부른다.

※ '신방, 심방'이 제주도 무당을 칭하는 용어이다 보니 제주도 무악과의 연계성도 추렴 가능하다.

- 한강 이남과 태백산맥 서쪽지방의 무속 음악에서 유래한 기악곡이다.
  : 특히 호남지방에서 많이 발전했다.
- 함경도에서는 '신아우'라는 이름으로 시나위 연주가 행해졌다고 하는 최근 연구 보고도 있다.
- 시나위라는 명칭은 신라시대 때 노래를 뜻하던 사뇌(詞腦)에서 비롯되었다.
- 외래 음악인 당악(唐樂)에 대해 토속 음악인 향악(鄕樂)으로 해석, 당악보다 격이 낮은 음악의 일반 명칭으로 쓰이기 시작했다는 설이 있다.

· 시나위의 형성 과정
  - 시나위의 역사적 전개 과정은 불확실하다. 다만 무속 음악에서 영혼을 달래는 의식으로부터 출발했다는 설이 유력하다.

· 악기 구성
  - 삼현육각 악기로 연주한다.
  - 최근에는 가야금, 거문고, 해금도 포함해서 연주한다.

· 연주 형태
  - 무당의 육자배기 토리 무가에 악기마다 허튼가락을 대선율(對旋律) 방식으로 연주한다.
    ※ 허튼가락은 '흐트러진 가락'이라는 뜻으로 기악 독주를 말한다. 산조와 같은 의미로 보면 된다.
    ※ 대선율은 정해진 음률에 조화되는 약간씩 높고 낮게 선율을 잡아 연주하는 방식(여러 악기가 조화를 이루며 연주하는 개념)을 이른다.

· 시나위의 특징
  - 즉흥성의 음악이다.
  - 대선율 연주 방식에 의해 다양한 정감을 표현한다.
  - 연주자들의 현장 호흡으로 맞추어지는 즉흥 음악이기에 고도의 음악성과 연주 기술이 요구된다.
    ※ 서양의 재즈 연주 방식과 유사하다.

· 서민의 음악으로 성장하면서 높은 음악성으로 판소리 발전(판소리의 무가기원설)

과 산조 및 잡가에도 큰 영향을 끼쳤다.

· 최근에는 살풀이춤을 출 때의 반주 음악으로 활용되고 있다.

④ 산조(散調)

· 시나위를 체계화시킨 기악 독주다.

· 자유스러운 가락을 연주하는 즉흥성이 강한 기악독주곡이면서도 즉흥성보다는 연주의 구성력을 중요시 한다.

  - 장고 반주를 필요로 한다.

  - 느린 진양조~급한 중모리~자진모리~휘모리로 연주가 전개된다.

  - 연주 중 병창(竝唱, 노래)과의 조화를 보인다.

  - 시나위의 음악성과 필적을 보일 정도로 음악성이 매우 높다.

· 산조의 특징

  - 부드럽고 애절한 계면조(界面調) 가락을 많이 구사한다.

· 산조의 분화, 발전

  - 1883년 김창조(金昌祖)의 가야금 산조가 효시다.

  - 이후 거문고산조, 대금산조, 해금산조, 피리산조, 아쟁산조 등으로 발전했다.

  - 경기도 남부와 충청도 및 전라도 지역에서 주로 유행하던 음악으로 성장했다.

    : 시나위와 더불어 특히 전라도 지역에서 성행했다.

· 산조의 명인

  - 가야금산조의 김창조, 거문고산조의 백낙준, 대금산조의 박종기, 해금 산조의 지용구, 피리산조의 최응래, 아쟁산조의 한일섭 등

⑤ 기타 속악류 음악

· 유랑 예인 집단인 사당패의 음악

  - 주로 놀이 반주 음악과 타령조 소리를 말한다.

· 가사(歌詞)

  - 사설(辭說)이 중심이 되는 노래다.

  - 조선 후기에는 양반 향유의 가사 문화가 평민 가사 문화로 발전했다.

· 시조(時調)

  - 정악 중 단가 형식인 가곡(歌曲)을 짧게 줄여 만든 것이다.

- 시절가(時節歌)로도 부른다.

· 팔도 민요(民謠)

· 농악(農樂)

| 한국의 전통 연희의 축제화 방안 예시 |

① 국가 경사 축하 행사에 적용하기

· 우리에게는 국제기능올림픽과 같은 국제행사에서 우승을 거머쥐고 귀국한 기능자들을 위해 공항에서부터 서울 도심까지 각각 오픈카에 태워 퍼레이드를 하게 하면서 시민들의 열화 같은 환영 꽃가루가 날리곤 했던 시절이 있었다. 개발도상국 시절 얘기다. 그러나 우리는 언제부터인가 국가적 경사가 있을 때 그에 걸맞은 축하 행사 즐기는 것을 거의 잊고 지내고 있다.

· 국가에 큰 경사가 있을 때 범국민적 축제가 있으면 문화적 풍요감을 만끽할 수 있을 것이요 국민의 결집력도 한층 강화할 수 있을 것이다.

· 예를 들어 전 세계 Opinion Leader들이 한국에 와서 중요한 국제회의를 한다고 했을 때 그들을 맞이하는 한국인만이 벌일 수 있는 콘텐츠의 축제가 벌어지면 그것이 전 세계에 타전될 것이고 그로써 대한민국 이미지가 널리 홍보됨과 동시에 국가와 국민의 위상이 높아질 것이라고 본다. 물론 해외 관광객 유치에도 큰 기여가 될 것이다.

  ▶ 광화문 광장에서의 교방가요 시연

    : 해외 지도자 환영 행사

  ▶ 경복궁, 근정전, 경회루 등의 공간에 산대를 설치, 정악 정재 공연 시연

    : 해외 지도자 리셉션 행사

  ▶ 광화문 좌우에 채붕을 설치해서 각종 산악백회 시연

    : 국민 및 해외 관광객 대상 경축의미의 대동 축제

② 그 외에도 지역 축제 프로그램에 시의에 맞도록 재포장해서 적용하면 축제 품질이 향상되면 되었지 떨어질 리는 없을 것이다.

· 종묘제례악(宗廟祭禮樂)

  - 조선 역대 왕의 신위를 모시는 종묘와 영녕전의 제향에 쓰이는 음악

· 양주별산대놀이(楊州別山臺놀이)

  - 서울과 중부지방에 전승되어온 산대놀이의 한 분파

· 남사당놀이(男寺黨놀이)

  - 조선시대 유랑연예인집단인 남사당의 연희 내용

· 판소리

  - 한국의 전국 일원에서 행해지고 있는 농민 음악

· 통영오광대(統營五廣大)

  - 경상남도 통영시에 전해 내려오는 민속가면극

· 고성오광대(固城五廣大)

  - 경상남도 고성지방에 전승되는 탈놀이

· 강강술래

  - 전라도 지방의 민속놀이

· 은산별신제(恩山別神祭)

  - 충청남도 부여군 은산면 은산리에서 열리는 마을공동제의

· 농악(農樂)

  - 한국의 전국 일원에서 행해지고 있는 농민 음악

· 진주삼천포농악(晋州三千浦農樂)

  - 경상남도 진주시와 사천시의 옛 삼천포 지역에 전해오는 영남 농악

· 평택농악(平澤農樂)

  - 경기도 평택시 팽성읍 평궁리를 중심으로 전해오는 웃다리농악

· 이리농악(裡里農樂)

  - 전라북도 익산 지역을 중심으로 전승되는 전통음악

· 강릉농악(江陵農樂)

  - 강원도 강릉 지역을 중심으로 전승되는 농악

· 임실필봉농악(任實筆峰農樂)

- 전라북도 임실군 강진면 필봉리에서 보존해온 농악

· 구례잔수농악(求禮潺水農樂)

- 전라남도 구례군 잔수(신촌) 마을에서 보존해온 농악

· 진주검무(晋州劍舞)

- 경남 진주시에 전해오는 민속무용

· 강릉단오제(江陵端午祭)

- 강원도 강릉에서 단오맞이 의식으로 서낭신에게 지내는 마을 공동축제

· 북청사자놀음(北靑獅子놀음)

- 함남 북청군 일대에서 해마다 음력 정월 대보름을 전후해서 며칠 동안 연희된 사자놀이

· 거문고산조(거문고散調)

- 거문고를 위한 독주곡

· 봉산탈춤(鳳山탈춤)

- 황해도 봉산 지방에 전승되어 오던 가면극

· 동래야류(東萊野遊)

- 부산광역시 동래구 온천동에 전승되어 오는 탈춤

· 선소리산타령(선소리山打令)

- 경기도를 비롯해서 서도와 남도지방의 잡가 가운데 서서 부르는 선소리의 대표적 곡목

· 대금정악(大笒正樂)

- 정악으로 연주하는 대금 연주곡의 총칭

· 승전무(勝戰舞)

- 경남 통영시에 전승되는 민속무용

· 가야금산조 및 병창(伽倻琴散調 및 倂唱)

- 관현악 반주에 맞추어 시조시를 노래하는 한국의 전통 성악곡

· 안동차전놀이(安東車戰놀이)

- 경북 안동지방에 전해 내려오는 민속놀이

· 영산쇠머리대기(靈山쇠머리대기)

　- 경남 창녕군 영산면에 전승되어오는 민속놀이

· 영산줄다리기(靈山줄다리기)

　- 경남 창녕군 영산면에 전승되는 민속놀이

· 승무(僧舞)

　- 불교적인 색채가 강한 독무(獨舞)

· 서도소리(西道소리)

　- 평안도·황해도 등 관서지방의 향토가요

· 가곡(歌曲)

　- 관현악 반주에 맞추어 시조시를 노래하는 한국의 전통 성악곡

· 광주칠석고싸움놀이

　- 광주 칠석면에서 보존해온 고싸움놀이

· 강령탈춤(康翎탈춤)

　- 황해도 강령지방에 전승되어오던 탈춤의 하나로 일종의 가면극

· 처용무(處容舞)

　- 나례(儺禮)나 중요 연례(宴禮)에 처용의 가면을 쓰고 추던 탈춤

· 학연화대합설무(鶴蓮花臺合設舞)

　- 고려시대부터 전해오는 향악정재

· 가사(歌詞)

　- 한국의 전통 성악곡

· 수영야류(水營野遊)

　- 부산 수영구 수영동에 전승되어 오는 민속극

· 경산자인단오제(慶山慈仁端午祭)

　- 경북 경산시 자인면 서부리 일대에 전승되는 민속놀이

· 대금산조(大笒散調)

　- 대금을 위한 산조독주곡

· 피리정악 및 대취타(피리정악 및 大吹打)

　- 왕이나 귀인의 행차, 군대의 행진에서 취고수들이 연주하는 행진곡

· 송파산대놀이(松坡山臺놀이)

　- 서울 송파구 송파동에 전승되어 온 산대놀이

· 영산재(靈山齋)

　- 불교의식

· 남도들노래(南道들노래)

　- 전남 진도 나주지방에서 논일이나 밭일할 때 부르는 노동요의 총칭

· 종묘제례(宗廟祭禮)

　- 조선시대 역대의 왕과 왕비 및 추존된 왕과 왕비의 신위를 모시는 종묘의 제향
　 의례

· 경기민요(京畿民謠)

　- 서울과 경기 지방에 전승되어 오는 민요

· 줄타기

　- 줄 위에서 재주꾼이 걸어 다니며 노래하고 춤추고 재담을 하는 놀이

· 은율탈춤(殷栗탈춤)

　- 황해도 은율지방에 전승되어 온 가면무용극

· 좌수영어방놀이(左水營漁坊놀이)

　- 경상좌도 수군절도사영이 있던 지금의 부산 수영 지방에서 전승되는 놀이

· 밀양백중놀이(密陽百中놀이)

　- 경상남도 밀양지방에서 전승되는 민속놀이

· 하회별신굿탈놀이(河回別神굿탈놀이)

　- 경상북도 안동시 풍천면 하회리에 전승되어 오는 민속가면극

· 양주소놀이굿(楊州소놀이굿)

　- 경기도 양주 지방에서 전수되어온 굿 형식의 연희적 성격을 갖춘 놀이

· 제주칠머리당영등굿

　- 해마다 음력 2월 1일~14일 제주시 건입동 본향당인 칠머리당에서 하는 굿

· 진도씻김굿(珍島씻김굿)

　- 전남 진도에 전승되는 무속 사자 의례

· 가산오광대(駕山五廣大)

- 경남 사천시 축동면 가산리에 전승되어 오는 가면극
· 기지시줄다리기(機池市줄다리기)
  - 충청남도 당진시 송악읍 기지시리에서 윤년이 드는 음력 3월 초에 하는 줄다리기
· 택견
  - 한국의 전통무예
· 발탈
  - 발에 탈을 씌우고 갖가지 동작을 연출하는 민속놀이
· 진도다시래기(珍島다시래기)
  - 전라남도 진도지방에서 출상(出喪)하기 전날 밤 초상집에서 상두꾼들이 벌이는
    민속놀이
· 풍어제(豊漁祭)
  - 어민들이 풍어와 어로의 안전을 비는 축제
· 동해안별신굿(東海岸別神굿)
  - 부산광역시 동래구에서 강원도 고성군에 이르는 동해안 어민들이 풍어와 안전
    을 비는 마을굿
· 서해안배연신굿 및 대동굿(西海岸배연신굿 및 大同굿)
  - 서해안 지방에서 벌이는 굿
· 위도 띠뱃놀이(蝟島 띠뱃놀이)
  - 전라북도 부안군 위도면 대리 마을의 풍어제
· 남해안별신굿(南海岸別神굿)
  - 남해안 지역에서 벌이는 마을 풍어제
· 향제줄풍류(鄕制줄風流)
  - 지방에서 전승되는 현악 연주곡. 거문고, 가야금, 해금, 세피리, 대금, 양금, 단소,
    장구 등으로 편성한 현악기 중심으로 영산회상 및 도드리 등 연주
· 구례향제줄풍류(求禮鄕制줄風流)
  - 전라남도 구례 지방에서 전승되고 있는 줄풍류
· 이리향제줄풍류(裡理鄕制줄風流)
  - 전라북도에서 익산(옛 이리) 지방에서 전승되는 줄풍류

· 농요(農謠)

  - 논이나 밭에서 농사일을 하면서 부르는 노래

· 고성농요(固城農謠)

  - 경상남도 고성군 고성읍에 전승되고 있는 농부의 들노래

· 예천통명농요(醴泉通明農謠)

  - 경상북도 예천군 예천읍 통명동에 전승되어오는 농요

· 석전대제(釋奠大祭)

  - 문묘에서 지내는 큰 제사

· 황해도평산소놀음굿(黃海道平山소놀음굿)

  - 황해도 평산지방 경사굿의 제석굿에서 무당이 소 모양으로 꾸미고 노는 굿 놀음

· 태평무(太平舞)

  - 왕과 왕비, 그리고 태평성대를 축원하기 위해 추는 춤

· 제주민요(濟州民謠)

  - 제주지방에서 불리는 토속 통속민요

· 살풀이춤

  - 남도 무무(巫舞) 계통의 춤으로 살, 즉 액(厄)을 푼다(제거한다)는 뜻을 가진 민
    속 무용

· 경기도도당굿(京畿道都堂굿)

  - 경기지역에서 전승되는 마을 굿

· 서울새남굿

  - 서울지역의 전통적인 망자 천도굿

· 사직대제(社稷大祭)

  - 토지신과 곡식신에게 지내는 조선시대의 국가 제례

· 연등회(燃燈會)

  - 사월 초파일 때 불교에서 행해지는 등불놀이

· 법성포단오제(法聖浦端午祭)

  - 전라남도 영광군 법성포에서 보존해 온 단오제

6

한국인의
의식 구조

축제는 민중 정서의 폭발양상이다.
옛부터 면면히 흘러온 민중의 정서는
이 땅에서 행해지는 축제에 그 근저를 이루는 요인이 된다.
서양 것, 남의 것 탐구하기 전에 내 안의 성정부터 돌아봐야 한다.

(1) 좌식(坐式) 문화

■ '앉음'의 내재적 의미

· 앉음으로써 안정을 느낀다.

· 향약을 어기거나 일상의 잘못을 저질렀을 때 면벽좌책(面壁坐責)을 시켰다.

· 흥정을 하거나 분쟁이 있을 때는 이 말에서 해결의 실마리를 찾는다.

　－ "일단 앉아서 얘기하세!"

· 정서적, 정신적 에고노믹스(Egonomics, 주변 도구에 대해 인간의 자세나 동작을 쾌
적하게 하고 편의하게 하는 인간공학)가 발달했다.

> ※ 에고노믹스는 자기관리에 소용되는 요건을 칭한다. 이 명칭은 미국의 경제학자 토마스
> 셸링(Thomas Schelling, 1921~)이 자신의 논문 「에고노믹스」와 「자기관리의 예술」에
> 서 처음 사용했다. 항상 살이 빠지기를 원했고 앞으로도 그럴 것인 사람이 때로는 느닷없
> 이 쿠키 먹기를 바랄 때가 있다. 이중인격으로 인해 고통받는 실존적 자아가 특별한 행위
> 를 원하는 것이다. 사람에게는 이중적 성향이 존재한다. 하지만 그 둘이 동시에 발현하지
> 는 않는다.

(2) 외식(外食) 문화

■ 표리(表裏)
- 외부인에 대한 접대는 주로 외식(外食)으로 해결하려 한다.
- 서양인들은 집 밖과 집 안이 일관돼 있다고 생각하지만 한국인은 그 두 공간이 단절돼 있다고 생각하기에 집에 돌아오면 신발을 벗고 옷을 벗어버리는 등의 변신을 한다. 집밖의 '표(表)' 사회로부터 집안의 '리(裏)' 사회를 폐쇄하려 들고 그 폐쇄공간에 이인(異人)을 받아들이는 것에 거부감을 갖는다.
- 음식 준비에 대한 거부감이나 부담감도 작용해서 그럴 수 있다.
- 옛날에는 그나마 사랑방 공간을 활용했으나 오늘날에는 손님맞이 공간이 없는 현대식 가옥 구조도 이런 성향에 일조한다.

(3) 한(恨) 문화

■ 한민족 특유의 정신 유형
- 장구한 역사를 통해 형성된 정신문화다. 사무치도록 원통해하는 정신적 슬픔을 이른다.
- 농경 정착문화 민족(Settler)의 내향풀이로 볼 수 있다
- 응어리진 원(怨)을 혼자서 해소하려는 과정에서 한이 생겨난다.
   - ※ 아리랑, 울 밑에 선 봉선화 등
   - ※ 민속무용의 춤사위는 '맺고 풀기'의 반복이다.
- 이동 유목문화 민족(Nomad)는 외향풀이로 한을 해소한다.
   - 한을 품은 대상에게 직접적 보복을 가해서 해소한다.
     : 오왕 부차(夫差)의 와신상담
     : 고대 유대인의 관습(구약성서)이었으나 오늘날에는 이슬람권에서 행해지는 '눈에는 눈, 이에는 이(Eye for an eye)' 식의 보복행위

(4) 간색(間色) 무색(無色)의 색채 문화

■ 사치감 배제

· 사치스러운 원색(原色)은 인간의 길흉화복을 다스리는 신명(神明)의 빛깔로 여겼다.

· 신명이 사는 신당이나 절간, 왕이 사는 궁궐 건물에만 단청(丹靑) 채색을 입혔다. 신명을 대행하는 왕이나 신명을 영매하는 무당이나 원색 옷을 입었다.

· 시집갈 때 원색 옷을 입히거나 설날이나 돌날 아이들에게 색동옷을 입히는 것은 악귀나 병귀(病鬼)를 물리치기 위해 미리 신명을 불러들이고자 함이었다.

· 시집갈 때 쓰는 족두리는 육출화(六出花) 문양으로 장식한다. 이는 '6'이 생산을 다스리는 음수(陰數)의 극치이기에 육출화로써 다산하는 음력을 얻기 위함이다.

(5) 청렴 거주 문화

■ 소가(小家) 거주 생활 추구

· 큰 집에 사는 것을 가급적이면 피했다. 그래서 '초가삼간(2평 크기 방1+1평 크기 부엌1'이 옛 백성들의 대표적 주거 형태였다.

· 옥(屋, 주거가 가능한 큰 집)은 화를 부른다고 여겼고(屋=尸 송장에, 至 이른다), 사(舍, 주거가 가능한 작은 집. 무릎 굽힐 수 있을 정도의 공간)는 복을 부른다고 여겼다(舍=人 사람이, 吉 길하다).

〈가옥 구조별 명칭〉

▶ 장(莊), 각(閣), 대(臺): 호화주택

▶ 막(幕): 오두막, 주막, 새막

▶ 헌(軒): 담이 없고 기둥에 지붕만 쳐져 있는 집(대청마루는 있다)

▶ 루(樓): 바닥이 땅 위로 떠 있고 지붕이 있는 다락집

▶ 당(堂): 흙 위에 지붕만 가린 집

▶ 재(齋): 책을 읽고 도를 닦는 집(엄숙한 공간)

▶ 관(館): 객사(客舍). 사람이 상주하지 않는 집

(6) 물신(物神) 숭배(Fetishism) 문화

- 떨어져 나간 석불의 콧등
  - 남방문화권에서 코는 남자의 성기를 상징한다. 그래서 심청전의 뺑덕어멈이 코 큰 총각 떡 사준 저의가 여기에 있다.
  - 남성의 정렬이 깃들어있는 석불의 코를 가루 내어 먹으면 정령이 전도되어 사내아이를 낳을 수 있다는 기자(祈子) 습속의 잔재다.
    - 이것은 남존여비 성향이 아니라 가계전승을 위한 것이었다.

- 갉아 닳아진 비석
  - 서생들은 과거 급제를 꿈꾸며 비석의 비문 중 '문무인의예지文武仁義禮智' 같은 좋은 뜻의 글을 갉아내어 파먹었다.

(7) 평등반발 문화

- 분명한 서열 구분
  - 불편한 횡적 관계보다는 위아래의 확실한 서열 분류로 안정감을 얻었다.
  - "예쁜 여자끼리는 친구가 될 수 없다.", "공부 잘 하는 아이끼리는 서로 친하지 않다."
  - 유교의 가장 큰 핵심 사상은 인(仁)이다. 인(仁)은 '예악(禮樂)'으로 수양된다. 여기에서 예(禮)란 '서로의 다름을 인정하는 것'이고 그로써 서로 간에 상하 질서 관계가 형성되어야 평화롭게 된다.

(8) 한국인의 마음

- 복심(復心) 문화
  - 마음, 곧 정신은 머리도 가슴도 아닌 배에 깃들어 있다고 보았다.
  - '배'를 써서 사람의 감정과 상황을 표현한다.

- 배짱, 배포, 사촌이 논을 사면 배가 아프다, 배가 잘 맞는 사람인 심복(心腹), 배를 맞추다, 배알을 빼앗기다(정조유린), 배알이 꼴린다(증오), 배 튕긴다(거부), 배긴다(인내), 뱃속이 희거나 시커멓다(선악) 등

· 오장육부를 통괄하는 곳은 단전(배꼽 아래 하복부)이라고 여겨서 뱃심 조절로 정신력을 유지했다. 그래서 우리 민족은 씨름이라는 운동을 즐겨했고 오늘날에는 레슬링이나 유도 종목에서 세계적인 강국이 되어 있다.

· 서양인은 마음이 가슴에 있다고 여긴다.
  - 이들은 가슴에 손을 대고 맹세한다. 가톨릭 계통 학교 명칭에 '성심(聖心)'이 포함되는 이유가 여기에서 기인한다.
  - 고대 그리스 시대 때는 사람의 마음이 머리에 있다고 여겼다.
  - 인도인 역시 사람의 마음은 머리에 있다고 여겼다.
    : 힌두신상, 불상의 광배(光背, 아우라)로 마음을 표현했다.

(9) 일체감 문화

■ 농경 문화와 혈연 사회의 전통 계승
  · 탕(음식) 하나를 가족이 같이 나누어 먹는다.
  · 다양한 세시놀이를 즐긴다.
    - 줄다리기, 고싸움, 차전놀이, 석전, 한가위, 백중놀이 등
    - 농경사회에서의 세시놀이는 공동체 구성원들의 일체감 형성을 목적으로 한다.
  · 보학(譜學)이 발달되어 있다.
    - 혈연관계를 대단히 중요하게 여긴다.

(10) 욕 문화

- 욕의 일상적 분류
  - 정신적 욕
    - 저주형: God Damn 등
    - 치우(痴愚)형: 바보, 멍텅구리, 바카야로(馬鹿) 등
    - 동물비유형: 개(회교도, 게르만족), 소(프랑스), 산양(스페인), 거북(중국) 등
  - 육체적 욕
    - 근친상간형: Mother Fucker 등
    - 치부(恥部)형: Ass Hole 등

- 욕 문화가 발달한 한국
  - 한국의 욕에는 분류도 다양하고 특히 해학적인 욕이 많이 발달되어있다. 이는 일상의 부조리를 직설적으로 비난하는 것 뿐 아니라 때로는 서로 웃으면서 맺힌 감정을 풀어내는 해원 성격도 내재되어 있다. 그뿐 아니라 일상의 풍속과 인문학적 관점도 상당히 반영되어 있다.
    - 형벌형: 육시(戮屍)를 당할 놈(죽은 뒤에 다시 찢겨죽을 놈), 주리를 틀 놈, 경을 칠 놈(죄짓고 이마에 경을 새겨 넣을 놈), 능지처참할 놈(대역 죄인이 되어 사지가 하나씩 천천히 잘려서 죽을 놈), 오라질 놈(우라질 놈, 오라를 지어 포졸에게 잡혀갈 놈), 장칠 놈, 끓는 물에 삶아 죽일 놈(팽형) 등
    - 이병(罹病)형: 염병할 놈(장티푸스), 지랄(간질) 등
    - 비하형: 호로(胡蘆)자식(웃기는 놈), 후레자식(홀어미 밑에서 자란 막되어 먹은 놈) 등
    - 해학형: 염병 걸려 땀도 못 흘리고 죽을 놈, 간에 옴이 옮아 긁지도 못하고 죽을 놈, 무등산 호랑이가 열흘은 즐겨 씹다 뱉어 버릴 놈, 똥물에 튀겨 오줌 물에 헹굴 놈, 벌교 펄밭에 낯짝 문질러 죽일 놈, 날벼락을 쫓아다니면서 맞아 죽을 놈, 떡시루에 담아 죽일 놈 등
      - ※ 떡시루에 담아 죽일 놈이라는 욕에는 북쪽 변방의 슬픈 역사가 담겨 있다. 야인(野人)

이 국경을 넘어 마을을 침입하면 부부가 각자 아이 하나씩 들쳐 업고 도망쳐야 자신들도 아이들도 목숨을 살릴 수 있는데, 예를 들어 아이가 셋일 경우 가장 어린 아이는 떡시루로 덮어 놓고 도망쳤다. 어린 것이 떡시루 안에서 차라리 굶어 죽을지언정 짐승에게 잡아먹히지 말기를 바란 것이다.

구한말 유랑예인

성공을 Design하는
축제 실전 전략

ⓒ 최정철, 2017

초판 1쇄 발행 2017년 8월 18일

지은이	최정철
펴낸이	이기봉
편집	좋은땅 편집팀
펴낸곳	도서출판 좋은땅
주소	경기도 고양시 덕양구 통일로 140 B동 442호(동산동, 삼송테크노밸리)
전화	02)374-8616~7
팩스	02)374-8614
이메일	so20s@naver.com
홈페이지	www.g-world.co.kr

ISBN   979-11-5982-964-2 (93680)

이 도서의 국립중앙도서관 출판시 도서목록(CIP)은 서지정보유통지원시스템 홈페이지(http://seoji.nl.go.kr)와 국가
자료공동목록시스템(http://www.nl.go.kr/kolisnet)에서 이용하실 수 있습니다. (CIP제어번호 : CIP2017019206)